遠野物語

柳田國男

谷川健一 解説
島亨 補注

大和書房

此書を外国に在る人々に呈す

早池峰山（はやちねさん）　遠野四方の山々の中で最も秀でた山で、三女神のうちの末姫が住むという〈遠野物語２〉

物見山から遠野市街の鳥瞰　手前右の小高い森が鍋倉城址、中央の川は早瀬川、右手奥の高い山は白見山。

冬の六角牛山（ろっこうしやま）　遠野盆地のどこからでも見えるので、遠野の人々にとって最も親しみやすい山。早池峯、六角牛、石神の三山には各々女神がいるので、遠野の女性達はその嫉妬を恐れて近づかないという〈遠野物語２〉

仙人峠の片岩　ほぼ垂直な高さ80mの岩。「仙人峠にもあまた猿おりて行人に戯れ石を打ち付けなどす」〈遠野物語48〉

昔の遠野市六日町　明治６年頃に撮ったものという。釜石・大槌からの海産物、遠野一円からの米の交換場である遠野は宿場町として栄えた。

オシラサマ　娘が馬と夫婦になったのを知った父は馬を殺してしまう。娘は悲しみ馬にすがっていると、父は馬の首を切り落してしまった。たちまち娘は馬の首に乗って天に去り、この時からオシラ神が生れた〈遠野物語69〉

オシラサマ　箱から取り出されたオシラサマは、取子の娘や女たちの手で、新しい花染めの赤い布をきせられ、また年に一度の白粉を顔に塗られて、壇の上に飾られる〈遠野物語拾遺79〉

オシラ遊び　早朝仏壇の中から煤けた箱を持ち出し、一年に一度日の明かりを見る神様が巫女婆様（いたこばあさま）によって取り出される〈遠野物語拾遺79〉

オクナイサマ　ある家の田植の時小僧が昼飯も食わずに手伝ってくれた。礼を言う間もなくその小僧はどこかに行ってしまったが、家に帰ると小さな足あとが縁側から神棚まであり、神棚のオクナイサマの腰下は泥にまみれていた〈遠野物語15〉 土淵町柏崎・安部長九郎宅

程洞（ほどぼら）**稲荷の金精様**　「コンセサマを祭れる家も少なからず。石または木にて男の物を作りて捧ぐるなり」〈遠野物語16〉

愛宕山の山神碑　遠野郷には山神塔が多く立っていて、その所はかつて山神に逢ったり山神の祟りを受けた場所で、神をなだめるために建てた石である〈遠野物語89より〉

卯子酉（うねどり）**大明神**　愛宕山の下に卯子酉様の祠がある。昔は大きな淵があって、その淵の主に願をかけると不思議に男女の縁が結ばれた〈遠野物語拾遺35〉

早池峯山登山道　遠野の路傍には、山の神・塞の神・早池峯山・六角牛山などの名を刻んだ石が多く建っている。

早池峯神社山門　早池峯神社は霊山早池峯の里宮で、大同元年（806）猟師藤蔵が山中で不思議な奇瑞にあい、下山後居宅の側に一草堂を造り、また登山道を開き山中に一宮を建造したのがその草創と伝えている。

あちこちに見られた。土淵町山口。

元祖角助

19　**獅子踊り**　八幡神社の参道を神輿にしたがって、田植踊りや神楽囃と共に、およそ100余りの獅子が、太鼓と笛に合せて豪快にねり歩く。

獅子踊り　「天神の山には祭ありて獅子踊あり。ここにのみは軽く塵たち、紅き物いささかひらめきて一村の緑に映じたり」〈遠野物語初版序文〉

21

八幡神社祭典　９月14・15日の例祭には、実りの秋を祝い、しし踊りの勇壮なる舞いがくりひろげられ、遠野地方最高のにぎわいを見せる

佐々木喜善の生家　遠野物語生みの親である佐々木喜善の生家。今では数少なくなった〝曲り屋〟の特長をよく残している。

嬰児籠（えじこ）**の子供**　一般にはエンツコと発言し、子供を毛布などで

曲り家の中の馬屋　今は珍しくなった人馬一体の暮し。馬屋は南側突出し部分の全体であり、採光通風ともに最高の位置にある。

灯籠木　「盂蘭盆に新しき仏ある家は紅白の旗を高く揚げて魂を招く風あり。峠の馬上に於て東西を指点するに此旗十数所あり」〈遠野物語初版序文〉

常居での団欒　囲炉裏を囲むひと時も、家族各々の仕事のため全員そろうことは少ない。天井のとうもろこしは馬糧の種キミ。

共同墓地の冬　寒く長く太陽の少ない冬が遠野民譚を育くんだ。

29

山口のダンノハナ　蓮台野と対峙しており、ダンノハナは館の跡で囚人を切った所、蓮台野は六十を過ぎた老人を棄てた所と伝えている。

31　**五百羅漢**　数回に及ぶ凶作による餓死者を悼うため、明和２年（1765）大慈寺義山和尚が大小さまざまの自然石に彫ったもの。

地蔵菩薩　幼くして死んだ子供の供養のため、寺の境内にたてることが多い。

六地蔵　卵形の白っぽい石に願いごとを書き、ざるに入れて拝んだ。青笹町喜清院

マイリの仏　「南無阿弥陀仏」の名号等四枚一組の掛軸で、旧小正月と旧十月の日には一族皆集って拝んだ。葬式の時は、この仏を墓地に掛けることもした。

ゴンゲサマ　ゴンゲサマの霊験はことに火伏せにあって、夜中に物をかむ音に驚いて見ると、軒端の火をゴンゲサマが飛び上って食い消していた〈遠野物語一一〇〉

十王堂　この堂の仏像を子供たちが馬にして遊んでいるのを、近所の者が叱って堂内に納めたら、その男はその晩熱を出した。十王様が枕神に立ち、子供たちと遊んでいたのに邪魔をしたと叱った〈遠野物語拾遺53〉

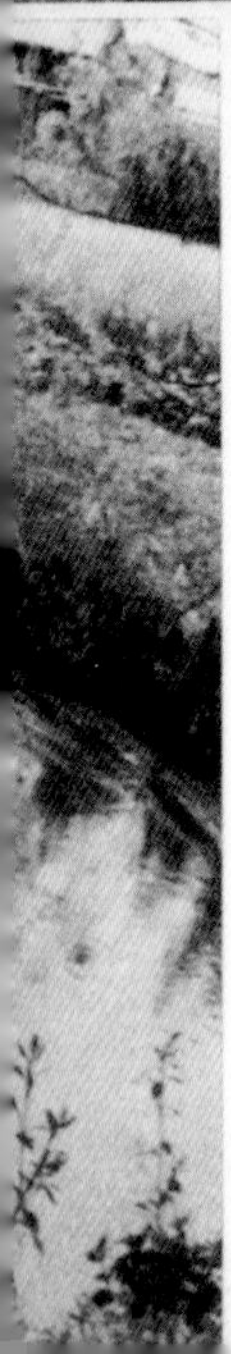

続石　二つの台石の上に幅が３m、長さ９mもある大石が乗せられ、その下を人が通り抜けて行くことができる。武蔵坊弁慶の作ったものであるという〈遠野物語拾遺11〉

カッパ淵　川には河童が多く住んでいて、猿ヶ石川にはことに多い。
松崎村では二代続けて河童の子を孕んだ者があった〈遠野物語55〉

お田植え　小正月行事の一つで、ワラを敷き松葉を植えつけ豊作を予祝する。

小正月のオシラ遊び　正月16日、オシラサマに家々の好みの布を着せ重ね、ミズキダンゴを供える。

畑まき　小正月行事の一つで、夕方になると子供たちが家々を訪ねて、手にした棒で地面をたたきながら豊作祈願の文句を唱えると、来訪された家の者は子供たちに餅や小銭を与える。

厄除け藁人形　附馬牛・小友町などの山間部にみられる春風祭りに使われるもので、悪魔を退散させるワラ人形。

灯籠流し　旧盆（八月十六日）に手製の灯籠を川に流す。一年以内に不幸のあった家では四十九個を流すことになっている。

灯籠流しの夜　附馬牛町の猿ヶ石川沿いに灯籠流し屋台を運ぶ。灯籠流しは精霊を川に流して送るもの。

駒形神社例祭　阿曽沼時代より馬産の神として祭れるもので、旧４月８日に行われ、山腹の神社に向って参拝の列が続く。祭日には近在はもとより和賀・江刺方面からの参詣人も多い。

馬っこつなぎ　馬の形を二つ藁で作って、その口のところに粢（しとぎ）を食わせ、早朝に川戸の側の樹の枝、水田の水口、産土の社などへ、それぞれ送っていった〈遠野物語拾遺298〉

駄賃づけ　釜石・大槌より海産物を、遠野より米を、馬の背に乗せて運送した。明治末〜大正初年頃の写真。

笛吹峠　この峠を越える者は必ず山男・山女に出逢い、
皆恐しがって往来が稀になった〈遠野物語 5〉

写真撮影
集団遠野ストーリー
浦田穂一
川上　仁
菊池庄吾
菊池忠男
多田良城
時田克夫
藤田　栄
＊
渡辺良正

目次

凡例

一　底本に郷土研究社刊『遠野物語増補版』（昭和十年七月）を用いた。

一　「遠野物語」は、新漢字旧かなづかいとした。「遠野物語拾遺」は、新漢字新かなづかいとし、漢字の一部をひらがなにした。

一　底本にある頭注（「遠野物語」）及び頭見出し（「遠野物語拾遺」）は、文頭に〇〇印をつけ、頭注に該当する語句に＊印をつけ、新たに注を施す語句には、※印をつけた。

一　注および補注は島亨が執筆した。

一　注および補注文中、〈三〉は「遠野物語」の文頭に打ってある番号の文を表し、『拾遺』〈三〉は、「遠野物語拾遺」の文頭に打ってある番号の文を表す。また、『遠野方言誌』は『方言誌』とした。

〈頭注・補注〉注記

1　頭注・補注は努めて著者柳田国男の他の著作との関連を明らかにし見解の変遷をも語るよう引用文を多くし、客観性のあるものとするよう心懸けた。

2　頭注に際して参考とした文献は、柳田の著作および頭注・補注に明記した諸著のほか次のものがある。民俗学研究所編『民俗学辞典』（東京堂出版）、大塚民俗学会編『日本民俗事典』（弘文堂）、民俗学研究所編『改訂総合日本民俗語彙』（平凡社）、井之口章次他編『神話伝説辞典』（東京堂出版）。

3　地名の語源について伊能嘉矩『遠野方言誌』のアイヌ語語源説によるものを多く紹介したが、これらはあくまで、このような説があるとのことにすぎないので、明記しておきたい。

4　「遠野物語拾遺」については、原注を生かす意と「拾遺」以前の注釈によってほとんど意が尽されると思い、あまり頭注を付さなかった。

5　青笹村・土淵村等は、現地名表記では遠野市青笹町・土淵町等となっているが、注においては煩雑を避けるため全て本文通りとした。

【編集協力】
岩手県遠野市
岩手放送
岩手日報

本書には今日の人権意識に照らして不適切と思われる語句や表現がありますが、作品執筆時の時代背景や作品の文学性などを考慮し、そのままとしました。

（編集部）

遠野郷本書関係略図

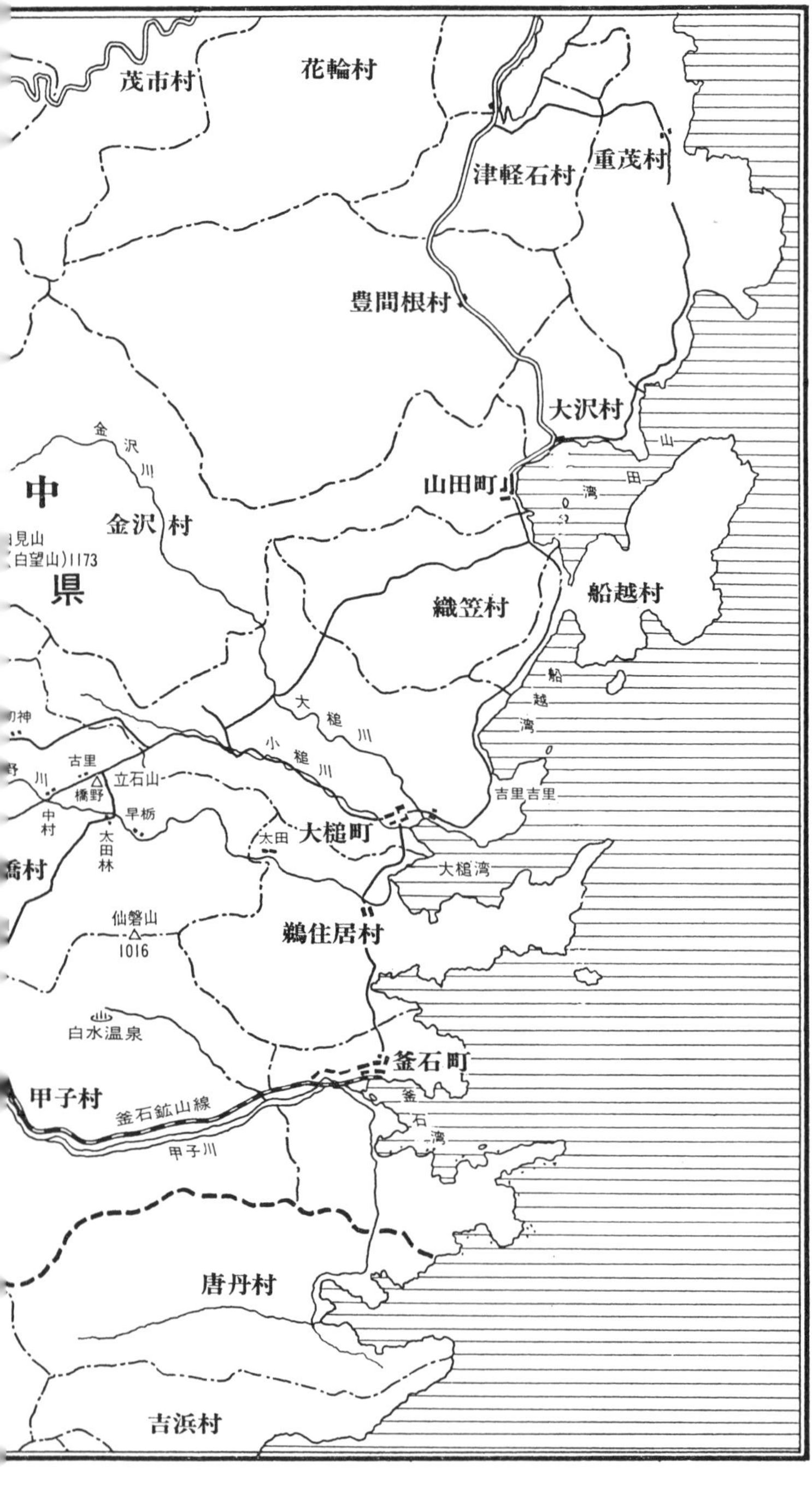

茂市村
花輪村
津軽石村
重茂村
豊間根村
大沢村
山田町
山田湾
金沢川
中
金沢村
県
織笠村
船越村
船越湾
大槌川
小槌川
古里
立石山
橋野
早栃
中村
太田林
吉里吉里
大槌町
太田
大槌湾
仙磐山
1016
鵜住居村
白水温泉
釜石町
甲子村
釜石鉱山線
釜石湾
甲子川
唐丹村
吉浜村

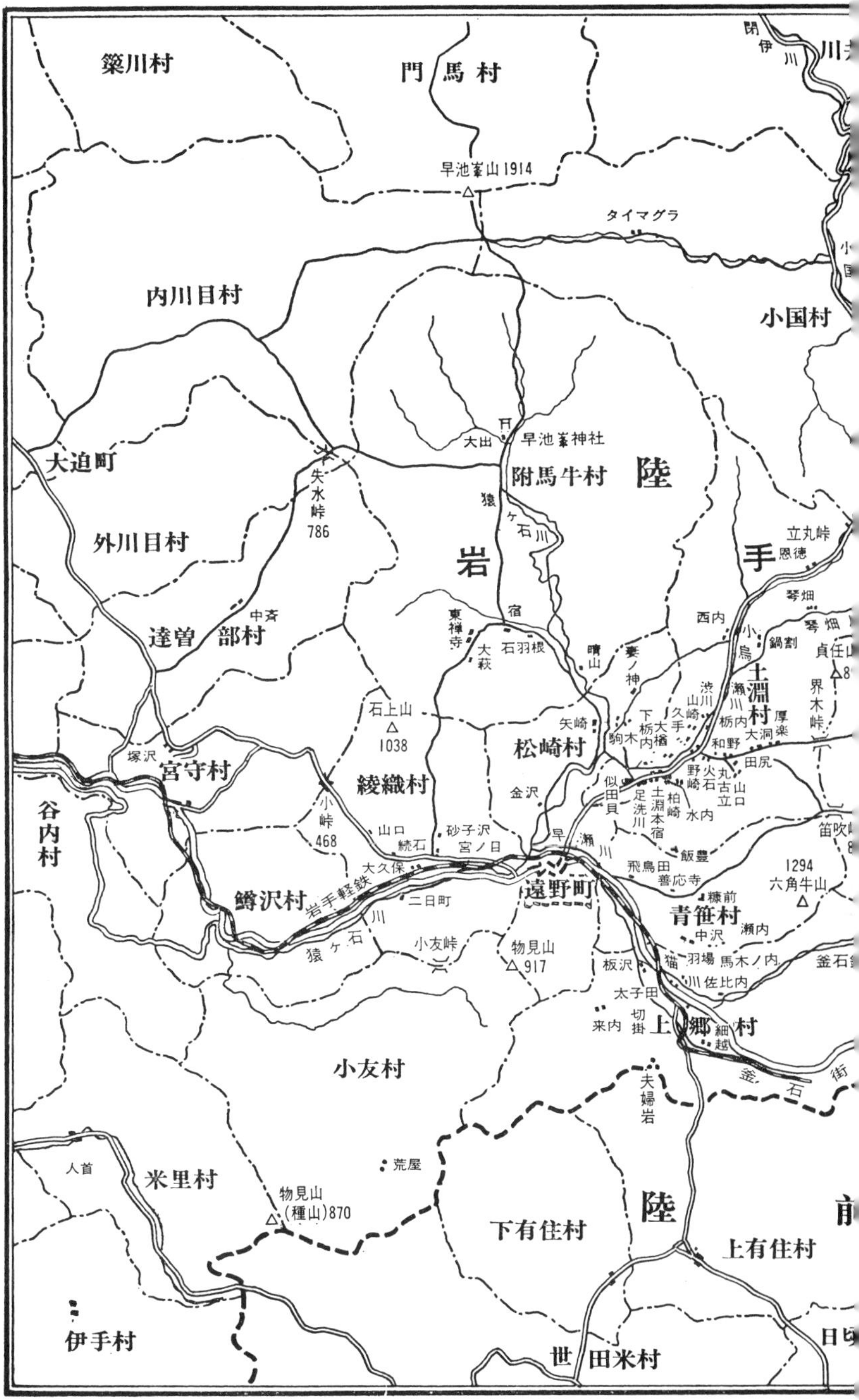
簗川村
門馬村
早池峯山1914
タイマグラ
内川目村
小国村
大迫町
大出
早池峯神社
附馬牛村
陸
失水峠
786
外川目村
猿ヶ石川
岩
手
立丸峠
恩徳
中斉
達曽部村
東禅寺
宿
西内
琴畑
鍋割
貞任山
大萩
石羽根
晴山
妻ノ神
小烏瀬川
土淵村
界木峠
石上山
1038
矢崎
渋川
山崎
久手
大橋
下栃内
駒木
栃内
和野
大洞
厚楽
松崎村
塚沢
宮守村
綾織村
田尻
谷内村
似田貝
足洗川
土淵本宿
柏崎
野崎
火石
丸古立
山口
水内
金沢
小峠
468
山口
続石
砂子沢
宮ノ日
早瀬川
飯豊
笛吹峠
大久保
飛鳥田
善応寺
1294
六角牛山
鱒沢村
岩手軽鉄
二日町
遠野町
糠前
青笹村
中沢
瀬内
猿ヶ石川
小友峠
物見山
917
板沢
猫川
羽場
馬木ノ内
佐比内
釜石
太子田
来内
切掛
上郷村
細越
小友村
夫婦岩
釜石街道
人首
米里村
荒屋
物見山（種山）870
陸
下有住村
上有住村
伊手村
世田米村

初版序文

此話はすべて遠野の人佐々木鏡石君より聞きたり。昨明治四十二年の二月頃より始めて夜分折折訪ね来り此話をせられしを筆記せしなり。鏡石君は話上手には非ざれども誠実なる人なり。自分も亦《また》一字一句をも加減せず感じたるまゝを書きたり。思ふに遠野郷には此類の物語猶《なお》数百件あるならん。我々はより多くを聞かんことを切望す。国内の山村にして遠野より更に物深き所には又無数の山神山人の伝説あるべし。願はくは之を語りて平地人を戦慄せしめよ。此書の如きは陳勝呉広のみ。

昨年八月の末自分は遠野郷に遊びたり。花巻より十余里の路上には町場三ヶ所あり。其他は唯青き山と原野なり。人煙の稀少なること北海道石狩の平野よりも甚だし。或は新道なるが故に民居の来り就ける者少なきか。遠野の城下は則ち煙花の街なり。馬を駅亭の主人に借りて独り郊外の村々を巡りたり。其馬は黒き海草を以て作りたる厚総を掛けたり。虻《あぶ》多き為なり。猿ヶ石の渓谷は土肥えてよく拓けたり。路傍に石塔の多きこと諸国其比を知らず。高処より展望すれば早稲正に熟し晩稲は花盛にて水は悉く落ちて川に在り。稲の色合は種類によりて様々なり。三つ四つ五つの田を続けて稲の色の同じきは即ち一家に属する田にして所謂名処《みょうしょ》の同じきなるべし。小字より更に小さき区域の地名は持主に非ざれば之を知らず。古き売買譲与の証文には常に見ゆる所なり。附馬牛の谷へ越ゆれば早池峯の山は淡く霞み山の形は菅笠の如く又片仮名のへの字に似たり。此谷は稲熟すること更に遅く満目一色に青し。細き田中の道を行けば名を知らぬ鳥ありて雛を連れて横ぎりたり。雛の色は黒に白き羽まじりたり。始は小さき鶏かと思しひが溝の草に隠れて見えざれば乃ち野鳥なることを知れり。天神の山には祭ありて獅子踊あり。茲《ここ》にのみは軽く塵たち紅き物聊かひらめきて一村の緑に映じたり。獅子踊と云ふは鹿の舞なり。鹿の角を附けたる面を被り童子五六人剣を抜きて之と共に舞ふなり。笛の調子高く歌は低くして側にあれども聞き難し。日は傾きて風吹き酔ひて人呼ぶ者の声も淋しく女は笑ひ児は走れども猶旅愁を奈何《いかん》ともする能はざりき。盂蘭盆《うらぼん》に新しき仏ある家は紅白の旗を高く揚げて魂を招く風あり。峠の馬上に於て東西を指点するに此旗十数所あり。村人の永住の地を去らんとする者とかりそめに入り込みたる旅人と又かの悠々たる霊山とを黄昏は徐に来りて包容し尽したり。遠野郷には八ヶ所の観音堂あり。一木を以て作りしなり。此日報賽の徒多く岡の上に燈火見え伏鉦の音聞えたり。道ちがへの叢の中には雨風祭の藁人形あり。恰もくたびれたる人の如く仰臥してありたり。以上は自分が遠野郷にて得たる印象なり。

思ふに此類の書物は少なくも現代の流行に非ず。如何に印刷が容易なればとてこんな本を出版し自己の狭隘《きょうあい》なる趣味を以て他人に強ひんとするは無作法の仕業なりと云ふ人あらん。されど敢て答ふ。斯る話を聞き斯る処を見て来て後之を人に語りたがらざる者果してありや。其様な沈黙にして且つ慎深き人は少なくも自分の友人の中にはある事なし。況や我が九百年前の先輩今昔物語の如きは其当時に在りて既に今は昔の話なりしに反し此は是目前の出来事なり。仮令《たとえ》敬虔の意と誠実の態度とに於ては敢て彼を凌ぐことを得と言ふ能はざらんも人の耳を経ること多からず人の口と筆とを倩ひたること甚だ僅かなりし点に於ては彼の淡泊無邪気なる大納言殿却つて来り聴くに値せり。近代の御伽百物語の徒に至りては其志や既に陋且つ決して其談の妄誕に非ざることを誓ひ得ず。窃に以て之と隣を比するを恥とせり。要するに此書は現在の事実なり。単に此のみを以てするも立派なる存在理由ありと信ず。唯鏡石子は年僅に二十四五自分も之に十歳長ずるのみ。今の事業多き時代に生れながら問題の大小をも弁へず。其力を用ゐる所当を失へりと言ふ人あらば如何。明神の山の木兎の如くあまりに其耳を尖らしあまりに其眼を丸くし過ぎたりと責むる人あらば如何。はて是非も無し。此責任のみは自分が負はねばならぬなり。

おきなさび飛ばず鳴かざるをちかたの森のふくろふ笑ふらんかも

柳田国男

再版覚書

前版の遠野物語には番号が打つてある。私は其第一号から順に何冊かを、話者の佐々木君に送つた記憶がある。其頃友人の西洋に行つて居る者、又是から出かけようとして居る者が妙に多かつたので、其人たちに送らうと思つて、あの様な扉の文字を掲げた。石黒忠篤君が船中で此書を読んで、詳しい評をしておこされた手紙などは、たしかまだどこにか保存してある。外国人の所蔵に属したものも、少なくとも七八部はある。其他の三百ばかりも、殆ど皆親族と知音とに頒けてしまつた。全くの道楽仕事で、最初から市場に御目見えをしようとはしなかつたのである。

此書の真価以上に珍重せられた理由は是だと思ふ。今度も同じ様な動機で覆刻を急ぐことになつたのだが、以前にも私は写しますなどゝいふ人が折々は有るので、多少の増訂をして二版を出さうと思ひ、郷土研究社には其予告をさせ、且つ古本商には警告を与へ、佐々木君にはもつと材料があるなら送つて来るやうに言つて遣つた。同君も大いに悦び、手帖にあるだけを全部原稿紙に清書して、或時持つて来て、どさりと私の机の上に置いた。これを読んで見ると中々面白いが、何分にも数量が多く、又重複があり出したくないものがまじつて居る。これを選り別けて種類を揃へ、字句を正したり削つたりする為に、自分でもう一度書き改めようとした。或はきたなくとも元の文章に朱を加へた方が早かつたかも知れない。自分の原稿がまだ半分ほどしか進まぬ内に、待ち兼ねて佐々木君が聴耳草紙を出してしまつた。

聴耳草紙は昔話集であるのだが、あの中には私がこちらへ載せるつもりで居た口碑類を若干は取入れてある。昔話も二つか三つ、是非とも遠野物語の拾遺として出さうと思つて居たものが、聴耳の方で先に発表せられてしまつた。さうで無くても後れがちであつた仕事が、是で愈々拍子抜けをして、終に佐々木君の生前に、もう一度悦ばせることが出来なかつたのは遺憾である。

今度は事情がちがふから、二十五年前の遠野物語を、重版するだけに止めて置かうかといふ意見もあつたが、それでは是に追加するつもりで、折角故人の集めて置いた資料が、散逸してしまふかも知れぬ懸念があるので、やはり最初の計画の通り、重複せぬ限りは皆是を附載することにした。此中には自分が筆を執つて書き改めたものが約半分、残りは鈴木君が同じ方針の下に、刪定整理の労を取つてくれられた。順序体裁等はほゞ本編に準ずることにして、是亦同君に一任し、更に郷土研究其他の雑誌に散見する佐々木君の報告で、性質の類似するものだけは此中に加へて置いた。斯うして見ると初版の遠野物語ばかりが、事柄は同じであるのに文体がちがひ、且つ引離されてあることが如何にも理に合はない。或は是も書き改めて、類を以て集めた方がよかつたのかも知れぬが、それでは自分に取つて記念の意味があまりに薄くなるのみならず、一方旧本に対する無益の珍重沙汰が、尚いつ迄も続かぬとも限らぬ。さう大したもので無かつたといふことを、弘く告白する為にも原形を存して置いた方がよいと思ふのである。

実際遠野物語の始めて出た頃には、世間は是だけの事物すらもまだ存在を知らず、又是を問題にしようとする或一人の態度を、奇異とし好事と評して居たやうである。しかし今日は時勢が全く別である。斯ういふ経験はもう幾らでも繰返され、それが一派の学業の対象として、大切なものだといふことも亦認められて来た。僅か一世紀の四分の一の間にも、進むべきものは必然に進んだ。是に比べると我々の書斎生活が、依然として一見一聞の積み重ねに労苦して居ることは、寧ろ耻ぢ且つ歎かねばならぬのである。少なくとも遠野の一渓谷ぐらゐは、今少しく説明しやすくなつて居てもよい筈であつたが、伊能翁は先づ世を謝し、佐々木君は異郷に客死し、当時の同志は四散して消息相通ぜず、自分も亦年頃企てゝ居た広遠野譚の完成を、断念しなければならなくなつて居る。此の如きは明かに蹉跌の例であつて、毫も後代に誇示すべきものではない。嗣いで起るべき少壮の学徒は、寧ろ此一書を繙《ひもと》くことによつて、相戒めて更に切実なる進路を見出さうとするであらう。それが又我々の最も大なる期待である。

柳田国男

遠野物語

題目

（下の数字は話の番号なり頁数には非ず）

一　*遠野郷《とうのごう》は今の陸中※上閉伊郡《かみへいぐん》の西の半分、山々にて取囲まれたる平地なり。新町村《しんちょうそん》にては、遠野、土淵《つちぶち》、附馬牛《つくもうし》、松崎、青笹、上郷《かみごう》、小友《おとも》、綾織《あやおり》、鱒沢《ますざわ》、宮守《みやもり》、達曾部《たつそべ》の一町十ヶ村に分つ。近代或は西閉伊郡とも称し、中古には又※遠野保《とうのほ》とも呼べり。今日郡役所の在る遠野町は即ち一郷の町場《まちば》にして、※南部家《なんぶけ》一万石の城下なり。城を横田城《よこたじょう》とも云ふ。此地へ行くには花巻《はなまき》の停車場にて汽車を下り、北上川《きたかみがわ》を渡り、其川の支流猿《さる》ヶ石川《いしかわ》の渓《たに》を伝ひて、東の方へ入ること十三里、遠野の町に至る。山奥には珍らしき繁華の地なり。伝へ言ふ、遠野郷の地大昔はすべて一円の湖水なりしに、其水猿ヶ石川と為りて人界に流れ出でしより、自然に此の如き邑落をなせしなりと。されば谷川のこの猿ヶ石に落合ふもの甚だ多く、俗に※七内《ななない》八崎《やさき》ありと称す。内《ない》は沢又は谷のことにて、奥州の地名には多くあり。

二　遠野の町は南北の川の落合《おちあい》に在り。以前は※七七十里《しちしちじゅうり》とて、七つの渓谷各七十*里の奥より売買《ばいばい》の貨物を聚《あつ》め、其市《いち》の日は馬千匹、人千人の賑《にぎ》はしさなりき。四方の山々の中に最も秀でたるを※早池峯《はやちね》と云ふ、北の方※附馬牛《つくもうし》の奥に在り。東の方には※六角牛《ろっこうし》山立てり。石神《いしがみ》と云ふ山は附馬牛と*※達曾部《たっそべ》との間に在りて、その高さ前の二つよりも劣れり。大※昔に女神あり、三※人の娘を伴ひて此高原に来り、今の*※来内《らいない》村の伊※豆権現の社ある処に宿りし夜、今夜よき夢を見たらん娘によき山を与ふべしと母の神の語りて寝たりしに、夜深く天より霊華降りて姉の姫の胸の上に止りしを、末の姫眼覚めて窃《ひそか》に之を取り、我胸の上に載せたりしかば、終《つい》に最も美しき早池峯の山を得、姉たちは六角牛と石神とを得たり。若き三人の女神各三の山に住し今も之を領したまふ故に、遠※野の女どもは其妬を畏れて今も此山には遊ばずと云へり。

○遠野郷の**トー**はもと**アイヌ**語の湖といふ語より出でたるなるべし、**ナイ**も**アイヌ**語なり
上閉伊郡＝↓補注1
遠野保＝↓補注2
南部家一万石＝↓補注3
七内八崎＝↓補注4

○この一里は小道即ち坂東道なり、一里が五丁又は六丁なり
○**タツソベ**も**アイヌ**語なるべし岩手郡玉山村にも同じ大字あり
○上郷郡大字来内、**ライナイ**も**アイヌ**語にて**ライ**は死のことと**ナイ**は沢なり、水の静かなるよりの名か
七七十里＝↓補注5
早池峯＝アイヌ語にてPaha(東)ya(陸) Chinika(脚)の意という(『方言誌』)
附馬牛＝現在、地元ではツ

三　山々の奥には山人※住めり。*※栃内《とちない》村和野《わの》の佐々木嘉兵衛と云ふ人は今も七十余にて生存せり。此翁若かりし頃猟をして山奥に入りしに、遙かなる岩の上に美しき女一人ありて、長き黒髪を梳《くしけず》りて居たり。顔の色極めて白し。不敵の男なれば直に銃《つつ》を差し向けて打ち放せしに弾に応じて倒れたり。其処《そこ》に馳け付けて見れば、身のたけ高き女にて、解きたる黒髪は又そのたけよりも長かりき。後の験《しるし》にせばやと思ひて其髪をいさゝか切り取り、之を綰※《わが》ねて懐《ふところ》に入れ、やがて家路に向ひしに、道の程にて耐《た》へ難く睡眠を催しければ、暫《しばら》く物蔭に立寄りてまどろみたり。其間夢《ゆめ》と現《うつつ》との境のやうなる時に、是も丈の高き男一人近よりて懐中に手を差し入れ、かの綰ねたる黒髪を取り返し立去ると見れば忽《たちま》ち睡は覚めたり。山男なるべしと云へり。

四　*※山口村の吉兵衛と云ふ家の主人、根子《ねっこ》立《だち》と云ふ山に入り、笹を苅りて束と為し担《かつ》ぎて立上らんとする時、笹原の上を風の吹き渡るに心付きて見れば、奥の方なる林の中より若き女の穉児《おさなご》を負ひたるが笹原の上を歩みて此方へ来るなり。極めてあでやかなる女にて、これも長き黒髪を垂れたり。児を結び付けたる紐は藤の蔓にて、著《き》たる衣類は世の常の縞物なれど、裾のあたりぼろぼろに破れたるを、色々の木の葉などを添へて綴りたり。足は地に著《つ》くとも覚えず。事も無げに此方に近より、男のすぐ前を通りて何方へか行き過ぎたり。此人は其折の怖ろしさより煩ひ始めて、久しく病みてありしが、近き頃亡せたり。

五　遠野郷より海岸の田《た》ノ浜《はま》、※吉利吉里《きりきり》などへ越ゆるには、昔より※笛吹峠《ふえふきとうげ》と云ふ山路あり。*山口村より六角牛の方へ入り路のりも近かりしかど、近年此峠を越ゆる者、山中にて必ず山男山女に出逢ふより、誰も皆怖ろしがりて次第に往来も稀になりしかば、終に別の路を※境木峠《さかいぎとうげ》と云ふ方に

キモウシと発音している。アイヌ語にてChikuni-pa-ush（樹の満る場所）の意という（『方言誌』）

六角牛山＝六角牛は六角石にてアイヌ語でRak（雲のかかる）Kut（岩）の意という（『方言誌』）

達曾部＝アイヌ語にてTonch（穴）Pet（河）の意という（『方言誌』）

大昔に女神あり＝この女神は「御母神伊豆大権現」であるとの伝承がある。

三人の娘＝三人の姉妹神の名をお早、お六、お石というとも伝える。

来内＝Rai-nai（死の谷）の意という（『方言誌』）

伊豆権現＝伊豆山神社のことにて熱海市大字伊豆山に鎮座。祭神は伊豆山神。古来、走湯権現、伊豆山権現として知られる。↓補注6

遠野の女どもは其妬を…＝山の神は女神とされることが多く、よって一般に女人が山に入ると山の神が嫉妬するといわれる。

○土淵村大字栃内

山人＝一般に山間に生活する人の謂だが、村里の人からは、自分たちとは全く異なった容姿、習俗を持つ人びとと信ぜられ、畏怖された。山人がどのようなものかは『遠野物語』の各所に示されている。↓補注7

栃内＝Tonchi（穴）Nai（谷）の意という（『方言誌』）

綰ねて＝輪の形にたばねて

○土淵村大字山口、吉兵衛は代々の通称なれば此主人も亦吉兵衛ならん

山口＝アイヌ語でYam-kush（栗殻）の意になるという（『方言誌』）

○山口は六角牛に登る山口なれば村の名となれるなり

吉利吉利＝『方言誌』に「後志の太魯の本名はキリキリにて蝦夷語地名解に沙上を歩むときキリキリと音するより来るといふ。或は按にKiru-kiru（顚覆）に非じか」とある。別に、五大明王の一つ、軍荼利明王を吉利吉利明王ともいう。

開き、※和山《わやま》を馬次場《うまつぎば》として今は此方ばかりを越ゆるやうになれり。二里以上の迂路なり。

六　遠野郷にては豪農のことを今でも長者※と云ふ。※青笹村大字*※糠前《ぬかのまえ》の長者の娘、ふと物に取り隠されて年久しくなりしに、同じ村の何某と云ふ猟師、或日山に入りて一人の女に遭《あ》ふ。怖ろしくなりて之を撃たんとせしに、何をぢでは無いか、ぶつなと云ふ。驚きてよく見れば彼の長者がまな娘なり。何故にこんな処には居るぞと問へば、或物に取られて今は其妻となれり。子もあまた生みたれど、すべて夫が食ひ尽して一人此の如く在り。おのれは此地に一生涯を送ることなるべし。人にも言ふな。御身も危ふければ疾《と》く帰れと云ふまゝに、其在所をも問ひ明らめずして遁《に》げ還れりと云ふ。

七　上郷村の民家の娘、栗を拾ひに山に入りたるまゝ帰り来らず。家の者は死したるならんと思ひ、女のしたる枕を※形代《かたしろ》として葬式を執行《とりおこな》ひ、さて二三年を過ぎたり。然るに其村の者猟をして※五葉山《ごようざん》の腰のあたりに入りしに、大なる岩の蔽ひかゝりて岩窟のやうになれる所にて、図らず此女に逢ひたり。互に打驚き、如何にしてかゝる山には居るかと問へば、女の曰く、山に入りて恐ろしき人にさらはれ、こんな所に来たるなり。遁げて帰らんと思へど些《いささか》の隙も無しとのことなり。其人は如何なる人かと問ふに、自分には並の人間と見ゆれど、たゞ丈極めて高く眼の色少し凄しと思はる。子供も幾人か生みたれど、我に似ざれば我子には非ずと云ひて食《くら》ふにや殺すにや、皆何れへか持去りてしまふ也と云ふ。まことに我々と同じ人間かと押し返して問へば、衣類なども世の常なれど、たゞ眼の色少しちがへり。*一市間《ひといちあい》に一度か二度、同じやうなる人四五人集り来て、何事か話を為し、やがて何方《どちら》へか出て行くなり。食物など外より持ち来るを見れば町へ

も出ることならん。かく言ふ中《うち》にも今にそこへ帰つて来るかも知れずと云ふ故、猟師も怖ろしくなりて帰りたりと云へり。二十年ばかりも以前のことかと思はる。

八 黄昏《たそがれ》に女や子供の家の外に出て居る者はよく神隠※しにあふことは他《よそ》の国々と同じ。松崎村※の※寒戸《さむと》と云ふ所の民家にて、若き娘梨の樹の下に草履《ぞうり》を脱ぎ置きたるまゝ行方を知らずなり、三十年あまり過ぎたりしに、或日親類知音の人々其家に集りてありし処へ、極めて老いさらぼひて其女帰り来れり。如何にして帰つて来たかと問へば人々に逢ひたかりし故帰りしなり。さらば又行かんとて、再び跡を留めず行き失せたり。其日は風の烈しく吹く日なりき。されば遠野郷の人は、今でも風の騒がしき日には、けふはサムトの婆《ばば》が帰つて来さうな日なりと云ふ。

九 菊池弥之助と云ふ老人は若き頃駄賃※を業とせり。笛の名人にて夜通《よどお》しに馬を追ひて行く時などは、よく笛を吹きながら行きたり。ある薄月夜《うすづきよ》に、あまたの仲間の者と共に浜へ越ゆる境木峠を行くとて、又笛を取出して吹きすさみつゝ、*大谷地《おおやち》と云ふ所の上を過ぎたり。大谷地は深き谷にて白樺の林しげく、其下は葦など生じ湿りたる沢なり。此時谷の底より何者か高き声にて面白いぞーと呼はる者あり。※一同悉く色を失ひ遁げ走りたりと云へり。

一〇 此男ある奥山に入り、茸《きのこ》を採るとて小屋を掛け宿《とま》りてありしに、深夜に遠き処にてきやーと云ふ女の叫声聞え胸を轟かしたることあり。里へ帰りて見れば、其同じ夜、時も同じ刻限に、自分の妹なる女その息子の為に殺されてありき。

一一 此女と云ふは母一人子一人の家なりしに、嫁と姑との仲悪しくなり、嫁は屢《しばしば》親里へ行きて帰り来ざることあり。其日は嫁は家に在りて打臥して居りしに、昼の頃になり突然と忰《せがれ》の言ふ

笛吹峠＝↓補注8

境木峠＝↓補注9

和山＝アイヌ語で Uare（豊かなる）Yam（栗）の意という（『方言誌』）

〇糠の前は糠の森の前に在る村なり、糠の森は諸国の糠塚と同じ遠野郷にも糠森糠塚多くあり

長者＝財力を貯えた富豪の人。↓補注10

青笹村＝アイヌ語にて Ao（中に在る）Chashi（砦）あるいは An（唯一）Chashi（砦）の意（青笹には茶臼館があったという（『方言誌』）

糠前＝糠森は〈七六〉にも出ている。糠森、糠塚、糠岡、スクモ塚など同種のものが全国に多い。↓補注11

〇一市間は遠町の町の市の日と次の市の日の間なり月六度の市なれば一市間は即ち五日のことなり

形代＝その人の身代りとされるもの。典形的には人形（ひとがた）だが、ここでは枕が形代となっている。形代にはその人の霊魂が憑

には、*ガガはとても生《いか》しては置かれぬ、今日はきつと殺すべしとて、大なる草苅鎌を取り出し、ごし〳〵と磨ぎ始めたり。その有様更に戯言《たわむれごと》とも見えざれば、母は様々に事を分《わ》けて詫びたれども少しも聴かず。嫁も起出でゝ泣きながら諫めたれど、露従ふ色も無く、やがては母が遁れ出でんとする様子あるを見て、前後の戸口を悉《ことごと》く鎖《とざ》したり。便用に行きたしと言へば、おのれ自ら外より便器を持ち来りて此へせよと云ふ。夕方にもなりしかば母も終《つい》にあきらめて、大なる囲《い》炉裡《ろり》の側にうづくまり只泣きて居たり。悴はよく〳〵磨ぎたる大鎌を手にして近より来り、先づ左の肩口を目掛けて薙ぐやうにすれば、鎌の刃先炉の上の火棚に引掛かりてよく斬れず。其時に母は深山の奥にて弥之助が聞き付けしやうなる叫声を立てたり。二度目には右の肩より切り下げたるが、此にても猶死絶《しにた》えずしてある所へ、里人等驚きて馳《はせ》付け悴を取抑《とりおさ》へ直に警察官を呼びて渡したり。警官がまだ棒を持ちてある時代のことなり。母親は男が捕へられ引き立てられて行くを見て、滝のやうに血の流るゝ中より、おのれは恨も抱《いだ》かずに死ぬるなれば、孫四郎は宥《ゆる》したまはれと言ふ。之を聞きて心を動かさぬ者は無かりき。孫四郎は途中にても其鎌を振上げて巡査を追ひ廻しなどせしが、狂人なりとて放免せられて家に帰り、今も生きて里に在り。

一二　土淵村山口に*新田乙蔵と云ふ老人あり。村の人は乙爺《おとじい》といふ。人は九十に近く病みて将《まさ》に死んとす。年頃遠野郷の昔の話をよく知りて、誰かに話して聞かせ置きたしと口癖のやうに言へど、あまり臭ければ立ち寄りて聞かんとする人なし。処々《ところどころ》※の館《たて》の主の伝記、家々の盛衰、昔より此郷に行はれし歌の数々を始めとして、深山の伝説又は其奥に住める人々の物語など、此老人最もよく知れり。

いているので、形代の異変はその人の異変ともなる。
五葉山＝仙人峠の南にあり東北方に台形状にひろがる雄大な山。
神隠し＝村人が知らぬ間に行方不明になった場合、なにか通常では計り知れない力(鬼、天狗、山人などの)によって連れ去られ隠されたとする俗信。↓補注12
松崎村＝アイヌ語で Mas-ke（拡開）Sakiri（垣)、拡開せる垣の意という(『方言誌』)
寒戸＝寒戸という字はなく、『遠野物語』へ収録する過程で、松崎村登戸（のぼと）が寒戸に変ったもの。
○ヤチは**アイヌ**語にて湿地の義なり、内地に多くある地名なり又**ヤツ**とも**ヤト**とも**ヤ**とも云ふ
駄賃＝問屋などに頼まれて荷駄を運ぶ馬方の仕事。
一同悉く色を失ひ＝↓補注13
○ガガは方言にて母といふことなり

一三　此老人は数十年の間山の中に独《ひとり》にて住みし人なり。よき家柄なれど、若き頃財産を傾け失ひてより、世の中に思を絶ち、峠の上に小屋を掛け、甘酒を往来の人に売りて活計とす。駄賃の徒は此翁を父親のやうに思ひて、親しみたり。少しく収入の余あれば、町に下り来て酒を飲む。赤毛布《あかゲツト》にて作りたる半纏《はんてん》を著て、赤き頭巾《ずきん》を被り、酔へば、町の中を躍りて帰るに巡査もとがめず。愈《いよいよ》老衰して後、旧里に帰りあはれなる暮しを為せり。子供はすべて北海道へ行き、翁唯一人也。

一四　部落には必ず一戸の旧家ありて、※オクナイサマと云ふ神を祀る。其家をば※大同《だいどう》と云ふ。此神の像は桑の木を削りて顔を描き、四角なる布の真中に穴を明け、之を上より通して衣裳とす。正月の十五日には小字中《こあざじゅう》の人々この家に集り来りて之を祭る。又*※オシラサマと云ふ神あり。此神の像も亦同じやうにして造り設け、これも正月の十五日に里人集りて之を祭る。其式には*白粉《おしろい》を神像の顔に塗ることあり。大同の家には必ず畳一帖の室《しつ》あり。此部屋にて夜寝る者はいつも不思議に遭ふ。※枕を反すなどは常のことなり。或は誰かに抱起され、又は室より突き出さるゝこともあり。凡《およ》そ静かに眠ることを許さぬなり。

一五　オクナイサマを祭れば幸多し。土淵村大字柏崎《かしわざき》の長者阿部氏、村にては田圃の家と云ふ。此家にて或年田植の人手足らず、明日は空も怪《あや》しきに、僅《わずか》ばかりの田を植ゑ残すことかなどつぶやきてありしに、ふと何方《いずち》よりとも無く丈低き小僧一人来りて、おのれも手伝ひ申さんと言ふに任せて働かせて置きしに、午飯時《ひるめしどき》に飯を食はせんとて尋ねたれど見えず。やがて再び帰り来て終日、代《しろ》を掻きよく働きて呉《く》れしかば、其日に植ゑはてたり。どこの人かは知らぬが、晩には来て

○惜むべし乙爺は明治四十二年の夏の始になくなりたり

館＝かつての城砦、居館のこと。↓補注14

○**オシラサマ**は双神なり**アイヌ**の中にも此神あること蝦夷風俗彙聞に見ゆ

○羽後苅和野の町にて市の神の神体なる陰陽の神に正月十五日白粉を塗りて祭ることあり之と似たる例なり

オクナイサマ・オシラサマ＝共に東北の民間に広く流布する家の神的性格の強い神で、神体は桑の木が多い。↓補注15

大同＝↓補注16

枕を返す＝ここで枕を返すのはオシラサマの話だが、〈一七〉に出てくるザシキワラシなどにも同様の話が多い。↓補注17

物を食ひたまへと誘《さそ》ひしが、日暮れて又其影見えず。家に帰りて見れば、縁側に小さき泥の足跡あまたありて、段々に坐敷に入り、オクナイサマの神棚の所に止りてありしかば、さてはと思ひて其扉を開き見れば、神像の腰より下は田の泥にまみれていませし由。

一六　※コンセサマを祭れる家も少なからず。此神の神体は※オコマサマとよく似たり。オコマサマの社は里に多くあり。石又は木にて男の物を作りて捧ぐる也。今は追々とその事少なくなれり。

一七　旧家には※※ザシキワラシと云ふ神の住みたまふ家少なからず。此神は多くは十二三ばかりの童児なり。折々人に姿を見することあり。土淵村大字※飯豊《いいで》の今淵勘十郎と云ふ人の家にては、近き頃高等女学校に居る娘の休暇にて帰りてありしが、或日廊下にてはたとザシキワラシに行き逢ひ大に驚きしことあり。これは正しく男の児なりき。同じ村山口なる佐々木氏にては、母人ひとり縫物して居りしに、次の間にて紙のがさ〳〵と云ふ音あり。此室は家の主人の部屋にて、其時は東京に行き不在の折なれば、怪しと思ひて板戸を開き見るに何の影も無し。暫時《しばらく》の間坐りて居ればやがて又頻《しきり》に鼻を鳴す音あり。さては座敷ワラシなりけりと思へり。此家にも座敷ワラシ住めりと云ふこと、久しき以前よりの沙汰なりき。此神の宿りたまふ家は富貴自在なりと云ふことなり。

一八　ザシキワラシ又女の児なることあり。同じ山口なる旧家にて山口孫左衛門と云ふ家には、童女の神二人いませりと云ふことを久しく言伝へたりしが、或年同じ村の何某と云ふ男、町より帰るとて留場《とめば》の橋のほとりにて見馴れざる二人のよき娘に逢へり。物思はしき様子にて此方へ来る。お前たちはどこから来たと問へば、おら山口の孫左衛門が処から来たと答ふ。此から何処へ

コンセサマ＝金精様。男根を祀る性神であって、生殖をもたらす威力が農作の豊穣をはじめ種々の幸をもたらす威力と同致された信仰といえる。→補注18

オコマサマ＝馬の神として東北で広く祀られている。『拾遺』〈一五〉参照。→補注19

○ザシキワラシは座敷童衆なり此神のこと石神問答一六八頁にも記事あり

ザシキワラシ＝旧家の座敷に時折り出現し、家の運勢を決める守護霊と考えられている童形の姿をした精霊。→補注20

飯豊＝アイヌ語でEtu（鼻にして丘角の地）の意という（『方言誌』）

行くのかと聞けば、それの村の何某が家にと答ふ。その何某は稍《やや》離れたる村にて、今も立派に暮せる豪農なり。さては孫左衛門が世も末だなと思ひしが、それより久しからずして、此家の主従二十幾人、茸の毒に中《あた》りて一日のうちに死に絶え、七歳の女の子一人を残せしが、其女も亦年老いて子無く、近き頃病みて失せたり。

一九　孫左衛門が家にては、或日梨の木のめぐりに見馴れぬ茸のあまた生《は》えたるを、食はんか食ふまじきかと男共の評議してあるを聞きて、最後の代の孫左衛門、食はぬがよしと制したれども、下男の一人が云ふには、如何なる茸にても水桶の中に入れて苧殻《※おがら》を以てよくかき廻して後食へば決して中《あた》ることなしとて、一同此言に従ひ家内悉く之を食ひたり。七歳の女の児は其日外に出でゝ遊びに気を取られ、昼飯を食ひに帰ることを忘れし為に助かりたり。不意の主人の死去にて人々の動転してある間に、遠き近き親類の人々、或は生前に貸ありと云ひ、或は約束ありと称して、家の貨財は味噌の類までも取去りしかば、此村草分の長者なりしかども、一朝にして跡方も無くなりたり。

二〇　此兇変の前には色々の前兆ありき。男ども苅置きたる秣《※まぐさ》を出すとて三ツ歯の鍬にて掻きまはせしに、大なる蛇を見出したり。これも殺すなと主人が制せしをも聴かずして打殺したりしに、其跡より秣の下にいくらとも無き蛇ありて、うごめき出でたるを、男ども面白半分に悉く之を殺したり。さて取捨つべき所も無ければ、屋敷の外に穴を掘りて之を埋め、蛇塚を作る。その蛇は簣《※あじか》に何荷とも無くありたりといへり。

二一　右の孫左衛門は村には珍しき学者にて、常に京都より和漢の書を取寄せて読み耽《ふけ》りたり。

苧殻＝麻の皮をはいだ茎。麻がら。

秣＝馬・牛などの飼料とする草。

簣＝竹・葦・わらなどで造り、ざるに似て土を運ぶのに使う用具。

稲荷＝宇迦之御魂神（ウカ

少し変人と云ふ方なりき。狐と親しくなりて家を富ます術を得んと思ひ立ち、先づ庭の中に稲荷※の祠《ほこら》を建て、自身京に上りて正※一位の神階を請けて帰り、それよりは日々一枚の油揚《あぶらげ》を欠かすことなく、手づから社頭に供へて拝を為せしに、後には狐馴れて近づけども遁《に》げず。手を延ばして其首を抑へなどしたりと云ふ。村に在りし薬師の堂守は、我が仏様は何物をも供へざれども、孫左衛門の神様よりは御利益ありと、度々笑ひごとにしたりと也。

*二二　佐々木氏の曾祖母年よりて死去せし時、棺に取納め親族の者集り来て其夜は一同座敷にて寝たり。死者の娘にて乱心の為離縁せられたる婦人も亦其中に在りき。喪の間は火の気を絶やすことを忌むが所の風なれば、祖母と母との二人のみは、大なる囲炉裡の両側に座り、母人は旁《かたわら》に炭籠を置き、折々炭を継ぎてありしに、ふと裏口の方より足音して来る者あるを見れば、亡くなりし老女なり。平生腰かゞみて衣物《きもの》の裾の引ずるを、三角に取上げて前に縫附けてありしが、まざ〳〵とその通りにて、縞目《しまめ》にも目覚《みおぼ》えあり。あなやと思ふ間も無く、二人の女の座れる炉の脇を通り行くとて、裾にて炭取にさはりしに、丸き炭取なればくる〳〵とまはりたり。母人は気丈の人なれば振り返りあとを見送りたれば、親縁の人々の打臥したる座敷の方へ近より行くと思ふ程に、かの狂女のけたゝましき声にて、おばあさんが来たと叫びたり。其余の人々は此声に睡を覚し只打驚くばかりなりしと云へり。

二三　同じ人の二七日※の逮夜《たいや》に、知音の者集りて、夜更くるまで念仏を唱へ立帰らんとする時、門口《かどぐち》の石に腰掛けてあちらを向ける老女あり。其うしろ付《つき》正しく亡くなりし人の通りなりき。此は数多《あまた》の人見たる故に誰も疑はず。如何なる執著《しゅうじゃく》のありしにや、終に知る人はなかりし也。

ノミタマノカミ)を祀る信仰。この神は五穀を始めすべての食物・蚕桑を司どる神とされ、稲生り(いねなり)が約音便によりイナリとなったが、その神像が稲を荷ったところから稲荷の字をあてるようになったといわれている(『神道辞典』)→補注21

正一位の神階＝位階の最上位で、全国稲荷社の総本社伏見稲荷大社の神階。正一位の神階の札をいただくことは、分祠を意味することとなる。

○マーテルリンクの「侵入者」を想ひ起さしむ

二七日の逮夜＝逮夜は忌日の前夜、従ってここでは十三日目の夜のこととなる。人の死後十四日目は、十王思想によれば、初江王の審判があるとされ、このため、追善の法事を行なわなければならない。

二四　村々の旧家を*大同と云ふは、大同元年に※甲斐国より移り来たる家なればかく云ふとのことなり。大同は田村将軍征討の時代なり。甲斐は南部家の本国なり。二つの伝説を混じたるに非ざるか。

二五　大同の祖先たちが、始めて此地方に到著せしは、恰《あたか》も歳の暮にて、春のいそぎの門松を、まだ片方はえ立てぬうちに早元日になりたればとて、今も此家々にては吉例として門松の片方を地に伏せたるまゝにて、標縄《しめなわ》を引き渡すとのことなり。

二六　柏崎の田圃のうちと称する阿倍氏は殊に聞えたる旧家なり。此家の先代に彫刻に巧なる人ありて、遠野一郷の神仏の像には此人の作りたる者多し。

※**二七**　早池峯《はやちね》より出でゝ東北の方宮古《みやこ》の海に流れ入る川を閉伊川と云ふ。其流域は即ち下閉伊郡なり。遠野の町の中にて今は池《いけ》の端《はた》と云ふ家の先代の主人、宮古に行きての帰るさ、此川の原台《はらだい》の淵と云ふあたりを通りしに、若き女ありて一封の手紙を托す。遠野の町の後なる※物見山の中腹にある沼に行きて、手を叩けば宛名の人出で来るべしとなり。此人請け合ひはしたれども路々心に掛りてとつおいつせしに、一人の六部に行き逢へり。此手紙を開きよみて曰く、此を持ち行かば汝の身に大なる災あるべし。書き換へて取らすべしとて更に別の手紙を与へたり。これを持ちて沼に行き教の如く手を叩きしに、果して若き女出でゝ手紙を受け取り、其礼なりとて極めて小さき石臼を呉れたり。米を一粒入れて回《まわ》せば下より黄金出づ。此宝物の力にてその家稍《やや》富有になりしに、妻なる者慾深くして、一度に沢山の米をつかみ入れしかば、*石臼は頻に自ら回りて、終には朝毎に主人が此石臼に供へたりし水の、小さき窪みの中に溜りてありし中へ滑り入りて見え

○大同は大洞かも知れず洞とは東北にて家門又は族といふことなり常陸国志に例あり、**ホラマヘ**と云ふ語後に見ゆ

甲斐は南部家の本国なり＝「遠野南部氏は甲斐源氏、南部三郎光行の三男波木井六郎実長を祖とし、代々甲斐に住した。元弘建武の頃四代師行は北畠顕家に従って陸奥に下り、国代として八戸根城に拠った」（『遠野町誌』）

○此話に似たる物語西洋にもあり偶合にや

〈二七〉＝『妖怪談義』の中の「己が命の早使ひ」にこの話と同類のものが数篇語られている。

物見山＝遠野南部氏の居城鍋倉城址のある城山のさらに南に連なるなだらかな山。遠野盆地を眼下に見て早池峯山をはじめ六角牛、五葉山などが一望に眺められる。昔は、一面すずらんの原であったが、今は全山つつじにおおわれている。

ずなりたり。その水溜りは後に小さき池になりて、今も家の旁に在り。家の名を池の端と云ふも其為なりと云ふ。

二八　始めて早池峯※に山路をつけたるは、附馬牛村の何某と云ふ猟師にて、時は遠野の南部家入部の後のことなり。其頃までは土地の者一人として此山には入りたる者無かりし也。この猟師半分ばかり道を開きて、山の半腹に仮小屋を作りて居りし頃、或日炉の上に餅を並べ焼きながら食ひ居りしに、小屋の外を通る者ありて頻に中を窺ふさまなり。よく見れば大なる坊主也。やがて小屋の中に入り来り、さも珍らしげに餅の焼くるを見てありしが、終にこらへ兼ねて手をさし延べて取りて食ふ。猟師も恐ろしければ自らも亦取りて与へしに、嬉しげになほ食ひたり。餅皆になりたれば帰りぬ。次の日も又来るならんと思ひ、餅*によく似たる白き石を二つ三つ、餅にまじへて炉の上に載せ置きしに、焼けて火のやうになれり。案の如くその坊主けふも来て、餅を取りて食ふこと昨日の如し。餅尽きて後其白石をも同じやうに口に入れたりしが、大に驚きて小屋を飛び出し姿見えずなれり。後に谷底にて此坊主の死してあるを見たりと云へり。

二九　※鶏頭山《けいとうざん》は早池峯の前面に立てる峻峯なり。麓の里にては又前薬師《まえやくし》とも云ふ。天狗※住めりとて、早池峯に登る者も決して此山は掛けず。山口のハネトと云ふ家の主人、佐々木氏の祖父と竹馬の友なり。極めて無法者にて、鉞《まさかり》にて草を刈り鎌にて土を掘るなど、若き時は乱暴の振舞のみ多かりし人なり。或時人と賭をして一人にて前薬師に登りたり。帰りての物語に曰く、頂上に大なる岩あり、其岩の上に大男三人居たり。前にあまたの金銀をひろげたり。此男の近よるを見て、気色ばみて振り返る、その眼の光極めて恐ろし。早池峯に登りたるが途に迷ひて来たるなり

○北上川の中古の大洪水に白髪水といふがあり白髪の姥を欺き餅に似たる焼石を食はせし祟なりと云ふ此話によく似たり

早池峯＝↓補注22

鶏頭山＝↓補注23

天狗＝一般に鼻高く、修験の衣装をまとい、羽団扇を持つと思われているが、ただの白髪の爺であるなどの話もあり、元来、山の神の一種であって、山人などと同一視もされている。

と言へば、然らば送りて遣るべしとて先に立ち、麓近き処まで来り、眼を塞げと言ふまゝに、暫《しば》時《らく》そこに立ちて居る間に、忽ち異人は見えずなりたりと云ふ。

三〇　*小国《おぐに》村の何某と云ふ男、或日早池峯に竹を伐《き》りに行きしに、*地竹の夥《おびただ》しく茂りたる中に、大なる男一人寝て居たるを見たり。地竹にて編みたる三尺ばかりの草履を脱ぎてあり。仰《あお》に臥して大なる鼾《いびき》をかきてありき。

三一　遠野郷の民家の子女にして、※異人にさらはれて行く者年々多くあり。殊に女に多しとなり。

三二　千晩《せんば》ヶ嶽《たけ》は山中に沼あり。此谷は物すごく腥《なまぐさ》き臭《か》のする所にて、此山に入り帰りたる者はまことに少し。昔何の隼人と云ふ猟師あり。其子孫今もあり。*白き鹿を見て之を追ひ此谷に千晩こもりたれば山の名とす。其白鹿撃たれて遁げ、次の山まで行きて片肢《かたあし》折れたり。其山を今片《かた》羽《は》山《やま》と云ふ。さて又前なる山へ来て終に死したり。其地を死《し》助《すけ》と云ふ。死助権現とて祀れるはこの白鹿なりと云ふ。

三三　※白望《しろみ》の山に行きて泊れば、深夜にあたりの薄明るくなることあり。秋の頃茸を採りに行き山中に宿する者、よく此事に逢ふ。又谷のあなたにて大木を伐り倒す音、歌の声など聞ゆることあり。此山の大さは測るべからず。五月に萱を刈りに行くとき、遠く望めば※桐の花の咲き満ちたる山あり。恰も紫の雲のたなびけるが如し。されども終に其あたりに近づくこと能はず。曾《かつ》て茸を採りに入りし者あり。白望の山奥にて※金の樋と金の杓とを見たり。持ち帰らんとするに極めて重く、鎌にて片端を削り取らんとしたれどそれもかなはず。又来んと思ひて樹の皮を白くし栞《しおり》と

○下閉伊郡小国村大字小国
○地竹は深山に生ずる低き竹なり

異人＝ここにいう異人も、山人や天狗などと考えてよい。異人とは村里の人々にとって異郷に住まうものの謂である。→補注24
○宛然として古風土記をよむが如し

白望の山＝アイヌ語で、Shuma（石）Rum（矢ノ根）の意ともいう（『方言誌』）
桐の花…＝桐の花は紫色なので、紫の雲のたなびけるが如くであったのだろう。美しい白日夢のような世界が語られている。

したりしが、次の日人々と共に行きて之を求めたれど、終に其木のありかをも見出し得ずしてやみたり。

三四　白望《しろみ》の山続きに※離森《はなれもり》と云ふ所あり。その小字《こあざ》に長者屋敷と云ふは、全く無人の境なり。茲《ここ》に行きて炭を焼く者ありき。或夜その小屋の※垂菰《たれこも》をかゝげて、内を覗ふ者を見たり。髪を長く二つに分けて垂れたる女なり。此あたりにても深夜に女の叫声を聞くことは珍しからず。

三五　佐々木氏の祖父の弟、白望に茸を採りに行きて宿りし夜、谷を隔てたるあなたの大なる森林の前を横ぎりて、女の走り行くを見たり。中空を走るやうに思はれたり。待てちやアと二声ばかり呼はりたるを聞けりとぞ。

三六　※猿の経立《ふったち》、御犬《おいぬ》の経立は恐ろしきものなり。御犬とは狼のことなり。山口の村に近き二《ふた》ツ石山《いしやま》は岩山なり。ある雨の日、小学校より帰る子ども此山を見るに、処々の岩の上に御犬うづくまりてあり。やがて首を下より押上ぐるやうにしてかはる〴〵吠えたり。正面より見れば生れ立ての馬の子ほどに見ゆ。後から見れば存外小さしと云へり。御犬のうなる声ほど物凄く恐ろしきものは無し。

三七　境木峠と和山峠との間にて、昔は駄賃馬を追ふ者、屢《しばしば》狼に逢ひたりき。馬方等は夜行には、大抵十人ばかりも群《むれ》を為し、その一人が牽く馬は※一端綱《ひとはづな》とて大抵五六七匹までなれば、常に四五十匹の馬の数なり。ある時二三百ばかりの狼追ひ来り、其足音山もどよむばかりなれば、あまりの恐ろしさに馬も人も一所に集まりて、其めぐりに火を焼きて之を防ぎたり。されど猶其火を躍り越えて入り来るにより、終には馬の綱を解き之を張り回《めぐ》らせしに、穽《おとしあな》などなりとや思ひ

金の杓＝柳田『史料としての伝説』中の「おたま杓子」および『大白神考』参照。

離森＝『拾遺』〈八〉にもあり。

垂菰＝山で働く者の小屋の入口は、大抵は菰や蓆を垂らしただけであった。「山女夜深く来ってその蓆をかかげ内を覗いたという話」（『山の人生』）が諸国にしばしばある。

猿の経立、御犬の経立＝猿や山犬（狼）の年経て一種異様な姿と霊力を得たかの如きものをいうのであろう。猿の経立は〈四五〉から〈四七〉にもあり。

一端綱＝馬と馬を五匹から七匹ぐらいまで一つの綱につなぎ、馬子一人がこれを牽く。

佐々木君＝佐々木喜善のこと。→補注25

○ワツポロは上羽織のことなり

六角牛山＝ふもとの青笹村

けん、それより後は中に飛び入らず。遠くより取囲みて夜の明るまで吠えてありきとぞ。

三八　小《お》友《とも》村の旧家の主人にて今も生存せる某爺と云ふ人、町より帰りに頻に御犬の吠ゆるを聞きて、酒に酔ひたればおのれも亦其声をまねたりしに、狼も吠えながら跡より来るやうなり。恐ろしくなりて急ぎ家に帰り入り、門の戸を堅く鎖《とざ》して打潜みたれども、夜通し狼の家をめぐりて吠ゆる声やまず。夜明けて見れば、馬屋の土台の下を掘り穿ちて中に入り、馬の七頭ありしを悉く食ひ殺してゐたり。此家はその頃より産稍《やや》傾きたりとのことなり。

三九　※佐々木君幼き頃、祖父と二人にて山より帰りしに、村に近き谷川の岸の上に、大なる鹿の倒れてあるを見たり。横腹は破れ、殺されて間も無きにや、そこよりはまだ湯気立てり。祖父の曰く、これは狼が食ひたるなり。此皮ほしけれども御犬は必ずどこか此近所に隠れて見てをるに相違なければ、取ることが出来ぬと云へり。

四〇　草の長さ三寸あれば狼は身を隠すと云へり。草木の色の移り行くにつれて、狼の毛の色も季節ごとに変りて行くものなり。

四一　和野の佐々木嘉兵衛、或年境木越の大谷地へ狩にゆきたり。死助の方より走れる原なり。秋の暮のことにて木の葉は散り尽し山もあらは也。向の峯より何百とも知れぬ狼此方へ群れて走り来るを見て恐ろしさに堪へず、樹の梢に上りてありしに、其樹の下を夥《おびただ》しき足音して走り過ぎ北の方へ行けり。その頃より遠野郷には狼甚だ少なくなれりとのことなり。

四二　※六角《ろっこ》牛《うし》山の麓にヲバヤ、板小屋など云ふ所あり。広き萱山なり。村々より苅りに行く。ある年の秋飯豊《いいで》村《むら》の者ども萱を苅るとて、岩穴の中より狼の子三匹を見出し、その二つを殺し一つを持ち帰りしに、その日より狼の飯豊衆《いいでし》の馬を襲ふことやまず。外の村々の人馬には聊《いささ》かも害を為さず。飯豊衆相談して狼狩を為す。其中には相撲を取り平生力自慢の者あり。さて野に出でゝ見るに、雄の狼は遠くにをりて来らず。雌狼一つ鉄と云ふ男に飛び掛りたるを、*ワツポロを脱ぎて腕に巻き、矢庭に其狼の口の中に突込みしに、狼之を嚙む。猶強く突き入れながら人を喚ぶに、誰も誰も怖れて近よらず。其間に鉄の腕は狼の腹まで入り、狼は苦しまぎれに鉄の腕骨を嚙み砕きたり。狼は其場にて死したれども、鉄も担《かつ》がれて帰り程なく死したり。

四三　一昨年の遠野新聞にも此記事を載せたり。上郷村の熊と云ふ男、友人と共に雪の日に六角牛に狩に行き谷深く入りしに、熊の足跡を見出でたれば、手分《てわけ》して其跡を覓《もと》め、自分は峯の方を行きしに、とある岩の陰より大なる熊此方を見る。矢頃《やごろ》あまりに近かりしかば、銃をすてゝ熊に抱へ付き雪の上を転びて、谷へ下る。連《つれ》の男之を救はんと思へども力及ばず。やがて谷川に落入りて、人の熊下になり水に沈みたりしかば、その隙《ひま》に獣の熊を打取りぬ。水にも溺れず、爪の傷は数ヶ所受けたれども命に障ることはなかりき。

四四　六角牛の峯続きにて、*橋野《はしの》と云ふ村の上なる山に金坑あり。この鉱山の為に炭を焼きて生計とする者、これも笛の上手にて、ある日昼の間小屋に居り、仰向《あおむき》に寝転びて笛を吹きてありしに、小屋の口なる垂菰《たれごも》をかゝぐる者あり。驚きて見れば猿の経立《ふったち》なり。恐ろしくて起き直りたれば、おもむろに彼方へ走り行きぬ。

四五　猿の経立はよく人に似て、女色を好み里の婦人を盗み去ること多し。松脂《まつやに》を毛に塗り砂を其上に附けてをる故、毛皮は鎧の如く鉄砲の弾も通らず。

に六角牛神社（明治以降、六神石神社と称する）があり、そこより登頂路が続いている。神社の開闢は大同年間という。六角牛は、遠野盆地のどこからでも正面を向けて姿をみせているように感ずる。遠野の人々にとって最も親しみ深い山である。

○上閉伊郡栗橋村大字橋野

○**オキ**とは鹿笛のことなり

仙人峠＝↓補注26

○この一里も小道なり

カツコ花＝あつもりそう（敦盛草）のこと。ラン科の多年草で、深山に自生する。五、六月頃、茎頂に袋状の紫色または紅色の大きな唇弁花を開く。カッコウの鳴く頃に咲くので、この名がある。

四六　栃内村の林崎《はやしざき》に住む何某と云ふ男、今は五十に近し。十年あまり前のことなり。六角牛山に鹿を撃ちに行き、*オキを吹きたりしに、猿の経立あり、之を真の鹿なりと思ひしか、地竹を手にて分けながら、大なる口をあけ嶺の方より下り来れり。胆潰《きもつぶ》れて笛を吹止めたれば、やがて反《そ》れて谷の方へ走り行きたり。

四七　此地方にて子供をおどす語《ことば》に、六角牛の猿の経立が来るぞと云ふこと常の事なり。此山には猿多し。緒挊《おがせ》の滝を見に行けば、崖の樹の梢にあまた居り、人を見れば遁げながら木の実などを擲《なげう》ちて行くなり。

四八　仙人峠にもあまた猿をりて行人に戯れ石を打ち付けなどす。

四九　仙人峠は登り*十五里降り十五里あり。其中程に仙人の像を祀りたる堂あり。此堂の壁には旅人がこの山中にて遭ひたる不思議の出来事を書き識《しる》すこと昔よりの習なり。例へば、我は越後の者なるが、何月何日の夜、この山路にて若き女の髪を垂れたるに逢へり。こちらを見てにこと笑ひたりと云ふ類なり。又此所にて猿に悪戯《いたずら》をせられたりとか、三人の盗賊に逢へりと云ふやうなる事をも記せり。

五〇　死助《しすけ》の山に※カツコ花あり。遠野郷にても珍しと云ふ花なり。五月※閑古鳥《かんこどり》の啼く頃、女や子ども之を採りに山へ行く。酢の中に漬けて置けば紫色になる。酸漿《ほおずき》の実のやうに吹きて遊ぶなり。此花を採ることは若き者の最も大なる遊楽なり。

五一　山には様々の鳥住めど、最も寂しき声の鳥は※オツト鳥なり。夏の夜中に啼く。浜の大槌《おおづち》より駄賃附《だちんづけ》の者など峠を越え来れば、遙に谷底にて其声を聞くと云へり。昔ある長者の娘あり。又ある長者の男の子と親しみ、山に行きて遊びしに、男見えずなりたり。夕暮になり夜になるまで探しあるきしが、之を見つくることを得ずして、終に此鳥になりたりと云ふ。オットーン、オットーンと云ふは夫のことなり。末の方かすれてあはれなる鳴声なり。

五二　※馬追鳥《うまおいどり》は時鳥《ほととぎす》に似て少し大きく、羽の色は赤に茶を帯び、肩には馬の綱のやうなる縞あり。胸のあたりに＊クツゴコのやうなるかたあり。これも或長者が家の奉公人、山へ馬を放しに行き、家に帰らんとするに一匹不足せり。夜通し之を求めあるきしが終に此鳥となる。アーホー、アーホーと啼くは此地方にて野に居る馬を追ふ声なり。年により馬追鳥里に来て啼くことあるは飢饉の前兆なり。深山には常に住みて啼く声を聞くなり。

五三　郭公《かっこう》と時鳥《ほととぎす》とは昔有りし姉妹《あねいもと》なり。郭公は姉なるがある時芋＊※を掘りて焼き、そのまはりの堅き所を自ら食ひ、中の軟かなる所を妹に与へたりしを、妹は姉の食ふ分は一層旨《うま》かるべしと想ひて、庖丁にて其姉を殺せしに、忽ちに鳥となり、ガンコ、ガンコと啼きて飛び去りぬ。ガンコは方言にて堅い所と云ふことなり。妹さてはよき所をのみおのれに呉れしなりけりと思ひ、悔恨に堪へず、やがて又これも鳥になりて庖丁かけたと啼きたりと云ふ。遠野にては時鳥のことを庖丁かけと呼ぶ。盛岡《もりおか》辺にては時鳥はどちやへ飛んでたと啼くと云ふ。

※**五四**　閉伊川《へいがわ》の流には淵多く恐ろしき伝説少なからず。小国川との落合に近き所に、川井＊と云ふ村あり。其村の長者の奉公人、ある淵の上なる山にて樹を伐るとて、斧を水中に取落したり。主人の物なれば淵に入りて之を探りしに、水の底に入るまゝに物音聞ゆ。之を求めて行くに岩の陰に家あり。奥の方に美しき娘機《はた》を織りて居たり。そのハタシに彼の斧は立てかけてありたり。之

閑古鳥＝かっこう（郭公）のこと。鳩よりやや小さい灰褐色の鳥。腹に白地の横斑がある。

オット鳥＝高橋喜平著『遠野物語考』によれば、コノハヅク（極めて小さなミミヅク）のことであるという。

○クツゴコは馬の口に嵌める網の袋なり

馬追鳥＝高橋喜平著『遠野物語考』によれば、大きさ、形態、色彩等はツツドリに近いが、名称と声からすると、アオバトであるという。

○この芋は馬鈴薯のことなり

芋＝原注に芋は馬鈴薯とあるが、昔話に登場するごとき古語の芋はヤマノイモを指すから原注は誤記。柳田も『野鳥雑記』では山の薯としている。

○下閉伊郡川井村大字川井、川井は勿論川合の義なるべし

〈五四〉＝この話は、いわゆる機織淵の伝説に属するものだが、イソップ童話に

もある「黄金の銙」の昔話とも重なっている。詳しくは柳田国男『桃太郎の誕生』、折口信夫「七夕祭りの話」参照。

河童＝水界に棲むという妖怪。その伝承は全国的に分布し、異称が多い。形状にも地方差が甚だしい。総体的には童児の形をし、頭頂に水を湛えた皿があり、髪はオカッパをなすなどであるが、顔色などは青色のほか「色赭き」河童もいることとなる。〈五九〉参照。
→補注27

を返したまはらんと言ふ時、振り返りたる女の顔を見れば、二三年前に身まかりたる我が主人の娘なり。斧は返すべければ我が此所《このところ》にあることを人に言ふな。其礼としては其方身上良くなり、奉公をせずともすむやうにして遣らんと言ひたり。その為なるか否かは知らず、其後胴引《どうびき》など云ふ博奕に不思議に勝ち続けて金溜り、程なく奉公をやめ家に引込みて中位の農民になりたれど、此男は疾くに物忘れして、此娘の言ひしことも心付かずしてありしに、或日同じ淵の辺《ほとり》を過ぎて町へ行くとて、ふと前の事を思ひ出し、伴へる者に以前かゝることありきと語りしかば、やがて其噂は近郷に伝はりぬ。其頃より男は家産再び傾き、又昔の主人に奉公して年を経たり。家の主人は何と思ひしにや、その淵に何荷《なんが》とも無く熱湯を注ぎ入れなどしたりしが、何の効も無かりしとのことなり。

五五　川には※河童《かっぱ》多く住めり。猿ヶ石川殊に多し。松崎村の川端の家にて、二代まで続けて河童の子を孕みたる者あり。生れし子は斬り刻みて一升樽に入れ、土中に埋めたり。其形極めて醜怪なるものなりき。女の聟の里は新張《にいばり》村の何某とて、これも川端の家なり。其主人人に其始終を語れり。かの家の者一同ある日畠に行きて夕方に帰らんとするに、女川の汀《みぎわ》に踞《うずくま》りてにこ〳〵と笑ひてあり。次の日は昼の休に亦此事あり。斯くすること日を重ねたりしに、次第に其女の所へ村の何某と云ふ者夜々通ふと云ふ噂立ちたり。始には聟が浜の方へ駄賃附に行きたる留守をのみ窺ひたりしが、後には聟と寝たる夜さへ来るやうになれり。河童なるべしと云ふ評判段々高くなりたれば、一族の者集りて之を守れども何の甲斐も無く、聟の母も行きて娘の側《かたわら》に寝たりしに、深夜にその娘の笑ふ声を聞きて、さては来てありと知りながら身動きもかなはず、人々如何にと

○道ちがへは道の二つに別るゝ所即ち追分なり

○此話などは類型全国に充満せり苟くも河童のをるといふ国には必ず此話あり何の故にか

姥子淵＝一般には貴い御子を養育する姥（乳母）が御子とともに水中に身を投げ水辺に霊を留めたという伝説のある淵をいう。姥神は子供を守る神で、母子神信仰と深く係っている。

もすべきやうなかりき。其産は極めて難産なりしが、或者の言ふには、馬槽《うまふね》に水をたゝへ其中にて産まば安く産まるべしとのことにて、之を試みたれば果して其通りなりき。その子は手に水掻《みずかき》あり。此娘の母も亦曾《またかつ》て河童の子を産みしことありと云ふ。二代や三代の因縁には非ずと言ふ者もあり。此家も加法の豪家にて○○○○○と云ふ士族なり。村会議員をしたることもあり。

五六　上郷村の何某の家にても河童らしき物の子を産みたることあり。確なる証とては無けれど、身内《みうち》真赤にして口大きく、まことにいやな子なりき。忌はしければ棄てんとて之を携へて道*ちがへに持ち行き、そこに置きて一間ばかりも離れたりしが、ふと思ひ直し、惜しきものなり、売りて見せ物にせば金になるべきにとて立帰りたるに、早取り隠されて見えざりきと云ふ。

五七　川の岸の砂の上には河童の足跡と云ふものを見ること決して珍らしからず。雨の日の翌日などは殊に此事あり。猿の足と同じく親指は離れて人間の手の跡に似たり。長さは三寸に足らず。指先のあとは人のゝやうに明かには見えずと云ふ。

五八　小烏瀬川《こがらせがわ》の姥子《※おばこ》淵《ふち》の辺に、新屋《しんや》の家《うち》と云ふ家《いえ》あり。*ある日淵へ馬を冷しに行き、馬曳《うまひき》の子は外《ほか》へ遊びに行きし間に、河童出でゝ其馬を引込まんとし、却りて馬に引きずられて厩の前に来り、馬槽に覆はれてありき。家の者馬槽の伏せてあるを怪しみて少しあけて見れば河童の手出でたり。村中の者集りて殺さんか宥さんかと評議せしが、結局今後は村中の馬に悪戯《いたずら》をせぬと云ふ堅き約束をさせて之を放したり。其河童今は村を去りて相沢《あいざわ》の滝の淵に住めりと云ふ。

五九　外の国にては河童の顔は青しと云ふやうなれど、遠野の河童は面《つら》の色赭《あか》きなり。佐々木氏の曾祖母、稚《おさな》かりし頃友だちと庭にて遊びてありしに、三本ばかりある胡桃《くるみ》の木の間より、真赤なる顔したる男の子の顔見えたり。これは河童なりしとなり。今もその胡桃大木にて在り。此家の屋敷のめぐりはすべて胡桃の樹なり。

六〇　和野村の嘉兵衛爺、雉子小屋《きじごや》に入りて雉子を待ちしに狐屢《しばしば》出でゝ雉子を追ふ。あまり悪《にく》ければ之を撃たんと思ひ狙ひたるに、狐は此方を向きて何とも無げなる顔してあり。さて引金を引きたれども火移らず。胸騒ぎして銃を検せしに、筒口より手元の処までいつの間にか悉く土をつめてありたり。

六一　同じ人六角牛に入りて白き鹿に逢へり。白鹿《はくろく》は神なりと云ふ言伝へあれば、若し傷《きずつ》けて殺すこと能はずば、必ず祟《たたり》あるべしと思案せしが、名誉の猟人なれば世間の嘲りをいとひ、思ひ切りて之を撃つに、手応へはあれども鹿少しも動かず。此時もいたく胸騒ぎして、平生魔除けとして危急の時の為に用意したる黄金の丸《たま》を取出し、これに蓬《よもぎ》を巻き附けて打ち放したれど、鹿は猶動かず。あまり怪しければ近よりて見るに、よく鹿の形に似たる白き石なりき。数十年の間山中に暮せる者が、石と鹿とを見誤るべくも非ず、全く魔障《ましよう》の仕業なりけりと、此時ばかりは猟を止めばやと思ひたりきと云ふ。

六二　又同じ人、ある夜山中にて小屋を作るいとま無くて、とある大木の下に寄り、魔除けのサ※ンヅ縄をおのれと木とのめぐりに三囲《みめぐり》引きめぐらし、鉄砲を竪《たて》に抱へてまどろみたりしに、夜深く物音のするに心付けば、大なる僧形の者赤き衣《ころも》を羽のやうに羽ばたきして、某木の梢に蔽ひかかりたり。すはやと銃を打ち放せばやがて又羽ばたきして中空を飛びかへりたり。此時の恐ろしさも世の常ならず。前後三たびまでかゝる不思議に遭ひ、其度毎に鉄砲を止めんと心に誓ひ、氏

サンヅ縄＝三途縄。猟師が山に入るとき携える縄。危急の時はこれを用いて行う法ごとがある。遠野では葬式の際につくるタツガシラにつけた麻をもって、山立の際の三途縄に綯って魔除けとする風がある。

神に願掛けなどすれど、やがて再び思ひ返して年取るまで猟人の業を棄つること能《あた》はずとよく人に語りたり。

六三　小国《おぐに》の三浦某と云ふは村一の金持なり。今より二三代前の主人、まだ家は貧しくして、妻は少しく魯鈍なりき。この妻ある日門《かど》の前を流るゝ小さき川に沿ひて蕗《ふき》を採りに入りしに、よき物少なければ次第に谷奥深く登りたり。さてふと見れば立派なる黒き門の家あり。訝《いぶか》しけれど門の中に入りて見るに、大なる庭にて紅白の花一面に咲き鶏多く遊べり。其庭を裏の方へ廻れば、牛小屋ありて牛多く居り、馬舎《うまや》ありて馬多く居れども、一向に人は居らず。終に玄関より上りたるに、その次の間には朱と黒との膳椀《ぜんわん》をあまた取出したり。奥の座敷には火鉢ありて鉄瓶の湯のたぎれるを見たり。されども終に人影は無ければ、もしは山男の家では無いかと急に恐ろしくなり、駆け出して家に帰りたり。此事を人に語れども実《まこと》と思ふ者も無かりしが、又或日我家のカド*に出でゝ物を洗ひてありしに、川上より赤き椀一つ流れて来たり。あまり美しければ拾ひ上げたれど、之を食器に用ゐたらば汚しと人に叱られんかと思ひ、ケセネギツ*の中に置きてケセネを量る器と為したり。然るに此器にて量り始めてより、いつ迄経ちてもケセネ尽きず。家の者も之を怪しみて女に問ひたるとき、始めて川より拾ひ上げし由をば語りぬ。此家はこれより幸運に向ひ、終に今の三浦家と成れり。遠野にては山中の不思議なる家をマヨヒガと云ふ。マヨヒガに行き当りたる者は、必ず其家の内の什器家畜何にてもあれ持ち出でゝ来べきものなり。其人に授けんが為にかゝる家をば見する也。女が無慾にて何物をも盗み来ざりしが故に、この椀自ら流れて来たりしなるべしと云へり。

○此**カド**は門には非ず川戸にて門前を流るゝ川の岸に水を汲み物を洗ふ為家ごとに設けたる所なり
○**ケセネ**は米稗其他の穀物を云ふ**キツ**は其穀物を容るる箱なり大小種々の**キツ**あり

安倍貞任＝平安中期の武将。頼時の子、宗任の兄。朝命に服せず前九年の役に源頼義・義家と戦い、厨川柵で敗死（一〇一九―六二）

八幡太郎＝源頼義の長子義家。前九年の役に父とともに貞任を討ち、陸奥守兼鎮守府将軍となり、後三年の役をも鎮定。東国に源氏勢力の根拠を固めた（一〇四一―一一〇八）

○上閉伊郡金沢村

六四　*金沢村《かねさわむら》は白望《しろみ》の麓、上閉伊郡の内にても殊に山奥にて、人の往来する者少なし。六七年前此村より栃内村の山崎なる某かゝが家に娘の聟を取りたり。此聟実家に行かんとして山路に迷ひ、又このマヨヒガに行き当りぬ。家の有様、牛馬鶏の多きこと、花の紅白に咲きたりしことなど、すべて前の話の通りなり。同じく玄関に入りしに、膳椀を取出したる室あり。座敷に鉄瓶の湯たぎりて、今まさに茶を煮んとする所のやうに見え、どこか便所などのあたりに人が立ちて在るやうにも思はれたり。茫然として後には段々恐ろしくなり、引返して終に小国《おぐに》の村里に出でたり。小国にては此話を聞きて実とする者も無かりしが、山崎の方にてはそはマヨヒガなるべし、行きて膳椀の類を持ち来り長者にならんとて、聟殿を先に立てゝ人あまた之を求めに山の奥に入り、ここに門ありきと云ふ処に来たれども、眼にかゝるものも無く空しく帰り来りぬ。その聟も終に金持になりたりと云ふことを聞かず。

六五　早池峯は御影石の山なり。此山の小国に向きたる側に安倍《あべ》ヶ城《じょう》と云ふ岩あり。険しき崖の中程にありて、人などはとても行き得べき処に非ず。こゝには今でも安倍貞任※の母住めりと言伝ふ。雨の降るべき夕方など、岩屋の扉を鎖す音聞ゆと云ふ。小国、附馬牛の人々は、安倍ヶ城の錠の音がする、明日は雨ならんなど云ふ。

六六　同じ山の附馬牛よりの登り口にも亦安倍屋敷と云ふ巌窟あり。兎に角早池峯は安倍貞任にゆかりある山なり。小国より登る山口にも八幡太郎※の家来の討死したるを埋めたりと云ふ塚三つばかりあり。

六七　安倍貞任に関する伝説は此外にも多し。土淵村と昔は橋野と云ひし栗橋村との境にて、山口よりは二三里も登りたる山中に、広く平なる原あり。其あたりの地名に貞任と云ふ所あり。沼ありて貞任が馬を冷せし所なりと云ふ。貞任が陣屋を構へし址とも言ひ伝ふ。景色よき所にて東海岸よく見ゆ。

六八　土淵村には※安倍氏と云ふ家ありて貞任が末なりと云ふ。昔は栄えたる家なり。今も屋敷の周囲には堀ありて水を通ず。刀剣馬具あまたあり。当主は安倍与右衛門、今も村にては二三等の物持にて、村会議員なり。安倍の子孫は此外にも多し。盛岡の安倍館《あべだて》の附近にもあり。厨川《くりやがわ》の柵《しやく》に近き家なり。土淵村の安倍家の四五町北、小烏瀬川《こがらせがわ》の河隈《かわくま》に館の址あり。八幡沢《はちまんざわ》の館と云ふ。八幡太郎が陣屋と云ふもの是なり。これより遠野の町への路には又八幡山と云ふ山ありて、其山の八幡沢の館の方に向へる峯にも亦一つの館址あり。貞任が陣屋なりと云ふ。二つの館の間二十余町を隔つ、矢戦をしたりと云ふ言伝へありて、矢の根を多く掘り出せしことあり。此間に*似《に》田《た》貝《かい》と云ふ部落あり。戦の当時此あたりは蘆《あし》しげりて土固まらず、ユキ〳〵と動揺せり。或時八幡太郎こゝを通りしに、敵味方何れの兵糧にや、粥を多く置きてあるを見て、これは煮た粥かと云ひしより村の名となる。似田貝の村の外を流るゝ小川を鳴川《なるかわ》と云ふ。之を隔てゝ足洗《あしら》川《が》村《むら》あり。鳴川にて義家が足を洗ひしより村の名となると云ふ。

六九　今の土淵村には大同《だいどう》と云ふ家二軒あり。山口の大同は当主を大洞万之丞《おおほらまんのじよう》と云ふ。此人の養母名はおひで、八十を超えて今も達者なり。佐々木氏の祖母の姉なり。※魔法に長じたり。まじなひにて蛇を殺し、木に止れる鳥を落しなどするを佐々木君はよく見せてもらひたり。昨年の旧暦正月十五日に、此老女の語りしには、※昔ある処に貧しき百姓あり。妻は無くて美しき娘あり。又

○**ニタカヒ**は**アイヌ**語の**ニタト**即ち湿地より出しなるべし地形よく合へり西の国国にては**ニタ**とも**ヌタ**ともいふ皆これなり下閉伊郡小川村にも二田貝といふ字あり

安倍氏＝貞任の末と伝える土淵村の安倍氏は南部氏時代には代々肝煎となり、維新後も暫く総代をつとめたという。→補注28

魔法＝→補注29

昔ある処に…＝いわゆる馬娘婚姻譚とされるものである。→補注30

一匹の馬を養ふ。娘此馬を愛して夜になれば厩舎に行きて寝《い》ね、終に馬と夫婦に成れり。或夜父は此事を知りて、其次の日に娘には知らせず、馬を連れ出して桑の木につり下げて殺したり。その夜娘は馬の居らぬより父に尋ねて此事を知り、驚き悲しみて桑の木の下に行き、死したる馬の首に縋《すが》りて泣きゐたりしを、父は之を悪《にく》みて斧を以て後より馬の首を切り落せしに、忽ち娘は其首に乗りたるまゝ天に昇り去れり。オシラサマと云ふは此時より成りたる神なり。馬をつり下げたる桑の枝にて其神の像を作る。其像三つありき。本《もと》にて作りしは山口の大同にあり。之を姉神とす。中にて作りしは山崎の在家権十郎と云ふ人の家に在り。佐々木氏の伯母が縁付きたる家なるが、今は家絶えて神の行方を知らず。末にて作りし妹神の像は今附馬牛村に在りと云へり。

七〇　同じ人の話に、オクナイサマはオシラサマの在る家には必ず伴ひて在《いま》す神なり。されどオシラサマはなくてオクナイサマのみ在る家もあり。又家によりて神の像も同じからず。山口の大同に在るオクナイサマは木像なり。山口の辷石《はねいし》たにえと云ふ人の家なるは掛軸なり。田圃のうちにいませるは亦木像なり。飯豊の大同にもオシラサマは無けれどオクナイサマのみはいませりと云ふ。

七一　此話をしたる老女は熱心なる念仏者なれど、※世の常の念仏者とは様かはり、一種邪宗らしき信仰あり。信者に道を伝ふることはあれども、互に厳重なる秘密を守り、其作法に就きては親にも子にも聊《いささ》かたりとも知らしめず。又寺とも僧とも少しも関係はなくて、在家の者のみの集りなり。其人の数も多からず。辷石たにえと云ふ婦人などは同じ仲間なり。阿弥陀仏の斎日《さいにち》には、夜中人の静まるを待ちて会合し、隠れたる室にて祈禱す。魔法まじなひを善くする故に、郷党に

31 **世の常の念仏者とは様かはり…**＝真言念仏に真宗信仰の合した秘事法門といわれる隠し念仏のこと。↓補注

○神体仏像子共と遊ぶを好み之を制止するを怒り玉ふこと外にも例多し遠江小笠郡大池村東光寺の薬師仏（掛川志）、駿河安倍郡豊田村曲金の軍陣坊社の神（新風土記）、又は信濃筑摩郡射手の弥陀堂の木仏（信濃奇勝録）など是なり

カクラサマ＝→補注32

対して一種の権威あり。

七二　栃内《とちない》村の字琴畑《ことばた》は深山の沢に在り。家の数は五軒ばかり、小烏瀬川の支流の水上なり。此より栃内の民居まで二里を隔つ。琴畑の入口に塚あり。塚の上には木の座像あり。およそ人の大きさにて、以前は堂の中に在りしが、今は雨ざらし也。之を※カクラサマと云ふ。*村の子供之を玩《もてあそび》物《もの》にし、引き出して川へ投げ入れ又路上を引きずりなどする故に、今は鼻も口も見えぬやうになれり。或は子供を叱り戒めて之を制止する者あれば、却りて祟を受け病むことありと云へり。

七三　カクラサマの木像は遠野郷のうちに数多《あまた》あり。栃内の字西内《にしない》にもあり。山口分の大洞《おおほら》と云ふ所にもありしことを記憶する者あり。カクラサマは人の之を信仰する者なし。粗末なる彫刻にて、衣裳頭の飾の有様も不分明なり。

七四　栃内のカクラサマは右の大小二つなり。土淵一村にては三つか四つあり。何れのカクラサマも木の半身像にてなたの荒削りの無格好なるもの也。されど人の顔なりと云ふことだけは分るなり。カクラサマとは以前は神々の旅をして休息したまふべき場所の名なりしが、其地に常います神をかく唱ふることゝなれり。

七五　離森の長者屋敷にはこの数年前まで燐寸《マッチ》の軸木の工場ありたり。其小屋の戸口に夜になれば女の伺ひ寄りて人を見てげた〳〵と笑ふ者ありて、淋しさに堪へざる故、終に工場を大字山口に移したり。其後又同じ山中に枕木伐出《きりだし》の為に小屋を掛けたる者ありしが、夕方になると人夫の者何れへか迷ひ行き、帰りて後茫然としてあること屢なり。かゝる人夫四五人もありて其後も絶えず何方へか出でゝ行くことありき。此者どもが後に言ふを聞けば、女が来て何処《どこ》へか連れ出す

○諸国の**ヌカ**塚**スクモ**塚には多くは之と同じき長者伝説を伴へり又黄金埋蔵の伝説も諸国に限なく多くあり

大槌往還＝遠野町より土淵村山口を経て境木峠をすぎ大槌町に至る街道。大槌街道。

なり。帰りて後は二日も三日も物を覚えずと云へり。

七六　*長者屋敷は昔時長者の住みたりし址なりとて、其あたりにも糠森《ぬかもり》と云ふ山あり。長者の家の糠を捨てたるが成れるなりと云ふ。此山中には五つ葉のうつ木ありて、其下に黄金を埋めてありとて、今も其うつぎの有処《ありか》を求めあるく者稀々にあり。この長者は昔の金山師なりしならんか、此あたりには鉄を吹きたる滓《かす》あり。恩徳《おんどく》の金山もこれより山続きにて遠からず。

七七　山口の田尻長三郎と云ふは土淵村一番の物持なり。当主なる老人の話に、此人四十あまりの頃、おひで老人の息子亡くなりて葬式の夜、人々念仏を終り各帰り行きし跡に、自分のみは話好なれば少しあとになりて立ち出でしに、軒の雨落の石を枕にして仰臥したる男あり。よく見れば見も知らぬ人にて死してあるやうなり。月のある夜なれば其光にて見るに、膝を立て口を開きてあり。此人大胆者にて足にて揺《うご》かして見たれど少しも身じろぎせず。道を防げて外にせん方も無ければ、終に之を跨《また》ぎて家に帰りたり。次の朝行きて見れば勿論其跡方も無く、又誰も外に之を見たりと云ふ人は無かりしかど、その枕にしてありし石の形と在《あり》どころとは昨夜の見覚えの通りなり。此人の曰く、手を掛けて見たらばよかりしに、半ば恐ろしければ唯足にて触れたるのみなりし故、更に何物のわざとも思ひ付かずと。

七八　同じ人の話に、家に奉公せし山口の長蔵なる者、今も七十余の老翁にて生存す。曾て夜遊びに出でゝ遅くかへり来たりしに、主人の家の門は※大槌《おおづち》往還に向ひて立てるが、この門の前にて浜の方より来る人に逢へり。雪合羽《ゆきがっぱ》を著たり。近づきて立ちとまる故、長蔵も怪しみて之を見たるに、往還を隔てゝ向側なる畠地の方へすつと反《そ》れて行きたり。かしこには垣根ありし筈なるに

○**ヨバヒト**は呼ばひ人なるべし女に思を運ぶ人をかく云ふ
○雲壁はなげしの外側の壁なり
洞前＝東北の曲り屋で、前庭に対してL字型になった家のつけ根の空間を洞（ホラ）といい、このホラから土間・ウマヤの前のあたりの外空間をホラマエと呼んでいる。ホラマエから土間にはいる入口があり、これが大戸口である。→補注33

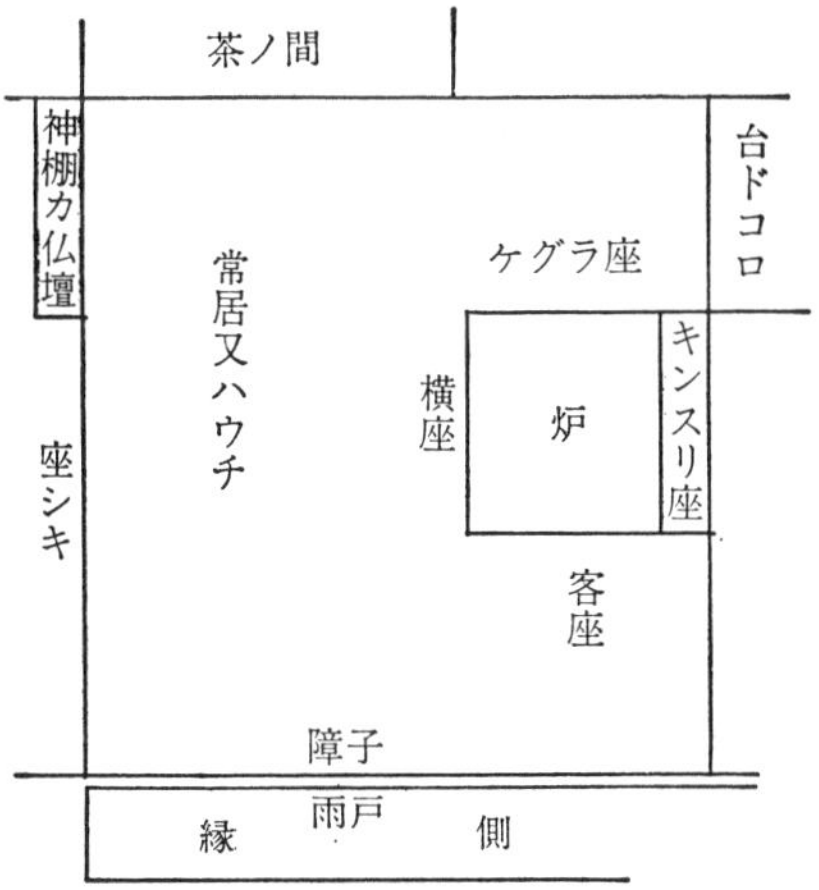

と思ひて、よく見れば垣根は正しくあり。急に怖ろしくなりて家の内に飛び込み、主人にこの事を語りしが、後になりて聞けば、此と同じ時刻に新張村《にいはりむら》の何某と云ふ者、浜よりの帰り途に馬より落ちて死したりとのことなり。

七九　この長蔵の父をも亦長蔵と云ふ。代々田尻家の奉公人にて、その妻と共に仕へてありき。若き頃夜遊びに出で、まだ宵のうちに帰り来り、門《かど》の口《くち》より入りしに、※洞前《ほらまえ》に立てる人影あり。懐手をして筒袖の袖口を垂れ、顔は茫としてよく見えず。妻は名を、おつねと云へり。おつねの所へ来たる*ヨバヒトでは無いかと思ひ、つか〱と近よりしに、裏の方へは遁げずして、却つて右手の玄関の方へ寄る故、人を馬鹿にするなと腹立たしくなりて、猶進みたるに、懐手のまゝ後《あと》ずさりして玄関の戸の三寸ばかり明きたる所より、すつと内に入りたり。されど長蔵は猶不思議とも思はず、其戸の隙に手を差入れて中を探らんとせしに、中の障子は正しく閉《とざ》してあり。茲《ここ》に始めて恐ろしくなり、少し引下らんとして上を見れば、今の男玄関の*雲壁《くもかべ》にひたと附きて我を見下す如く、其首は低く垂れて我頭に触るゝばかりにて、其眼の球は尺余も、抜け出でゝあるやうに思はれたりと云ふ。此時は只恐ろしかりしのみにて、何事の前兆にても非ざりき。

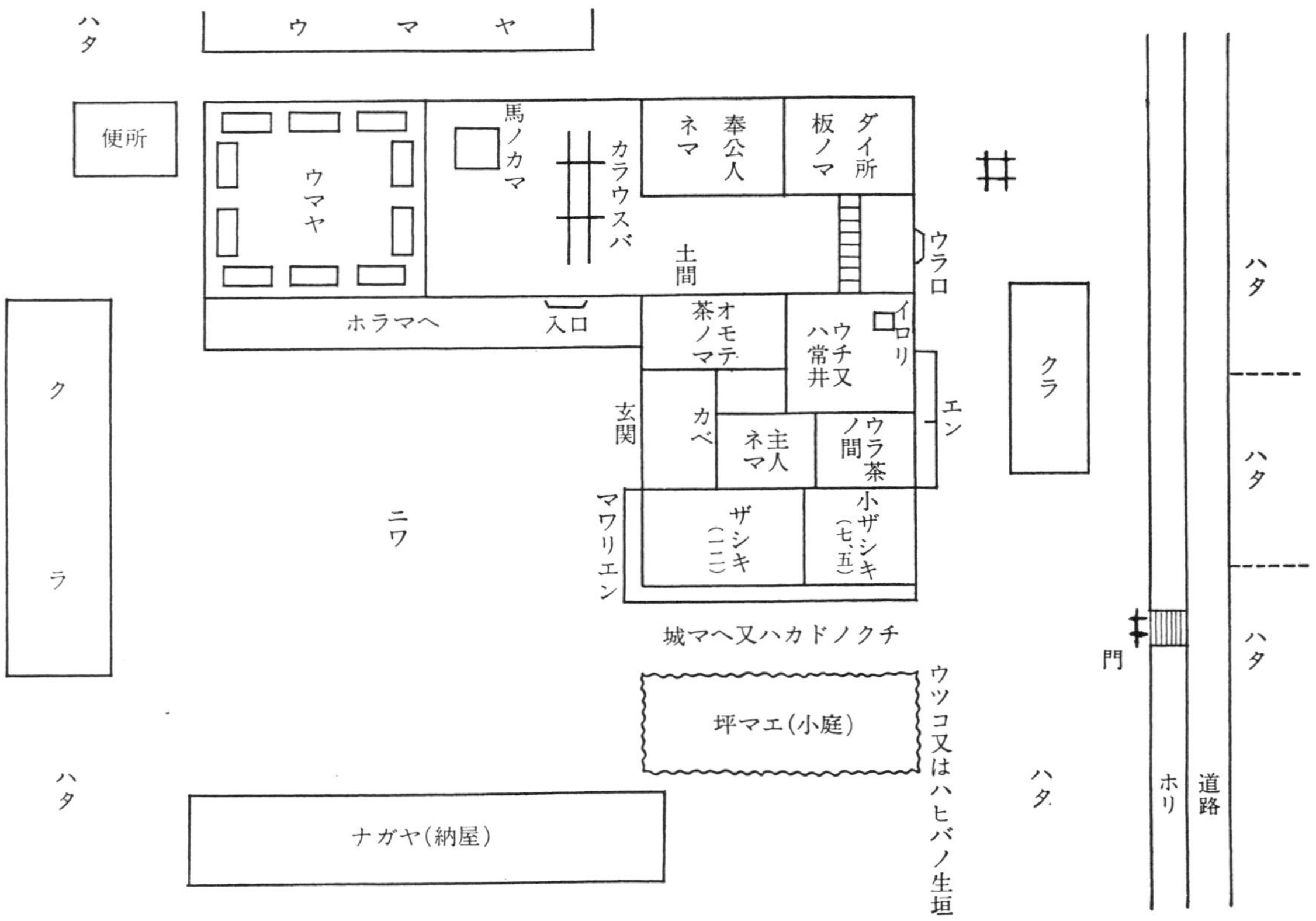

ハタ
ウマヤ
便所
ウマヤ
馬ノカマ
カラウスバ
奉公人
ネマ
ダイ所
板ノマ
土間
ウラ口
井
ホラマヘ
入口
オモテ
茶ノマ
ウチ又
ハ常井
イロリ
クラ
ハタ
エン
玄関
カベ
主人
ネマ
ウラ茶
ノ間
ハタ
クラ
ニワ
マワリエン
ザシキ
(一二)
小ザシキ
(七、五)
城マヘ又ハカドノクチ
門
ハタ
坪マエ(小庭)
ウツコ又はハヒバノ生垣
ハタ
ハタ
ナガヤ(納屋)
ホリ
道路

八〇　右の話をよく呑込む為には、＊田尻氏の家のさまを図にする必要あり。遠野一郷の家の建て方は何れも之と大同小異なり。門は此家のは北向なれど、通例は東向なり。右の図にて厩舎のあるあたりに在るなり。門のことを城前《じょうまえ》と云ふ。屋敷のめぐりは畠にて、囲墻《いしょう》を設けず。主人の寝室とウチとの間に小さく暗き室あり。之を※座頭部屋と云ふ。昔は家に宴会あれば必ず座頭を喚びたり。之を待たせ置く部屋なり。

八一　栃内の字野崎に前川万吉と云ふ人あり。二三年前に三十余にて亡くなりたり。この人も死ぬる二三年前に夜遊びに出でゝ帰りしに、門《かど》の口《くち》より廻り縁に沿ひてその角迄来たるとき、六月の月夜のことなり、何心なく雲壁を見れば、ひたと之に附きて寝たる男あり。色の蒼ざめたる顔なりき。大に驚きて病みたりしが此も何の前兆にても非《あら》ざりき。田尻氏の息子丸吉此人と懇親にて之を聞きたり。

八二　これは田尻丸吉と云ふ人が自ら遭ひたることなり。少年の頃ある夜※常居《じょうい》より立ちて便所に行かんとして茶の間に入りしに、座敷との境に人立てり。幽《かす》かに茫としてはあれど、衣類の縞も眼鼻もよく見え、髪をば垂れたり。恐ろしけれどそこへ手を延ばして探りしに、板戸にがたと突き当り、戸のさんにも触《さわ》りたり。されど我手は見えずして、其上に影のやうに重なりて人の形あり。その顔の所へ手を遣《や》れば又手の上に顔見ゆ。常居《じょうい》に帰りて人々に話し、行燈《あんどん》を持ち行きて見たれば、既に何物も在らざりき。此人は近代的の人にて怜悧なる人なり。又虚言を為す人にも非ず。

八三　山口の大同、大洞万之丞の家の建てざまは少しく外の家とはかはれり。其図次の頁に出

○此地方を旅行して最も心とまるは家の形の何れもかぎの手なることなり此家などそのよき例なり

座頭部屋＝遠野では昔阿国浄瑠璃が盛んでその歌い手の座頭は婚礼その他の集会に招かれた。本文にあるように、座頭部屋はその座頭のための部屋といわれるが、本来「秘事屋(ひしや)」と称して隠し念仏の秘儀を行なった処である。小さく暗い事から座頭と結びつけたのであろう。今は寝室、穀物置場などに使われている。

常居＝ウチともいい、日常の居間の意。板敷で、台所寄りの隅に大きな囲炉裏が設けられ、一般のお客はここに通された。

イ　玄関
ロ　前ノ口
ハ　茶ノ間
ニ　仏ダン
ホ　仏ダン
ヘ　寝マ
ト　ウチノ炉
チ　台所ノ炉

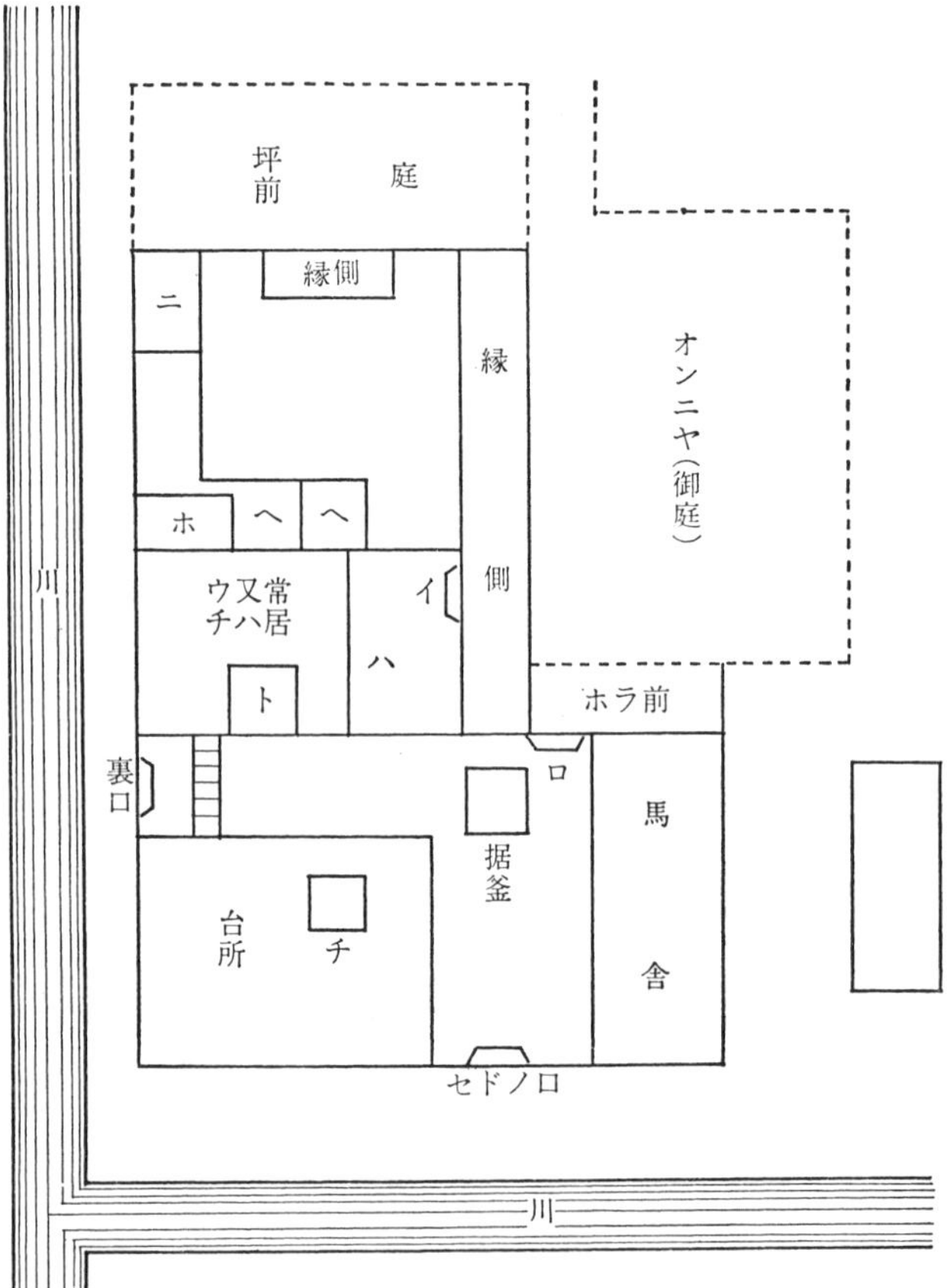

耶蘇教は密々に行はれ＝耶蘇教が密々に行われ磔となったというのは、行文からすると幕末のことと思われるが史実ははっきりしない。→補注34

す。玄関は巽《たつみ》の方に向へり。極めて古き家なり。此家には出して見れば祟《たたり》ありとて開かざる古文書の葛籠《つづら》一つあり。

八四　佐々木氏の祖父は七十ばかりにて三四年前に亡くなりし人なり。此人の青年の頃と云へば、嘉永の頃なるべきか。海岸の地には西洋人あまた来住してありき。釜石にも山田にも西洋館あり。船越の半島の突端にも西洋人の住みしことあり。※耶蘇教は密々に行はれ、遠野郷にても之を奉じて磔《はりつけ》になりたる者あり。浜に行きたる人の話に、異人はよく抱き合ひては嘗《な》め合ふ者なりなど云ふことを、今でも話にする老人あり。海岸地方には合《あい》の子《こ》中々多かりしと云ふことなり。

八五　土淵村の柏崎にては両親とも正しく日本人にして白子《しらこ》二人ある家あり。髪も肌も眼も西洋人の通りなり。今は二十六七位なるべし。家にて農業を営む。語音も土地の人とは同じからず、声細くして鋭《するど》し。

八六　土淵村の中央にて役場小学校などの在る所を字本宿《もとじゅく》と云ふ。此所に豆腐屋を業とする政と云ふ者、今三十六七なるべし。此人の父大病にて死なんとする頃、此村と小烏瀬《こがらせ》川を隔てたる字下栃内《しもとちない》に普請《ふしん》ありて、地固めの堂突《どうづき》を為す所へ、夕方に政の父独来りて人々に挨拶し、おれも堂突を為すべしとて暫時仲間に入りて仕事を為し、稍暗くなりて皆と共に帰りたり。あとにて人々あの人は大病の筈なるにと少し不思議に思ひしが、後に聞けば其日亡くなりたりとのことなり。人々悔みに行き今日のことを語りしが、其時刻は恰も病人が息を引き取らんとする頃なりき。

八七　人の名は忘れたれど、遠野の町の豪家にて、主人大煩して命の境に臨みし頃、ある日ふと菩提寺に訪ひ来れり。和尚鄭重にあしらひ茶などすゝめたり。世間話をしてやがて帰らんとする様子に少々不審あれば、跡より小僧を見せに遣りしに、門を出でゝ家の方に向ひ、町の角を廻りて見えずなれり。其道にてこの人に逢ひたる人まだ外にもあり。誰にもよく挨拶して常の体《てい》なりしが、此晩に死去して勿論其時は外出などすべき様態にてはあらざりし也。後に寺にては茶は飲みたりや否やと茶椀を置きし処を改めしに、畳の敷合せへ皆こぼしてありたり。

八八　此も似たる話なり。土淵村大字土淵の※常堅寺は曹洞宗にて、遠野郷十二ヶ寺の触頭《ふれがしら》なり。或日の夕方に村人何某と云ふ者、本宿《もとじゅく》より来る路にて何某と云ふ老人にあへり。此老人はかねて大病をして居る者なれば、いつの間によくなりしやと問ふに、二三日気分も宜しければ、今日は寺へ話を聞きに行くなりとて、寺の門前にて又言葉を掛け合ひて別れたり。常堅寺にても和尚はこの老人が訪ね来りし故出迎へ、茶を進め暫く話をして帰る。これも小僧に見させたるに門の外《そと》にて見えずなりしかば、驚きて和尚に語り、よく見れば亦茶は畳の間にこぼしてあり、老人はその日失せたり。

八九　山口より柏崎へ行くには愛宕山の裾を廻るなり。田圃に続ける松林にて、柏崎の人家見ゆる辺より雑木《ぞうき》の林となる。愛宕山の頂には小さき祠ありて、参詣の路は林の中に在り。登口に鳥居立ち、二三十本の杉の古木あり。其旁には又一つのがらんとしたる堂あり。堂の前には※※山神の字を刻みたる石塔を立つ。昔より山の神出づと言伝ふる所なり。和野の何某と云ふ若者、柏崎に用事ありて夕方堂のあたりを通りしに、愛宕山の上より降り来る丈高き人あり。誰ならんと思ひ林の樹木越しに其人の顔の所を目がけて歩み寄りしに、道の角にてはたと行逢ひぬ。先方は思ひ

常堅寺＝東磐井郡大原町の長泉寺末で、延徳二年（一四九〇）の建立。阿部氏の菩提寺で、郡中の古刹として知られている。「遠野郷十二ヶ寺の触頭」とは、曹洞宗十二カ寺の筆頭の意であろう。

〇遠野郷には山神塔多く立てり、その処は曾て山神に逢ひ又は山神の祟を受けたる場所にて神をなだむる為に建てたる石なり

山神…＝一般には山仕事をするものを守護する神をいう。↓補注35

掛けざりしにや大に驚きて此方を見たる顔は非常に赤く、眼は耀《かがや》きて且つ如何にも驚きたる顔なり。山の神なりと知りて後をも見ずに柏崎の村に走り付きたり。

九〇　松崎村に天狗森と云ふ山あり。其麓なる桑畠にて村の若者何某と云ふ者、働きて居たりしに、頻《しきり》に睡くなりたれば、暫《しばら》く畠の畔《くろ》に腰掛けて居眠りせんとせしに、極めて大なる男の顔は真赤なるが出で来れり。若者は気軽にて平生相撲などの好きなる男なれば、この見馴れぬ大男が立ちはだかりて上より見下すやうなるを面悪く思ひ、思はず立上りてお前はどこから来たかと問ふに、何の答もせざれば、一つ突き飛ばしてやらんと思ひ、力自慢のまゝ飛びかゝり手を掛けたりと思ふや否や、却《かえ》りて自分の方が飛ばされて気を失ひたり。夕方に正気づきて見れば無論その大男は居らず。家に帰りて後人に此事を話したり。其秋のことなり。早池峯の腰へ村人大勢と共に馬を曳きて萩《はぎ》を苅りに行き、さて帰らんとする頃になりて此男のみ姿見えず。一同驚きて尋ねたれば、深き谷の奥にて手も足も一つ一つ抜き取られて死して居たりと云ふ。今より、二三十年前のことにて、此時の事をよく知れる老人も今も存在せり。天狗森には天狗多く居ると云ふことは昔より人の知る所なり。

九一　遠野の町に山々の事に明るき人あり。もとは南部男爵家の鷹匠なり。町の人綽名《あだな》して鳥御《とりご》前《ぜん》と云ふ。早池峯、六角牛の木や石や、すべて其形状と在所《ありどころ》とを知れり。年取りて後茸採りにとて一人の連と共に出でたり。この連の男と云ふは水練の名人にて、藁と槌とを持ちて水の中に入り、草鞋を作りて出て来ると云ふ評判の人なり。さて遠野の町と猿ヶ石川を隔つる向山《むけえやま》と云ふ山より、綾織村の続石《つづきいし》とて珍しき岩のある所の少し上の山に入り、両人別れ〳〵になり、鳥御前一人は又少し山を登りしに、恰《あたか》も秋の空の日影、西の山の端より四五間ばかりなる時刻なり。ふと大なる岩の陰に赭《あか》き顔の男と女とが立ちて何か話をして居るに出逢ひたり。彼等は鳥御前の近づくを見て、手を拡げて押戻すやうなる手つきを為し制止したれども、それにも構《かま》はず行きたるに女は男の胸に縋るやうにしたり。事のさまより真の人間にてはあるまじと思ひながら、鳥御前はひやうきんな人なれば戯れて遣らんとて腰なる切刃《きりは》を抜き、打ちかゝるやうにしたれば、その色赭き男は足を挙げて蹴たるかと思ひしが、忽ちに前後を知らず。連なる男は之を探しまはりて谷底に気絶してあるを見付け、介抱して家に帰りたれば、鳥御前は今日の一部始終を話し、かゝる事は今までに更になきことなり。おのれは此為に死ぬかも知れず、外の者には誰にも言ふなと語り、三日程の間病みて身まかりたり。家の者あまりに其死にやうの不思議なればとて、山臥のケンコウ院と云ふに相談せしに、其答には、山の神たちの遊べる所を邪魔したる故、その祟をうけて死したるなりと言へり。此人は伊能先生なども知合なりき。今より十余年前の事なり。

九二　昨年のことなり。土淵村の里の子十四五人にて早池峯に遊びに行き、はからず夕方近くなりたれば、急ぎて山を下り麓近くなる頃、丈の高き男の下より急ぎ足に昇り来るに逢へり。色は黒く眼《まなこ》はきら／＼として、肩には麻かと思はるゝ古き浅葱色《あさぎいろ》の風呂敷にて小さき包を負ひたり。恐ろしかりしかども子供の中の一人、どこへ行くかと此方より声を掛けたるに、小国さ行くと答ふ。此路は小国へ越ゆべき方角には非ざれば、立ちとまり不審する程に、行き過ぐると思ふ間もなく、早見えずなりたり。山男よと口々に言ひて皆々遁げ帰りたりと云へり。

九三　これは和野の人菊池菊蔵と云ふ者、妻は笛吹峠のあなたなる橋野より来たる者なり。この

〇ウドとは両側高く切込みたる路のことなり東海道の諸国にて**ウタウ**坂謡坂などいふはすべて此の如き小さき切通しのことならん
岨＝がけ

〇象坪は地名にして且つ藤七の名字なり象坪と云ふ地名のこと石神問答の中にて之を研究したり
象坪＝↓補注36

妻親里へ行きたる間に、絲蔵と云ふ五六歳の男の児病気になりたれば、昼過ぎより笛吹峠を越えて妻を連れに親里へ行きたり。名に負ふ六角牛の峯続きなれば山路は樹深く、殊に遠野分より栗橋分へ下らんとするあたりは、路は*ウドになりて両方は※岨《そば》なり。日影は此岨に隠れてあたり稍薄暗くなりたる頃、後の方より菊蔵と呼ぶ者あるに振返りて見れば、崖の上より下を覗《のぞ》くものあり。顔は赭く眼の光りかゞやけること前の話の如し。お前の子はもう死んで居るぞと云ふ。この言葉を聞きて恐ろしさよりも先にはつと思ひたりしが、早其姿は見えず。急ぎ夜の中に妻を伴ひて帰りたれば、果して子は死してありき。四五年前のことなり。

九四　この菊蔵、柏崎なる姉の家に用ありて行き、振舞はれたる残りの餅を懐に入れて、愛宕山の麓の林を過ぎしに*※象坪《ぞうつぼ》の藤七と云ふ大酒呑にて彼と仲善の友に行き逢へり。そこは林の中なれど少しく芝原ある所なり。藤七はにこ〳〵としてその芝原を指し、こゝで相撲を取らぬかと云ふ。菊蔵之を諾し、二人草原にて暫く遊びしが、この藤七如何にも弱く軽く自由に抱へては投げらるゝ故、面白きまゝに三番まで取りたり。藤七が曰く、今日はとてもかなはず、さあ行くべしとて別れたり。四五間も行きて後心付きたるにかの餅見えず。相撲場に戻りて探したれど無し。始めて狐ならんかと思ひたれど、外聞を恥ぢて人にも言はざりしが、四五日の後酒屋にて藤七に逢ひ其話をせしに、おれは相撲など取るものか、その日は浜へ行きてありしものをと言ひて、愈狐と相撲を取りしこと露顕したり。されど菊蔵は猶他の人々には包み隠してありしが、昨年の正月の休に人々酒を飲み狐の話をせしとき、おれも実はと此話を白状し、大に笑はれたり。

九五　松崎の菊池某と云ふ今年四十三四の男、庭作りの上手にて、山に入り草花を掘りては我庭に移し植ゑ、形の面白き岩などは重きを厭はず家に担《にな》ひ帰るを常とせり。或日少し気分重ければ家を出でゝ山に遊びしに、今までつひに見たることなき美しき大岩を見付けたり。平生の道楽なれば之を持ち帰らんと思ひ、持ち上げんとせしが非常に重し。恰も人の立ちたる形して丈もやがて人ほどあり。されどほしさの余之を負ひ、我慢して十間ばかり歩みしが、気の遠くなる位重ければ怪しみを為し、路の旁に之を立て少しくもたれかゝるやうにしたるに、そのまゝ石と共にすつと空中に昇り行く心地したり。雲より上になりたるやうに思ひしが実に明るく清き所にて、あたりに色々の花咲き、しかも何処とも無く大勢の人声聞えたり。されど石は猶益《ますます》昇り行き、終には昇り切りたるか、何事も覚えぬやうになりたり。其後時過ぎて心付きたる時は、やはり以前の如く不思議の石にもたれたるまゝにてありき。此石を家の内へ持ち込みては如何なる事あらんも測りがたしと、恐ろしくなりて遁げ帰りぬ。この石は今も同じ所に在り。折々は之を見て再びほしくなることありと云へり。

九六　遠野の町に芳公馬鹿《よしこうばか》とて三十五六なる男、白痴にて一昨年まで生きてありき。此男の癖は路上にて木の切れ塵などを拾ひ、之を捻《ひね》りてつくづくと見つめ又は之を嗅《か》ぐことなり。人の家に行きては柱などをこすりて其手を嗅ぎ、何物にても眼の先まで取り上げ、にこにことして折々之を嗅ぐなり。此男往来をあるきながら急に立ち留り、石などを拾ひ上げて之をあたりの人家に打ち付け、けたゝましく火事だ火事だと叫ぶことあり。かくすれば其晩か次の日か物を投げ付けられたる家火を発せざることなし。同じこと幾度と無くあれば、後には其家々も注意して予防を為すと雖《いえども》、終に火事を免《まぬか》れたる家は一軒も無しと云へり。

傷寒＝急性の熱疾患。

塞の神＝「此土地にてはコンセ様と云ふ男性の物の神体の外に　サイの神を縁結びの神とし或は女性の物を其神体として祭るやうにて候　それで婚礼の時の仲人をサイの神と申候」（『石神問答』中の佐々木繁よりの手紙）

先年の大海嘯＝明治二十九年の三陸大津波。流失・全壊家屋九千三百余。死者二万二千人に達した。三陸沖の津波は江戸時代のみでも

九七　飯豊《いいで》の菊池松之丞と云ふ人傷寒※を病み、度々息を引きつめし時、自分は田圃に出でゝ菩提寺なるキセイ院へ急ぎ行かんとす。足に少し力を入れたるに、図らず空中に飛上り、凡そ人の頭ほどの所を次第に前下《まえさが》りに行き、又少し力を入るれば昇ること始の如し。何とも言はれず快し。寺の門に近づくに人群集せり。何故ならんと訝《いぶか》りつゝ門を入れば、紅《くれない》の芥子《けし》の花咲満ち、見渡す限も知らず。いよ／＼心持よし。この花の間に亡くなりし父立てり。お前も来たのかと云ふ。これに何か返事をしながら猶行くに、以前失ひたる男の子居りて、トッチャお前も来たかと云ふ。お前はこゝに居たのかと言ひつゝ近よらんとすれば、今来てはいけないと云ふ。此時門の辺にて騒しく我名を喚ぶ者ありて、うるさきこと限なけれど、拠《よんどころ》なければ心も重くいや／＼ながら引返したりと思へば正気付きたり。親族の者寄り集ひ水など打ちそゝぎて喚生《よびい》かしたるなり。

九八　路の傍に山の神、田の神、※塞《さえ》の神の名を彫りたる石を立つるは常のことなり。又早池峯山六角牛山の名を刻したる石は、遠野郷にもあれど、それよりも浜に殊に多し。

九九　土淵村の助役北川清と云ふ人の家は字火石《ひいし》に在り。代々の山臥《やまぶし》にて祖父は正福院と云ひ、学者にて著作多く、村の為に尽したる人なり。清の弟に福二と云ふ人は海岸の田の浜へ聟に行きたるが、※先年の大海嘯《おおつなみ》に遭ひて妻と子とを失ひ、生き残りたる二人の子と共に元の屋敷の地に小屋を掛けて一年ばかりありき。夏の初の月夜に便所に起き出でしが、遠く離れたる所に在りて行く道も浪の打つ渚《なぎさ》なり。霧の布《し》きたる夜なりしが、その霧の中より男女二人の者の近よるを見れば、女は正しく亡くなりし我妻なり。思はず其跡をつけて、遥々と船越村の方へ行く崎の洞ある所まで追ひ行き、名を呼びたるに、振返りてにこと笑ひたり。男はと見れば此も同じ里の者にて

七回に達し、昭和八年にも死者五百人を出しているが、この大津波は最大の惨事となった。

○下閉伊郡豊間根村大字豊間根

海嘯の難に死せし者なり。自分が聟に入りし以前に互に深く心を通はせたりと聞きし男なり。今は此人と夫婦になりてありと云ふに、子供は可愛くは無いのかと云へば、女は少しく顔の色を変へて泣きたり。死したる人と物言ふとは思はれずして、悲しく情なくなりたれば足元を見て在りし間に、男女は再び足早にそこを立ち退きて、小浦《おうら》へ行く道の山陰を廻《めぐ》り見えずなりたり。追ひかけて見たりしがふと死したる者なりしと心付き、夜明まで道中《みちなか》に立ちて考へ、朝になりて帰りたり。其後久しく煩ひたりと云へり。

一〇〇　船越の漁夫何某、ある日仲間の者と共に吉利吉里《きりきり》より帰るとて、夜深く四十八坂のあたりを通りしに、小川のある所にて一人の女に逢ふ。見れば我妻なり。されどもかゝる夜中に独此辺に来べき道理なければ、必定化物ならんと思ひ定め、矢庭《やにわ》に魚切庖丁を持ちて後の方より差し通したれば、悲しき声を立てゝ死したり。暫くの間は正体を現はさゞれば流石《さすが》に心に懸り、後の事を連の者に頼み、おのれは馳せて家に帰りしに、妻は事も無く家に待ちてあり。今恐ろしき夢を見たり。あまり帰りの遅ければ夢に途中まで見に出でたるに、山路にて何とも知れぬ者に脅《おびや》かされて、命を取らるゝと思ひて目覚めたりと云ふ。さてはと合点して再び以前の場所へ引返して見れば、山にて殺したりし女は連の者が見てをる中につひに一匹の狐となりたりと云へり。夢の野山を行くに此獣の身を傭《やと》ふことありと見ゆ。

一〇一　旅人*豊間根《とよまね》村を過ぎ、夜更け疲れたれば、知音の者の家に燈火の見ゆるを幸に、入りて休息せんとせしに、よき時に来合せたり、今夕死人あり、留守の者なくて如何にせんかと思ひし所なり、暫くの間頼むと云ひて主人は人を喚びに行きたり。迷惑千万なる話なれど是非も無く、囲炉裡の側にて煙草を吸ひてありしに、死人は老女にて奥の方に寝させたるが、ふと見れば床《とこ》の上にむく／＼と起直る。胆潰れたれど心を鎮め静かにあたりを見廻すに、流し元の水口の穴より狐の如き物あり、面《つら》をさし入れて頻に死人の方を見つめて居たり。さてこそと身を潜め窃《ひそ》かに家の外に出で、背戸《せと》の方に廻りて見れば、正しく狐にて首を流し元の穴に入れ後足を爪立てゝ居たり。有合はせたる棒をもて之を打ち殺したり。

一〇二　正月十五日の晩を小正月※と云ふ。宵の程は子供等福の神と称して四五人群を作り、袋を持ちて人の家に行き、明《あけ》の方から福の神が舞込んだと唱へて餅を貰ふ習慣あり。宵を過ぐれば此晩に限り人々決して戸の外に出づることなし。小正月の夜半過ぎは山の神出でゝ遊ぶと言ひ伝へてあれば也。山口の字丸古《まるこ》立《だち》におまさと云ふ今三十五六の女、まだ十二三の年のことなり。如何なるわけにてか唯一人にて福の神に出で、処々をあるきて遅くなり、淋しき路を帰りしに、向の方より丈の高き男来てすれちがひたり。顔はすてきに赤く眼はかゞやけり。袋を捨てゝ遁げ帰り大に煩ひたりと云へり。

一〇三　小正月の夜、又は小正月ならずとも冬の満月の夜は、雪女※が出でゝ遊ぶとも云ふ。童子をあまた引連れて来ると云へり。里の子ども冬は近辺の丘に行き、橇《そりつこ》遊《あそび》をして面白さのあまり夜になることあり。十五日の夜に限り、雪女が出るから早く帰れと戒めらるゝは常のことなり。されど雪女を見たりと云ふ者は少なし。

一〇四　小正月の晩には行事甚だ多し。※※月見と云ふは六つの胡桃《くるみ》の実を十二に割り一時に炉の火にくべて一時に之を引上げ、一列にして右より正月二月と数ふるに、満月の夜晴なるべき月には

小正月＝一月十四日、十五日を中心とした正月。民間の年中行事では元日を中心とした大正月より重視され、特に農作に関する年中行事が多く行なわれる。

雪女＝雪の降る夜の妖怪。遠野のように小正月の夜にあらわれるというのや、元日に来て初卯の日に帰るというところもあり、これは歳神と同じなので雪国では歳神が妖怪視されるにいたったものともとれる。

〇五穀の占、月の占多少の

いつまでも赤く、曇るべき月には直《すぐ》に黒くなり、風ある月にはフー〳〵と音をたてゝ火が振《ふる》ふなり。何遍繰返しても同じことなり。村中何れの家にても同じ結果を得るは妙なり。翌日は此事を語り合ひ、例へば八月の十五夜風とあらば、其歳の稲の苅入を急ぐなり。

一〇五　又※世《よ》中見《なかみ》と云ふは、同じく小正月の晩に、色々の米にて餅をこしらへて鏡と為し、同種の米を膳の上に平らに敷き、鏡餅をその上に伏せ、鍋を被せ置きて翌朝之を見るなり。餅に附きたる米粒の多きもの其年は豊作なりとして、早中晩の種類を択び定むるなり。

一〇六　海岸の山田にては蜃気楼年々見ゆ。常に外国の景色なりと云ふ。見馴れぬ都のさまにして、路上の車馬しげく人の往来眼ざましきばかりなり。年毎に家の形など聊も違ふこと無しと云へり。

一〇七　上郷村に河ぷちのうちと云ふ家あり。早瀬川の岸に在り。此家の若き娘、ある日河原に出でゝ石を拾ひてありしに、見馴れぬ男来り、木の葉とか何とかを娘にくれたり。又高く面朱のやうなる人なり。娘は此日より占《うらない》の術を得たり。異人は山の神にて、山の神の子になりたるなりと云へり。

一〇八　山の神の乗り移りたりとて占を為す人は所々に在り。附馬《つくも》牛《うし》村にも在り。本業は木《こ》挽《びき》なり。柏崎の孫太郎もこれなり。以前は発狂して喪心したりしに、ある日山に入りて山の神より其術を得たりし後は、不思議に人の心中を読むこと驚くばかりなり。その占ひの法は世間の者とは全く異なり。何の書物をも見ず、頼みに来たる人と世間話を為し、その中にふと立ちて常居《じょうい》の中をあちこちとあるき出すと思ふ程に、其人の顔は少しも見ずして心に浮びたることを云ふなり。

ヴリエテを以て諸国に行はる陰陽道に出でしものならん

月見＝年占の一種。年占は主として小正月に行なわれ、他に豆占、粥占、年見、水斗(みずばかり)、置炭、松足などの方法もある。

世中見＝同じく年占の一種。青森県三戸地方では米伏(よねぶせ)といっている。

当らずと云ふこと無し。例へばお前のウチの板敷を取り離し、土を掘りて見よ。古き鏡又は刀の折れあるべし。それを取り出さねば近き中に死人ありとか家が焼くるとか言ふなり。帰りて掘りて見るに必ずあり。かゝる例は指を屈するに勝《た》へず。

一〇九 盆の頃には※雨風祭とて藁にて人よりも大なる人形を作り、道の岐《ちまた》に送り行きて立つ。紙にて顔を描き瓜《うり》にて陰陽の形を作り添へなどす。虫祭の藁人形にはかゝることは無く其形も小さし。雨風祭の折は一部落の中にて※頭屋《とうや》を択び定め、里人集りて酒を飲みて後、一同笛太鼓にて之を道の辻まで送り行くなり。笛の中には桐の木にて作りたるホラなどあり。之を高く吹く。さて其折の歌は『二百十日の雨風まつるよ、*どちの方さ祭る、北の方さ祭る』と云ふ。

一一〇 ※ゴンゲサマと云ふは、神楽舞《かぐらまい》の組毎に一つづゝ備はれる木彫の像にして、獅子頭とよく似て少しく異なれり。甚だ御利生のあるものなり。新張《にいばり》の八幡社の神楽組のゴンゲサマと、土淵村字五日市の神楽組のゴンゲサマと、曾て途中にて争を為せしことあり。新張のゴンゲサマ負けて片耳を失ひたりとて今も無し。毎年村々を舞ひてあるく故、之を見知らぬ者なし。ゴンゲサマの霊験は殊に※火伏《ひぶせ》に在り。右の八幡の神楽組曾て附馬牛村に行きて日暮れ宿を取り兼ねしに、ある貧しき者の家にて快く之を泊めて、五升桝を伏せて其上にゴンゲサマを座ゑ置き、人々は臥したりしに、夜中にがつ〳〵と物を噛む音のするに驚きて起きて見れば、軒端に火の燃え付きてありしを、桝の上なるゴンゲサマ飛び上り飛び上りして火を喰ひ消してありし也と。子供の頭を病む者など、よくゴンゲサマを頼み、その病を嚙みてもらふことあり。

一一一 山口、飯豊、附馬牛の字荒川東禅寺及火渡《ひわたり》、青笹の字中沢並に土淵村の字土淵に、とも

○東国輿地勝覧に依れば韓国にても厲壇を必ず城の北方に作ること見ゆ共に玄武神の信仰より来れるなるべし

雨風祭＝↓補注37

頭屋＝神事の宿のことで、普通には神饌、幣帛、祭具等を調製する場所とし、土地によってはそこで神事ないしはそれに続く饗宴を行なっている。その家の主人は即ち神事頭人であるが、それをもトウヤということが多い。

ゴンゲサマ＝ゴンゲンサマ（権現様）。↓補注38

火伏せ＝防火、消火のこと。↓補注39

に※※ダンノハナと云ふ地名あり。その近傍に之と相対して必ず蓮台野※と云ふ地あり。昔は六十を超えたる老人はすべて此蓮台野へ追ひ遣るの習ありき。老人は徒《いたずら》に死んで了《しま》ふこともならぬ故に、日中は里へ下り農作して口を糊《ぬら》したり。その為に今も山口土淵辺にては朝《あした》に野らに出づるをハカダチと云ひ、夕方野らより帰ることをハカアガリと云ふと云へり。

一一二　ダンノハナは昔館《たて》の有りし時代に囚人を斬りし場所なるべしと云ふ。地形は山口のも土淵飯豊のも略《ほぼ》同様にて、村境の岡の上なり。仙台にも此地名あり。*山口のダンノハナは大洞《おおほら》へ越ゆる丘の上にて館址よりの続きなり。蓮台野は之と山口の民居を隔てゝ相対す。蓮台野の四方はすべて沢なり。東は即ちダンノハナとの間の低地、南の方を*星谷と云ふ。此所には蝦夷屋敷と云ふ四角に凹みたる所多く有り。其跡極めて明白なり。あまた石器を出す。石器土器の出る処山口に二ケ所あり。他の一は小字を*ホウリヤウと云ふ。ここの土器と蓮台野の土器とは様式同然殊なり。後者のは技巧聊《いささ》かも無く、ホウリヤウのは模様なども巧なり。埴輪《はにわ》もここより出づ。又石斧石刀の類も出づ。蓮台野には蝦夷銭《えぞせん》とて土にて銭の形をしたる径二寸ほどの物多く出づ。是には単純なる渦紋《うずもん》などの模様あり。字ホウリヤウには丸玉管玉《くだたま》も出づ。こゝの石器は精巧にて石の質も一致したるに、蓮台野のは原料色々なり。ホウリヤウの方は何の跡と云ふことも無く、狭き一町歩ほどの場所なり。星谷は底の方《かた》今は田と成れり。蝦夷屋敷は此両側に連りてありし也と云ふ。此あたりに掘れば祟《たたり》ありと云ふ場所二ケ所ほどあり。

一一三　和野に*ジヤウヅカ森と云ふ所あり。象を埋めし場所なりと云へり。此所だけには地震なしとて、近辺にては地震の折はジヤウヅカ森へ遁《に》げよと昔より言ひ伝へたり。此は確かに人を埋

○**ダンノハナ**は壇の塙なるべし即ち丘の上にて塚を築きたる場所ならん境の神を祭る為の塚なりと信ず蓮台野も此類なるべきこと石神問答の九八頁に言へり

ダンノハナ・蓮台野＝→補注40

○外の村々にても二所の地形及関係之に似たりと云ふ

○星谷と云ふ地名も諸国に在り星を祭りし所なり

○**ホウリヤウ**権現は遠野を始め奥羽一円に祀らるゝ神なり蛇の神なりと云ふ名義を知らず

○**ジヤウヅカ**は定塚、庄塚又は塩塚などゝかきて諸国にあまたあり是も境の神を

祀りし所にて地獄の**シヤウツカ**の奪衣婆の話などと関係あること石神問答に詳にせり又象坪などの象頭神とも関係あれば象の伝説は由なきに非ず塚を森といふことも東国の風なり

山姥＝山中に棲む妖怪と考えられる女。多くは老女のように伝えられる。↓補注41

めたる墓なり。塚のめぐりには堀あり。塚の上には石あり。之を掘れば祟ありと云ふ。

一一四　山口のダンノハナは今は共同墓地なり。岡の頂上にうつ木を栽ゑめぐらし其口は東方に向ひて門《もん》口めきたる所あり。其中程に大なる青石あり。曾て一たび其下を掘りたる者ありしが、何者をも発見せず。後再び之を試みし者は大なる瓶あるを見たり。村の老人たち大に叱りければ、又もとのまゝに為し置きたり。館の主の墓なるべしと云ふ。此所に近き館の名はボンシヤサの館と云ふ。幾つかの山を掘り割りて水を引き、三重四重に堀を取り廻らせり。寺屋敷砥《と》石森《いしもり》など云ふ地名あり。井の跡とて石垣残れり。山口孫左衛門の祖先こゝに住めりと云ふ。遠野古事記に詳かなり。

一一五　御伽話のことを昔々と云ふ。ヤマハヽの話最も多くあり。ヤマハヽは※山姥《やまうば》のことなるべし。其一つ二つを次に記すべし。

一一六　昔々ある所にトヽとガヽとあり。娘を一人持てり。娘を置きて町へ行くとて、誰が来ても戸を明けるなと戒しめ、鍵を掛けて出でたり。娘は恐ろしければ一人炉にあたりすくみて居たりしに、真昼間に戸を叩きてこゝを開けと呼ぶ者あり。開かずば蹴破るぞと嚇《おど》す故に、是非なく戸を明けたれば入り来たるはヤマハヽなり。炉の横座《よこざ》に踏みはたかりて火にあたり、飯をたきて食はせよと云ふ。其言葉に従ひ膳を支度してヤマハヽに食はせ、其間に家を遁げ出したるに、ヤマハヽは飯を食ひ終りて娘を追ひ来り、追々に其間近く今にも背《せな》に手の触るゝばかりになりし時、山の蔭にて柴を苅る翁に逢ふ。おれはヤマハヽにぼつかけられてあるなり、隠して呉れよと頼み、苅り置きたる柴の中に隠れたり。ヤマハヽ尋ね来りて、どこに隠れたかと柴の束をのけんとして柴を抱へたるまゝ山より滑り落ちたり。其隙《ひま》にこゝを遁《のが》れて又萱を苅る翁に逢ふ。おれはヤマハゝにぼつかけられてあるなり。隠して呉れよと頼み、苅り置きたる萱の中に隠れたり。ヤマハゝは又尋ね来りて、どこに隠れたかと萱の束をのけんとして、萱を抱へたるまゝ山より滑り落ちたり。其隙に又こゝを遁れ出でゝ大きなる沼の岸に出でたり。此よりは行くべき方も無ければ、沼の岸の大木の梢に昇りゐたり。ヤマハゝはどけえ行つたとて遁がすものかとて、沼の水に娘の影の映《うつ》れるを見てすぐに沼の中に飛び入りたり。此間に再び此所を走り出で、一つの笹小屋のあるを見付け、中に入りて見れば若き女ゐたり。此にも同じことを告げて石の唐櫃《からうど》のありし中へ隠してもらひたる所へ、ヤマハゝ又飛び来り娘のありかを問へども隠して知らずと答へたれば、いんね来ぬ筈は無い、人くさい香がするものと云ふ。それは今雀を炙《あぶ》つて食つた故なるべしと言へば、ヤマハゝも納得《なつとく》してそんなら少し寝ん、石のからうどの中にしやうか、木のからうどの中がよいか、石はつめたし木のからうどの中にと言ひて、木の唐櫃の中に入りて寝たり。家の女は之に鍵を下《おろ》し、娘を石のからうどより連れ出し、おれもヤマハゝに連れて来られたる者なれば共々に之を殺して里へ帰らんとて、錐《きり》を紅《あか》く焼きて木の唐櫃の中に差し通したるに、ヤマハゝはかくとも知らず、只二十日鼠《はつかねずみ》が来たと言へり。それより湯を煮立てゝ焼錐の穴より注ぎ込みて、終に其ヤマハゝを殺し二人共に親々の家に帰りたり。昔々の話の終は何《いず》れもコレデドンドハレと云ふ語を以て結ぶなり。

一一七　昔々これもある所にトゝとガゝと、娘の嫁に行く支度を買ひに町へ出で行くとて戸を鎖《とざ》し、誰が来ても明けるなよ、はアと答へたれば出でたり。昼の頃ヤマハゝ来りて娘を取りて食

○糠屋は物おきなり

紅皿欠皿＝継子話の姉妹の名。シンデレラ姫物語の筋を引いた昔語。↓補注42

○獅子踊はさまで此地方に古きものに非ず中代之を輸入せしものなることを人よく知れり

獅子踊＝鹿踊と書いて「ししおどり」と読み、「しかおどり」と呼んでいるところもある。盆や雨乞い、秋祭り（収穫祭）などに登場する獅子頭をかぶった豪壮な踊りである。岩手・宮城県一帯に分布する。↓補注43

ひ、娘の皮を被《かぶ》り娘になりて居る。夕方二人の親帰りて、おりこひめこ居たかと門の口より呼べば、あ、ゐたます、早かつたなしと答へ、二親は買ひ来たりし色々の支度の物を見せて娘の悦ぶ顔を見たり。次の日夜の明けたる時、家の鶏羽ばたきして、*糠屋《ぬかや》の隅《すみ》ッ子《こ》見ろぢや、けゝうと啼く。はて常に変りたる鶏の啼きやうかなと二親は思ひたり。それより花嫁を送り出すとてヤマハハのおりこひめこを馬に載せ、今や引き出さんとするとき又鶏啼く。其声は、おりこひめこを載せなえでヤマハゝのせた、けゝうと聞ゆ。之を繰り返して歌ひしかば、二親も始めて心付き、ヤマハゝを馬より引き下して殺したり。それより糠屋の隅を見に行きしに娘の骨あまた有りたり。

一一八　※紅皿欠皿《べにざらかけざら》の話も遠野郷に行はる。只欠皿の方はその名をヌカボと云ふ。ヌカボは空穂《うつぼ》のことなり。継母《ままはは》に悪《にく》まれたれど神の恵ありて、終に長者の妻となると云ふ話なり。エピソードには色々の美しき絵様《えよう》あり。折あらば詳しく書記すべし。

一一九　遠野郷の*※獅子踊に古くより用ゐたる歌の曲あり。村により人によりて少しづゝの相異あれど、自分の聞きたるは次の如し。百年あまり以前の筆写なり。

橋ほめ

一　まゐり来て此橋を見申せや、いかなもをざは踏みそめたやら、わだるがくかいざるもの

一　此御馬場を見申せや、杉原七里大門まで

門ほめ

一　まゐり来て此もんを見申せや、ひの木さわらで門立てゝ、是ぞ目出たい白かねの門

一　門の戸びらおすひらき見申せや、あらの御せだい

○

一　まゐり来てこの御本堂を見申せや、いかな大工は建てたやら

一　建てた御人は御手とから、むかしひたのたくみの立てた寺也

小島ぶし

一　小島ではひの木さわらで門立てゝ、是ぞ目出たい白金の門

一　白金の門戸びらおすひらき見申せや、あらの御せだい

一　八つ棟ぢくりにひわだぶきの、上におひたるから松

一　から松のみぎり左に涌くいぢみ、汲めども呑めどもつきひざるもの

一　あさ日さすよう日かゞやく大寺也、さくら色のちごは百人

一　天からおづるちよ硯水、まつて立たれる

馬屋ほめ

一　まゐり来てこの御台所見申せや、め釜を釜に釜は十六

一　十六の釜で御代たく時は、四十八の馬で朝草苅る

一　其馬で朝草にききやう小萱を苅りまぜて、花でかゞやく馬屋なり

一　かゞやく中のかげ駒は、せたいあがれを足がきする

○

一　此庭に歌のぞうじはありと聞く、あしびながらも心はづかし

一　われ〳〵はきによならひしけふあすぶ、そつ事ごめんなり

一　しやうぢ申せや限なし、一礼申して立てや友だつ
　桝形ほめ
一　まゐり来てこの桝を見申せや、四方四角桝形の庭也
一　まゐり来て此宿を見申せや、人のなさげの宿と申
　町ほめ
一　参り来て此お町を見申せや、竪町十五里横七里、△△出羽にまよおな友たつ
　○出羽の字も実は不明なり
　けんだんほめ
一　まゐり来てこのけだん様を見申せや、御町間中にはたを立前
一　まいは立町油町
一　けんだん殿は二かい座敷に昼寝すて、銭を枕に金の手遊
一　参り来てこの御札見申せば、おすがいろぢきあるまじき札
一　高き処は城と申し、ひくき処は城下と申す也
　橋ほめ
一　まゐり来てこの橋を見申せば、こ金の辻に白金のはし
　上ほめ
一　まゐり来てこの御堂見申せや、四方四面くさび一本
一　扇とりすゞ取り、上さ参らばりそうある物
　○すゞは珠数、りそうは利生か
　家ほめ

一　こりばすらに小金のたる木に、水のせ懸るぐしになみたち

浪　合

一　此庭に歌の上ずはありと聞く、歌へながらも心はづかし
一　おんげんべりこおらいべり、山と花ござ是の御庭へさらさすかれ
一　まぎゑの台に玉のさかすきよりするて、是の御庭へ直し置く
一　十七はちやうすひやけ御手にもぢをすやく廻や御庭かゝやく
一　この御酒一つ引受たもるなら、命長くじめうさかよる
一　さかなには鯛もすゞきもござれ共、おどにきこいしからのかるうめ
一　正ぢ申や限なし、一礼申て立や友たつ、京

柱懸り

一　仲だぢ入れよや仲入れろ、仲たづなけれや庭はすんげないと
一　すかの子は生れておりれや山めぐる、我等も廻る庭めぐると
一　これの御庭におい柱の立つときは、ちのみがき若くなるものと
一　松島の松をそだてゝ見どすれば、松にからするちたのえせものと
一　松島の松にからまるちたの葉も、えんが無れやぶろりふぐれると
一　京で九貫のから絵のびよぼ、三よへにさらりたてまはす

めずとぐり

一　仲たぢ入れろや仲入れろ、仲立なけれや庭すんげなえと

○こりばすら文字不分明

○雲繝縁、高麗縁なり

○すかの子は鹿の子なり遠野の獅子踊の面は鹿のやうなり
○ちのみがきは鹿の角磨きなるべし
○ちたは蔦

○びよぼは屛風なり三よへは三四重か此歌最もおもしろし
○めずゝぐりは鹿の妻択びなるべし

○して字は〆てとあり不明
○うるすやなは嬉しやな也

一 鹿の子は生れおりれや山廻る、我らもめぐる庭を廻るなと
一 女鹿たづねていかんとして白山の御山かすみかヽると
一 うるすやな風はかすみを吹き払て、今こそ女鹿あけてたちねると
一 何と女鹿はかくれてもひと村すヽきあけてたつねると
一 笹のこのはの女鹿子は、何とかくてもおひき出さる
一 女鹿大鹿ふりを見ろ、鹿の心みやこなるものと
一 奥のみ山の大鹿はことすはじめておどりでき候と
一 女鹿とらてあうがれて心ぢくすくをろ鹿かなと
一 松島の松をそだてヽ見とすれば松にからまるちたのえせものと
一 松島の松にからまるちたの葉も、えんがなけれやぞろりふぐれると
一 沖のと中の浜す鳥、ゆらりこがれるそろりたつ物と

なげくさ

一 なげくさを如何御人は御出あつた、出た御人は心ありがたい
一 この代を如何な大工は御指しあた、四つ角て宝遊ばしと
一 この御酒を如何な御酒だと思し召す、おどに聞いしがと菊の酒と
一 此銭を如何な銭たと思し召す、伊勢お八まち銭熊野参の遣ひあまりかと
一 此紙を如何な紙と思し召す、はりまだんぜかかしま紙か、おりめにそたひ遊はし
一 あふぎのお所いぢくなり、あふぎの御所三内の宮、内てすめるはかなめなりと、おりめに

○播磨壇紙にや
○いぢくなりはいづこなるなり三内の字不明仮にかくよめり

そたかさなる

遠野物語拾遺

題目

(下の数字は「遠野物語拾遺」の話の番号である)

○昔始め

○笛を吹く少年

○みこ石

てんにんこう＝この話は一般に天人女房譚といわれる昔話によった羽衣伝説系のものである。→補注44

○朴の葉

○蓮華の花

一 昔三人の美しい姉妹があった。橋野の古里《ふるさと》という処に住んでいた。後にその一番の姉は笛吹峠へ、二番目は和山峠へ、末の妹は橋野の太田林《おおたべえし》へ、それぞれ飛んで行って、そこの観音様になったそうな。

二 昔青笹村に一人の少年があって継子であった。馬放しにその子を山にやって、四方から火を付けて焼き殺してしまった。その子は常々笛を愛していたが、この火の中で笛を吹きつつ死んだ処が、今の笛吹峠であるという。

三 昔青笹には七つの池があった。その一つの池の中には、みこ石という岩があった。六角牛山《ろっこうし》の※てんにんこう（天人児）が遊びに来て、衣裳を脱いでこのみこ石に掛けて置いて、池に入って水を浴びていた。惣助という男が魚を釣りに来て、珍らしい衣物《きもの》の掛けてあるのを見て、そっと盗んでハキゴ（籠）に入れて持って帰った。天人児は衣物が無い為に天に飛んで還ることが出来ず、朴《ほお》の葉を採って裸身を蔽うて、衣物を尋ねて里の方へ下りて来た。池の近くの一軒屋に寄って、いま釣りをしていた男の家はどこかと訊くと、これから少し行った処に家が三軒ある。そのまん中の家に住む惣助というのがそれだという。天人児は惣助の家に来て、先程お前は衣物を持って来なかったか、もし持って来てあるならば、どうか返してくれと言って頼んだ。いかにもあのみこ石の上に、見たことも無い衣裳が掛かっていたので持って帰ったが、余り珍らしいので殿様に上げて来たところだと、惣助はうそをついた。そうすると天人児は大いに歎いて、それでは天にも帰って行くことが出来ぬ。どうしたらよいかとしばらく泣いていたが、ようやくの事で顔を上げて言うには、それならば私に田を三人役《やく》（三反歩）ばかり貸して下さい。それへ蓮華《れんげ》の花を植えて、糸を取って機《はた》を織って、もう一度衣裳を作るからと言った。そうして惣助に頼んでみこ石の池の辺に、笹小屋を建てて貰って、そこに入って住んだ。青笹村という村の名は、その笹小屋を掛けたのが起りであるそうな。

○織姫

三人役の田に植えた蓮華の花はやがて一面に咲いた。天人児はそれから糸を引いて、毎日毎夜その笹小屋の中で、機を織りつつ佳《よ》い声で歌を歌った。機を織る処を決して覗いて見てはならぬと、惣助は堅く言われていたのであったが、あんまり麗《うるわ》しい歌の声なので、忍びかねて覗いて見た。そうすると梭《ひ》の音ばかりは聞えて、女の姿は少しも見えなかった。それは多分天人児が六角牛の山で機を織っていたのが、ここで織るように聞えたのであろうと思われた。惣助は匿《かく》していた天人児の衣裳を、ほんとうに殿様に献上してしまった。天人児も

○曼陀羅

ほど無く曼陀羅《まんだら》という機を織り上げたが、それも惣助に頼んで殿様へ上げることにした。殿様はたいそうこれを珍らしがって、一度この機を織った女を見たい。そうして何でも望みがあるならば、申し出るようにと惣助に伝えさせた。天人児はこれを聴いて、別に何という願いは無い。ただ殿様の処に御奉公がしたいと答えた。それでさっそくに連れて出ることにすると、またとこのような美しい女は無いのだから、殿様は喜んでこれを御殿に置いた。そうして大切にしておいたけれども、天人児は物も食べず仕事もせず、毎日ふさいでばかりいた。そのうちにまた夏になって、御殿には土用乾《どようぼ》しがあった。惣助の献上した天人児の元の衣裳も、取出して虫干しをしてあった。それを隙《すき》を見て天人児は手早く身に著けた。そうしてすぐに六角牛山の方へ飛んで行って

○赫夜姫かえらず

しまった。殿様の歎きは永く続いた。けれども何の甲斐も無いので、曼陀羅は後に今の綾織村の光明寺に納めた。綾織という村の名もこれから始まった。七つの沼も今は無くなって、そこには

○沼の御前

唯、沼の御前《ごぜん》という神が祀《まつ》られている。

○天人

四　綾織の村の方でも、昔この土地に天人が天降《あまくだ》って、綾を織ったという言い伝えが別にあり、光明寺にはその綾の切れが残っているという。あるいはまた光明寺で無い某寺には、天人の織ったという曼陀羅を持ち伝えているという話もある。

五　遠野から釜石へ越える仙人峠は、昔その下の千人沢の金山《かなやま》が崩れて、千人の金掘りが一時に死んでから、峠の名が起ったという口碑があり、上郷《かみごう》村の某寺は近江弥右衛門という人がその追善の為に建立したとも言い伝えている。

○菊の花

また一説には、この山には一人の仙人が棲んでいた。菊の花を愛したと言って、今でもこんな山の中に、残って咲いているのを見ることがある。それを見つけて食べた者は、長生をするということである。あるいはその仙人が今でも生きているという説もある。

○仙人の写真

前年釜石鉱山の花見の連中が、峠の頂上にある仙人神社の前で、記念の写真を取った時にも、後で見ると人の数が一人だけ多い。それは仙人がその写真に加わって、映ったのだということであった。

○地名由来

六　昔橋野の太田林に、母と子と二人暮しの一家があった。母は六十を過ぎてもう働くことが出来ず、息子一人の手で親を養っていたが、その子は大阪の戦に駆り出されて出て往った。村の人たちは婆様が一人になって、定めて困ることだと思って時折行って見るが、いつ迄経《た》っても食物が無くなった様子が見えぬ。不思議に思ってある者がそっと覗いて見ると、その婆様は土を食っていたという。それ故に今でもその土地を婆喰地と書いて、バクチというようになったのだそうな。

○昔、八幡太郎

○石のたけくらべ

○夫婦岩

矢立松⇒補注45

○天狗

○昔、田村将軍

七　小友《おとも》村の荒谷《あらや》は元は会矢《あいや》といったのだそうな。昔八幡太郎が西種山の物見から、安倍貞任は東種山から、互いに矢を射合ったところが、両方の矢がこの荒谷の空で行き会うて共に落ちた。それ故にここを会矢というようになったという。その矢の落ちた処と言伝えて、同処の高稲荷山には割石という大岩がある。双方の矢が落ちて来て、この大きな岩が二つに割れたといっている。

八　土淵村のうちには離れ森といって、同じ形の小山が二つ並んでいる処がある。昔ある狩人がこの辺に行って夜泊っていると、地の中からこの二つの山が生れて出て、互いにめきめきと成長して、丈競《たけくら》べをしていったそうである。それがそのうちに夜が明けたので止んだという。村の菊池長四郎という人の話である。

九　同じ土淵村山口高室《たかむろ》には、二つ石という山があって、頂上に大きな岩が二つ並んで立っている。岩と岩との間はおおよそ一尋《ひろ》ほど隔たっているが、この間を男と女が一緒に通ってはいけないといっている。また真夜中になると、この二つの岩は寄り合っているともいって、それで土地の人は二つ石山の夫婦岩と呼ぶのである。

一〇　綾織村字山口の羽黒様《はぐろさま》では、今あるとがり岩という大岩と、※矢立《やたて》松という松の木とが、おがり（成長）競べをしたという伝説がある。岩の方は頭が少し欠けているが、これは天狗が石の分際として、樹木と丈競べをするなどはけしからぬことだと言って、下駄で蹴欠いた跡だといっている。一説には石はおがり負けてくやしがって、ごせを焼いて（怒って）自分で二つに裂けたともいうそうな。松の名を矢立松というわけは、昔田村将軍がこの樹に矢を射立てたからだという話だが、先年山師の手にかかって伐り倒された時に、八十本ばかりの鉄矢の根がその幹から出た。今でもその鏃は光明寺に保存せられている。

一一　綾織村山口の続石《つづきいし》は、この頃学者のいうドルメン※というものによく似ている。二つ並んだ六尺ばかりの台石の上に、幅が一間半、長さ五間もある大石が横に乗せられ、その下を鳥居の様に人が通り抜けて行くことが出来る。武蔵坊弁慶の作ったものであるという。昔弁慶がこの仕事をする為に、一旦この笠石を持って来て、今の泣石という別の大岩の上に乗せた。そうするとその泣石が、おれは位の高い石であるのに、一生永代他の大石の下になるのは残念だといって、一夜中泣き明かした。弁慶はそんなら他の石を台にしようと、再びその石に足を掛けて持ち運んで、今の台石の上に置いた。それ故に続石の笠石には、弁慶の足形の窪みがある。泣石という名もその時から附いた。今でも涙のように雫《しずく》を垂らして、続石の脇に立っている。

一二　同じ村の字砂子沢《いさござわ》では、姥石《うばいし》※という石が石神山の裾野に立っている。昔一人の巫女が、この山たとえ女人禁制なればとて、我は神をさがす者だからさしつかえが無いといって、牛に乗って石神山に登って行った。すると俄《にわ》かに大雨風が起り、それに吹き飛ばされて落ちてこの石になった。その傍には牛石※という石もあるのである。

一三　宮守村字中斎《なかさい》に行く路の途中に、石神様があってこれは乳の神である。昔ある一人の尼がどういうわけでかこの石になったのだと言い伝えている。

一四　綾織村の駒形神社の境内には、竜石という高さ四尺ばかりの、褐色の自然石がある。昔村の人がこの石を曳《ひ》いてここまで来るとどうしても動かぬので、そのままにしておくのだという。

ドルメン＝メンヒル（立石）、ストーン・サークル（環状列石）などと並ぶ原始巨石文化の遺構で、墳墓とされている。続石が果してドルメンか明らかにし難いが、形態的には大きなドルメン状のものである。

○泣石

○弁慶の足形

○巫女化石

姥石＝多く女人禁制の霊山の結界をなす石をいい、禁を犯して登った女人が石と化したと伝える。↓補注46

牛石＝牛に似た形の石を説明する伝説として各地に牛の石の話が残っている『拾遺』〈一四〉の竜石を始め石の伝説は数多い。

○乳の神

○旅の物知り

○オコマサマ
目鼻も無い…＝オシラサマともとれるし、御駒様ということからすれば、金精様とも解される。いずれにしても、このような生殖崇拝とからんだ人形(ひとがた)状のものが想像されよう。

○コンセサマ

○蕗の葉

何の為に曳いて来たかは伝わっていない。竜石という名前も元は無かったが、ある時旅の物知りが来てこの石の話を聴き、是非見たいというから案内をして見せると、これは竜石という石である。それここが眼でこれは鼻、これが口だ耳だ首だ胴体だといって、とうとう竜の形にしてしまったので、村の人ももっともの事だと思ったという。

一五　この駒形神社は、俗に御駒様《おこまさま》といって石神である。男の物の形を奉納する。その社の由来は昔ちょうど五月の田植時に、村の若い女たちが田植をしているところへ、一人の旅人が不思議な※目鼻も無いのっぺりとした子供に、赤い頭巾を被せたのを背中におぶって通りかかった。そうして今の御駒様のある処に来て休んだ。あるいはその地で死んだともいう。それがもとでここにこの社が建つことになったのだそうな。

一六　土淵村から小国《おぐに》へ越える立丸峠の頂上にも、昔は石神があったという。今は陽物の形を大木に彫刻してある。この峠については金精神の由来を説く昔話があるが、それとよく似た言い伝えをもつ石神は、まだ他にも何か所かあるようである。土淵村字栃内の和野という処の石神は、一本の石棒で畠の中に立ち、女の腰の痛みを治すといっていた。畠の持主がこれを邪魔にして、その石棒を抜いて他へ棄てようと思って下の土を掘って見たら、おびただしい人骨が出た。それで祟りを畏れて今でもそのままにしてある。故伊能先生の話、石棒の立っている下を掘って、多くの人骨が出た例は小友村の蝦夷塚にもあったという。綾織村でもそういう話が二か所まであった。

一七　小友村字鷹巣の山奥では、沢の蕗《ふき》の葉にはことごとく小さな穴がある。昔どこかの御姫様が、遁《に》げて来てこの山に隠れたのを、懸想《けそう》する男が家来を連れてその跡を尋ね、はるばるこの沢まで来たけれども、どうしても見つからなかった。そこで落胆して家来の者に向い、いかにしても吾が思いを遂げることが出来ぬのだろうかと言うと、誠に止むを得ぬことだから、そこの蕗の葉で間に合せたまえと答えた。それ故に今でもこの沢の蕗の葉には、この通り小さな穴があいているのだという。

○源平の頃

一八　栗橋村字早栃《わせとち》という処には、実を結ばぬ小柿の木がある。昔源平の戦があって、多くの人がここで討死をした。その屍を埋めて塚の上に栽えたのがこの柿の木であったという。それでその人々の霊によって、花は咲いても実がならぬのだと伝えられる。

○諺由来

一九　昔この早栃で源平の戦のあった時、なかなか勝負がつかずそのうちに食事の時になって、両軍とも飯を煮て食った。源氏の方では早く煮えるように、鍋を低く下げて煮たけれどもよく煮えなかった。平家方では鍋を高くかけて、下に多くの薪を燃した為に、たちまちに飯がよく出来た。それで今でもこの土地には、平家の高鍋という諺があって、物を煮るには高鍋がよいと言っている。

○昔、大木

二〇　昔栗林村の太田に大きな杉の木があった。その名を一の権現といって、五里も離れた笛吹峠の上から、見える程の大木であった。ある年わけがあってその木を伐り倒すことになったが、朝から晩まで挽《ひ》いても鋸屑が一夜のうちに元通りにくっついて、幾日かかっても挽き切ることが出来なかった。ところがある夜の夢に、せの木という樹がやって来て、あの切屑を毎晩焼き棄ててしまったら、すぐに伐り倒せると教えてくれた。次の日からその通りにすると、はたして大杉は倒されてしまった。しかし多くの樹木は仲間の権現が、せの木の為に殺されたといって、それからはせの木と附合いをしないことにした。

二一　金沢村の字長谷《ながや》は、土淵村字栃内《とちない》の琴畑と、背中合せになった部落である。その長谷に曲《まがり》栃《とち》という家があり、その家の後に滝明神という祠があって、その境内に昔大きな栃の木があった。ある時大槌浜の人たちが船にしようと思って、この木を所望して伐りにかかったが、いくら伐っても翌日行って見ると、切屑が元木についていてどうしても伐り倒すことは出来なかった。皆が困りきっているところへ、ちょうど来合せた旅の乞食があった。そういう事はよく古木にはあるものだが、それは焼伐りにすれば難無く伐り倒すことが出来るものだと教えてくれた。それでようやくのことでこの栃の木を伐り倒して、金沢川に流し下すと、流れて川下の壺桐の淵まで行って、倒《さか》さに落ち沈んで再び浮び揚がらず、そのままその淵のぬしになってしまったそうな。この曲栃の家には美しい一人の娘があった。いつも夕方になると家の後の大栃の樹の下に行き、幹にもたれて居り居りしたものであったが、某木が大槌の人に買われて行くということを聞いてから、斫《き》らせたくないといって毎日毎夜泣いていた。それがとうとう金沢川へ、伐って流して下すのを見ると、気狂の様になって泣きながらその木の後について往き、いきなり壺桐の淵に飛込んで沈んでいる木に抱きついて死んでしまった。そうして娘の亡骸はついに浮び出でなかった。天気のよい日には今でも水の底に、羽の生えたような大木の姿が見えるということである。

二二　附馬牛村東禅寺の常福院に、昔※無尽和尚の時に用いられたという大釜がある。無尽は碩徳《せきとく》の師家であって、不断二百余人の雲水が随従していたので、いつもこの釜で粥《かゆ》などを煮ていたも

○大木の霊

○旅の乞食

○※阿古屋の松

阿古屋の松＝この話は「阿古耶の松」の説話と同類である。→補注47

無尽和尚＝「京都の人で曾て下野国神護山興禅寺の開祖真空妙応禅師に就いて学

び、後元に渡って仏教を修めて帰朝し、諸国を遍歴し遂に一寺を附馬牛村に創し名づけて東禅寺と号す。実にこの時は建武年間である。後に所謂遠野七観音を作る」（『土淵村誌』）

○夫婦釜

○爺石婆石

〈二四〉＝いわゆる「鐘ヶ淵」の伝説で各地にある。

○川底で鳴る鐘

北川家が…＝排仏棄釈により修験系の神仏混交を捨てて、神道のみとし、仏像を捨てた意であろう。

○女と水の神

のであるという。初には夫婦釜といって二つの釜があった。東禅寺が盛岡の城下へ移された時、この釜は持って行かれるのを厭《いや》がって、夜々異様の唸り声を立てて、本堂をごろごろと転げまわった。いよいよ担ぎ出そうとすると、幾人がかりでも動かぬ程重くなった。それでも雌釜の方だけはとうとう担ぎ挙げられて、同じ村の大萩という処まで行ったが、後に残った雄釜を恋しがって鳴出し、人夫をよろよろと後戻りをさせるので、気味が悪くなってしばらく地上に置くと、そのまま唸りながら前の淵へ入ってしまった。それでその一つだけは今でもこの淵の底に沈んでいるのだそうな。

二三　松崎村の松崎沼には、竜宮から来た鐘が沈んでいるという。遠野の物見山の孫四郎臼は、この沼から上《あが》ったという話もあり、沼の底に爺石婆石の二つの石が並んで立っていてそれから前《さき》へはどうしても行けず、もし行けば底無しになって帰って来ることが出来ぬともいう。

二四　鐘や釜の沈んでいるという淵沼の話は多い。土淵村字角城《かくじょう》の角城館《だて》にあった鐘は、今はその前の鐘撞堂の淵に沈んでいる。それで今でも時々は川の底で鳴ることがあるそうな。栗橋村初《はじ》神《かみ》の明神の淵には大釜が沈んでいる。御湯立《おゆたて》の時に用いた釜であった。現に水の下に今でもよく見えている。その釜の中の水が濁ると、何か悪い事があるという。土淵村小烏瀬《こがらせ》川の久手《きゅうて》橋の下の淵には、金色《こんじき》の仏像が沈んでいて、朝日の押開《おっぴら》きの時などに水の底に光っているのを見ることがある。この仏像は火石《ひいし》の北川家※が神道になる時に、家にあった仏像をここへ棄てたのである。

二五　松崎村字登戸《のぼと》の淵の近所に、里屋《さとや》という家があった。昔その家のすぐ前を猿《さる》ヶ石川《いしかわ》が流れていて、増水の時などはいつも難儀をするので、主人はこれを苦にして一日川のふちに行き、川

○男の立たぬ家筋

のぬし川のぬし、もしもこの川を別の方へ廻して流してくれたら、おれのたった一人の娘を遣《や》ってもよいがと言った。次の朝起きて見ると、もう一夜のうちに川は家の前を去って遠くの方を流れていた。そこで主人はひどく心を痛めて、色々と考えたあげく、その日召使の女が何心も無く淵に行って洗濯をしているところを、不意に後から川に突落した。その女は一旦水の中に沈んだが、再び川の真中に立上って形相を変えて叫んだ。男に恨みがある。お前の家には決して男を立てぬからそう思えと言った。それから後は今でもこの家には、男が生れても二十にならぬ前にきっと死ぬという。これはその家の者の直話を聴いたという伊藤君の話である。

○水の女

二六　これも松崎村の橋場あたりであったかに、徳弥という馬喰渡世《ばくろうとせい》の者が住んでいた。ある年洪水があって川の水が登戸《のぼと》の家まで突きかけて来るので、徳弥は外へ出て、川の主、川の主、娘を遣るから水を脇の方へ退《の》けさせてくれと言った。そうすると水はすぐに別の方向に廻ってしまった。こうは言ったものの愛娘を殺したくは無いので苦労していると、そこへちょうど母と子と二人づれの乞食が来た。娘の年をきくと十八で、自分の娘と同じであった。事情を打明けて身代りになってくれぬかと頼むと、乞食親子はその頼みを承知した。その夜は村の人が多勢集まって来て、親子の為に大振舞《おおぶるまい》をして、翌日はいよいよ人々に送られて、前の薬研《やげん》淵という淵に入った。母親が先に入って、水の中から娘の手を取って引いた。娘はなかなか沈まなかったが、しまいには沈んで行って見えなくなった。その娘の祟りで後々までも、この徳弥の家では女の子は十八までしか育たなかったそうである。

○女の育たぬ家筋

二七　昔、盲の夫婦が丹蔵という小さな子を連れて、栗橋村の早栃《わせどち》まで来た時に、丹蔵は誤って

○盲神

母也＝→補注48

○巫女と聟

○男蝶女蝶

橋から川に落ちて死んだ。そうとは知らずに父母の盲人は、しきりに丹蔵や丹蔵やと呼びまわったが、少しも返事が無いので、始めて我子の川に入ったことを知り、ああの宝を無くしては俺たちは生きている甲斐が無い。ここで一緒に死ぬべえといって、夫婦も橋から身を投げてしまった。村の人たちはこれを憐れに思って、祠を建てて祀り、祠の名を盲神《めくらがみ》といった。今でも目の悪い者には御利益があるといって、祠の辺の沢の水を掬《く》んで、眼を洗う者が少なくない。

二八　松崎村の字矢崎に母也堂※（ぼなりどう）という小さな祠《ほこら》がある。昔この地に綾織村字宮ノ目から来ていた巫女があった。一人娘に聟を取ったが気に入らず、さりとて夫婦仲はよいので、ひそかに何とかしたいものだと思って機会を待っていた。その頃猿ヶ石川から引いていた用水の取入れ口が、毎年三、四間が程必ず崩れるので、村の人は困り抜いて色々評定したがよい分別も無く、結局物知りの巫女に伺いを立てると、明後日の夜明け頃に、白い衣物を着て白い馬に乗って通る者があるべから、その人をつかまえて堰口に沈め、堰の主になって貰うより他にはしょうも無いと教えてくれた。そこで村中の男女が総出で要所要所に番をして、その白衣白馬の者の来るのを待っていた。一方巫女の方では気に入らぬ聟を無き者にするはこの時だと思って、その朝早く聟に白い衣物を著せ白い馬に乗せて、隣村の附馬《つくも》牛《うし》へ使に出した。それがちょうど託宣の時刻にここを通ったので、一同がこの白衣の聟をつかまえて、堰の主になってくれと頼んだ。神の御告げならばと聟は快く承知したが、昔から人身御供は男蝶女蝶《おちょうめちょう》の揃うべきものであるから、私の妻も一緒に沈もうと言って、そこに来合せている妻を呼ぶと、妻もそれでは私も共にと夫と同じ白装束になり、二人でその白い馬に乗って、川に駆け込んで水の底に沈んでしまった。そうするとにわかに空が曇り雷が鳴り轟き、大雨が三日三夜降り続いた。四日目にようやく川の出水が引いてから行って見ると、淵が瀬に変って堰口に大きな岩が現われていた。その岩を足場にして新たに堰を築き上げたので、もうそれからは幾百年でも安全となった。それで人柱の夫婦と馬とを、新堰のほとりに堰神様《せきがみさま》と崇《あが》めて、今でも毎年の祭を営んでいる。母の巫女はせっかくの計らいがくいちがって、可愛い娘までも殺してしまうことになったので、自分も悲しんで同じ処に入水して死んだ。母《ぼ》也《なり》明神というのは即ちこの母巫女の霊を祀った祠であるという。

○堰神

○母也明神

二九　鱒沢《ますざわ》村のお鍋が淵というのも、やはり同じ猿ヶ石川の流れにある淵である。昔阿曽《あそ》沼家《ぬまけ》の時代にこの村の領主の妾が、主人の戦死を聞いて幼な子を抱えて、入水して死んだ処と言い伝えている。淵の中に大きな白い石があるが、洪水の前などにはその岩の上に、白い衣裳の婦人が現われて、髪を梳《す》いているのを見ることがあった。今から二十五年前程の大水の際にも、これを見た者が二、三人もあった。

○白い石

三〇　小友《おとも》村字上鮎貝《かみあゆかい》に、上鮎貝という家がある。この家全盛の頃の事という。家におせんという下女がいた。おせんは毎日毎日後の山に往っていたが、そのうちに還って来なくなった。この女にはまだ乳を飲む児があって、母を慕うて泣くので、山の麓に連れて行って置くと、おりおり出ては乳を飲ませた。それが何日かを過ぎて後は、子供を連れて行っても出なくなった。そうして遠くの方から、おれは蛇体になったから、いくら自分の生んだ児でも、人間を見ると食いたくなる。もはや二度とここへは連れて来るなと言った。そうして乳飲児ももう行きたがらなくなった。それから二十日ばかりすると、大雨風があって洪水が出た。上鮎貝の家は本屋と小屋との間

○蛇体の母

が川になってしまった。その時おせんはその出水に乗って、蛇体となって小友川に流れ出て、氷《すか》口《くち》の淵で元の女の姿になって見せたが、たちまちまた水の底に沈んでしまったそうである。それからその淵をおせんが淵といい、おせんの入った山をば蛇《じゃ》洞という。上鮎貝の家の今の主人を浅倉源次郎という。蛇洞には今なお小沼が残っている位だから、そう古い時代の話では無かろうとは、同じ村の松田新五郎氏の談である。

○機織沼

○松川姫入水

三一　前にいう松崎沼の傍には大きな石があった。その石の上へ時々女が現われ、また沼の中では機を織る梭《ひ》の音がしたという話であるが、今はどうか知らぬ。元禄頃のことらしくいうが、時の殿様に松川姫という美しい姫君があった。年頃になってから軽い咳の出る病気で、とかくふさいでばかりいられたが、ある時突然とこの沼を見に行きたいと言われる。家来や侍女が幾ら止めても聴入れずに、駕籠に乗ってこの沼の岸に来て、笑みを含みつつ立って見ておられたが、いきなり水の中に沈んでしまった。そうして駕籠の中には蛇《じゃ》の鱗を残して行ったとも物語られる。ただし同じ松川姫の入水したという沼は他にもまだ二、三か所もあるようである。

○縁起

三二　橋野の中村という処にも昔大きな沼があった。その沼に大蛇がいて、村の人を取って食ってならなかった。村ではそれをどうともすることが出来ないでいると、田村麿将軍は里人を憐れに思って、来て退治をしてくれた。後の祟りを畏れてその屍を里人たちは祠を建て祀った。それが今の熊野神社である。社の前の古杉の木に、その大蛇の頭の形を木の面に彫って懸けておく習わしがあった。社の前の川を太刀洗川というのは、田村麿が大蛇を斬った太刀を、ここに来て洗ったからである。

○鮫の参詣

○水神の祭日

三三　橋野の沢の不動の祭は、旧暦六月二十八日を中にして、年によって二日祭と三日祭の、なかなか盛んなる祭であった。この日には昔から、たとえ三粒でも必ず雨が降るといっていた。そのわけは昔この社の祭の前日に、海から橋野川を溯って、一尾の鮫《さめ》が参詣に来て不動が滝の滝壺に入ったところが、祭日に余り天気がよくて川水が乾いた為に、水不足して海に帰れなくなり、わざわざ天から雨を降らせてもらって、水かさを増させて帰って往った。その由来があるので、今なおいつの年の祭にも、必ず降ることになっているといい、この日には村人は畏れつつしんで、水浴は勿論、川の水さえ汲まぬ習慣がある。昔この禁を犯して水浴をした者があったところ、それまで連日の晴天であったのが、にわかに大雨となり、大洪水がして田畑はいうに及ばず人家までも流された者が多かった。わけても禁を破った者は、家を流され、人も皆溺れて死んだと伝えられている。

○神の嫁

三四　遠野郷の内ではないが、閉伊川の流域に腹帯ノ淵という淵がある。昔、この淵の近所のある家で一時に三人もの急病人が出来た。するとどこかから一人の老婆が来て、この家には病人があるが、それは二、三日前に庭前《にわまえ》で小蛇を殺した故だといった。家人も思い当ることがあるので詳しく訳をきくと、実はその小蛇は、淵の主がこの家の三番目娘を嫁に欲しくて遣わした使者であるから、その娘はどうしても水の物に取られるという。娘はこれを聞くと驚いて病気になったが、不思議なことに、家族の者はそれと同時に三人とも病気が癒った。娘の方は約束事であったとみえて、医者の薬も効き目が無く、とうとう死んでしまった。家の人達は、どうせ淵の主のところへ嫁に行くものならばと言って、夜のうちに娘の死骸をひそかに淵の傍に埋め、偽の棺で葬式を済ました。そうして一日おいて行って見ると、もう娘の屍はそこに見えなかった。その事があってからは、この娘の死んだ日には、たとえ三粒でも雨が降ると伝えられ、村の者も遠慮して、この日は子供にも水浴びなどをさせぬという。なお、この娘が嫁に行ったのは、腹帯ノ淵の三代目の主のところで、二代目の主には、甲子村のコガヨとかいう家の娘が嫁いだのだそうな。

三五　遠野の町の愛宕山の下に、※卯子酉《うねどり》様の祠がある。その傍の小池には片葉の蘆を生ずる。昔はここが大きな淵であって、その淵の主に願《がん》を掛けると、不思議に男女の縁が結ばれた。また信心の者には、時々淵の主が姿を見せたともいっている。

三六　上郷村字細越のあたりと思うが、トンノミという森の中に古池がある。故伊能先生は、鳥海とあてるのだと言われ、よくこの池の話をした。ここも昔から人の行くことを禁ぜられた場所で、ことに池の傍に行ってはならなかった。これを信ぜぬ者が森の中に入って行ったところが、葦毛の駒に跨り衣冠を著けた貴人が奥から現われて、その男はたちまち森の外に投出された。気がついて見れば、ずっと離れた田の中に打俯せになっていたという。もう今ではそんなことも無くなったようである。

三七　綾織から小友に越える小友峠には祠が祀ってあるが、このあたりの沢には稀《まれ》に人目に見える沼があるという。その沼には、海川に棲む魚の種類はすべているといわれている。もしこの沼を見た者があれば、それがもとになって病んで死ぬそうである。

三八　昔橋野川を、神が石の船に乗って下って来た。そうして早栃《わせどち》まで来て、ああここが気に入ったと言って、川の岸の丘の岩穴に入られた。そこを土地の人は隠里《かくれざと》といって、祠を建ててその

○必ず雨の降る日

卯子酉様＝『石神問答』中の佐々木繁（喜善）の手紙に「遠野地方の恋の神即ち縁結びの神はウ子ドリ様にて候　これは卯、子、酉かも知れず候　宮古には此神の大なるがあるよしに候　唄に曰く　宮古八幡ウ子ドリ様よ早く夫婦にしてたもれ」とある。

○水の神と縁結び

○霊地

○神秘の沼

○祠の由緒

神を祀った。石船は二つ、今でも遺っている。腰など掛けると祟りがあるということで、村では堅く戒めている。

○おべんという名

三九　昔この早栃に、おべんという女があった。家のあたりの沢川で大根を洗っていると、水の底にぴかぴかと光る物が沈んでいた。拾い上げて見ると、それは金であった。それではこの川ママを登って行けば必ず金山があるであろうと思って、段々と水上の方に尋ねて行くと、果して六《む》黒見《くらみ》山という処に、思った通りの金山があった。ところが悪者があってその話を聞き、金山を自分一人の物としようと巧らんで、このおべんを殺してしまった。後に村の人がこの女の徳をたたえて、これを弁天として祀ることになった。今の弁天山が即ちそれである。男がこの山に登れば必ず雨が降るという。

○霊泉由来

開慶水＝東禅寺の建立話にある如く、ここには早池峯信仰が濃厚に現われていて開慶水もまた早池峯山頂の開慶水と呼ぶ小神池と関わっている。補注22参照。

四〇　昔無尽和尚が東禅寺の伽藍を建立しようとした時、境内に清い泉を欲しいと思い、大きな丸形の石の上に登ってはるかに早池峯山の神様に祈願をした。ある夜美しい女神が白馬に乗じてこの石上に現われたまい、無尽に霊泉を与えることを諾して消え失せた。一説には和尚、その女神の姿を描いておこうと思い、馬の耳を画き始めた時には既にその姿は消えてそこに無かったともいう。来迎石と呼んでいるのはこの石のことであるが、また別にこの来迎石は、早池峯山の女神が無尽和尚の高徳に感じ、この石の上に立たれて和尚の誦経に聴入った処だとも伝えている。女神から授けられた泉は、奴の井とも開慶水※とも言い、今に湧き澄んでおり、この泉に人影がさせば大雨があると伝えられ、井戸のかたわらに長柄の杓を立てておくのはその為だという。

○雨を降らす泉

四一　土淵村大字柏崎の新山《しんざん》という処の藪の中に泉が湧いていて、ここが小さな池になっている

滝壺の中…＝→補注49

○水神の祟り

○霊水

○ハヤリ神
ハヤリ神＝突発的に流行し熱狂的な信仰を集め、急速に消滅する俗信をいう。『拾

が、この池でも水面に人影がさせば雨が降るといわれている。

四二　この地方で雨乞いをするには、六角牛山、石神山などの高山に登り千駄木を焚いて祈るのが普通だが、また※滝壺の中へ馬の骨などを投げ込んで、その穢《けが》れで雨神を誘う方法もある。松崎村字駒木の妻《さい》ノ神《かみ》の山中には小池があり、明神様を祀ってある。昔からこの池に悪戯をすると雨が降り、またその者にはよい事がないと言い伝えているが、近所の某という者そんなことがあるものかと言って、池の中に馬の骨や木石の類を投げ込んだ。するとこの男はその日のうちに気が狂って、行方不明になった。村中の者が数日の間探し廻っても見附からなかったが、半年以上も過ぎて池の周りの木の葉がすっかり落ちてしまうと、そこの大木の上にこの男が投上げられた様な恰好で、もう骨ばかりになって載っているのが発見せられたという。

四三　青笹村の御前の沼は今でもあって、やや白い色を帯びた水が湧くという。先年この水を風呂にわかして多くの病人を入湯せしめた者がある。大変によく効くと言うので、毎日参詣人が引きもきらなかった。この評判があまりに高くなったので、遠野から巡査が行って咎め、傍にある小さな祠まで足蹴にし、さんざんに踏みにじって帰った。するとその男は帰る途中で手足の自由が利かなくなり、家に帰るとそのまま死んだ。またその家内の者達も病気に罹《かか》り、死んだ者もあったということである。これは明治の初め頃の話らしく思われる。

四四　この地方では清水の※ハヤリ神が諸処方々に出現して、人気を集めることがしばしばある。佐々木君幼少の頃、土淵村字栃内の鍋割《なべわり》という所の岩根から、一夜にして清水が湧き出でてハヤリ神となったことがある。また今から十二、三年前にも、栃内のチタノカクチという所で、杉の

遺』〈四八〉に「小豆餅とハヤリ神は熱いうち許り」とあるのはこれを指している。ハヤリ神の全体像を論述しようとしたものに、宮田登『近世の流行神』がある。

○奇瑞

○由緒

大木の根元から一夜のうちに清水が湧き出で、この泉が万病に効くというので日に百人近い参詣人があった。その水を汲んで浴場まで建てて一時流行したが、二、三か月で人気がなくなった。五、六年前には松崎村の天狗ヶ森という山の麓に清水が湧き出しているのを、附馬牛村の虎八爺という老人が見つけ、これには黒蛇の霊験があると言いふらして大評判をとった。この時も参詣人が日に百人を越えたという。

四五　これより少し先のこと、この爺が山中でにわかに足腰が立たなくなって、草の上につっぷしていたところが、この清水が身近かに湧き出しているのに気が附き、これを飲みかつ痛む箇処に塗りなどすると、たちまち軀の痛みが去って、気分さえさっぱりしたと言うのが、この清水の由来であった。松崎村役場の某という若者の書記が、こんな馬鹿気たことが今日の世の中にあるものかと言って山に行ったが、清水の近所まで行くと、たちまち身動きが出来なくなって、傍らの草叢の上に打ち倒れた。口だけは利くことが出来たので、虎八爺に助けてくれと頼むと、お前の邪心は許し難いが、せっかくの願い故助けてはやる。今後は決してかような慢心を起してはならぬと戒めて、その清水を汲んで飲ませた。するとすぐに軀の自由が利くようになったそうである。これはその者の直話である。

四六　佐々木君の友人で宮本某という人は土木業の監督をしているが、この人も行ってこの清水を拝んだと言う。その話に、泉の水を筆に含ませて白紙に文字を書くと、他の文字は書いてもよく読み難いが、ただ一つ早池峯山大神と書く時だけは、少しも紙に水が散らないで、文字も明瞭に美しい。故にこのハヤリ神は早池峯山の神様に縁《ゆか》りがあるのであろうと。事実、虎八爺も最初は黒蛇大明神云々と声を張上げて祈禱をしていたのが、後には早池峯山大神云々と言っていたそうである。

四七　ハヤリ神が出現する時には、方々に引続いて出るものである。綾織村でもやや遅れて、前と同様な由緒で清水のハヤリ神が現われた。ここの祭りをしているのは、何とかいう老媼《ろうおう》であったと聞いている。

○鍋の蓋

四八　佐々木君自身も右のチタノカクチのハヤリ神に参詣した。行って見ると鍋の蓋に種々の願文を書いて奉納してあった。俗諺に、小豆餅とハヤリ神は熱いうち許《ばか》りと言い、ハヤリ神に鍋の蓋を奉納するのは、蓋をとって湯気の立ち登る間際の一番新しいところという気持だそうな。

○片足地蔵

○御堂の向き

四九　土淵村字栃内の山奥、琴畑という部落の入口に、地蔵端《じぞうばた》という山があって、昔からそこに地蔵の堂が立っていた。この村の大向《おおむかい》という家の先祖の狩人が、ある日山に入って一匹の獲物も無くて帰りがけに、こんな地蔵がおらの村にいるからだといって、鉄砲で撃って地蔵の片足を跛《びっこ》にした。その時から地蔵は京都へ飛んで行って、今でも京都の何とかいう寺にいる。一度村の者が伊勢参宮の序《ついで》に、この寺へ尋ねて行って、その地蔵様に行逢って戻りたいと言うと、大きな足音をさせて聴かせたという話もある。今の地蔵端の御堂は北向きに建ててある。それは京都の方を見ないようにという為だそうなが、そのわけはよく解らない。

○神遊行

五〇　綾織村字新崎の西門館《にしもんだて》という小さな丘の上に、一本の老松があってその根もとに八幡様だという祠がある。御神体は四寸まわり位の懸仏《かけぼとけ》であるが、御姿が耶蘇の母マリヤであるという説もある。この神像は昔から、よく遊びあるくので有名である。

○童児と遊ぶ神

五一　土淵村栃内《とちない》の久保の観音は馬頭観音である。その像を近所の子供等が持ち出して、前阪で投げ転ばしたり、また橇《そり》にして乗ったりして遊んでいたのを、別当殿が出て行って咎めると、すぐにその晩から別当殿が病んだ。巫女に聞いて見たところが、せっかく観音様が子供等と面白く遊んでいたのを、お節介をしたのが御気に障《さわ》ったというので、詫び言をしてやっと病気がよくなった。この話をした人は村の新田鶴松という爺で、その時の子供の中の一人である。

○阿修羅様

五二　また同村柏崎《かしわざき》の阿《あ》修羅《しゅら》社《しゃ》の三面の仏像は、御丈《たけ》五尺もある大きな像であるが、この像をやっぱり近所の子供等が持ち出して、阪下の沼に浮べて船にして遊んでいたのを、近くの先九郎どんの祖父が見て叱ると、かえって阿修羅様に祟られて、巫女を頼んで詫びをして許してもらった。

○十王様

五三　遠野町字会下《えげ》にある十王堂でも、古ぼけた仏像を子供たちが馬にして遊んでいるのを、近所の者が神仏を粗末にすると言って叱り飛ばして堂内に納めた。するとこの男はその晩から熱を出して病んだ。そうして十王様が枕神に立って、せっかく自分が子供等と面白く遊んでいたのに、なまじ気の利くふりをして咎め立てなどするのが気に食わぬと、お叱りになった。巫女を頼んで、これから気をつけますという約束で許されたということである。

○大師様

五四　同じ町の上組町でも、大師様の像に縄を掛けて、引き摺り廻して喜んでいる子供達があるのを、ある人が見咎めて止《と》めると、その晩枕神に大師様が立たれて、面白く遊んでいるのに邪魔をしたとお叱りになった。これも御詫びをして許されたそうな。

五五　琴畑の部落の入口の塚の上にある、三尺ばかりの無格好な木像なども、同じように子供が

○子供に贔負する神

橇にして雪すべりをしていたのを、通りかかった老人が小言を言って、その晩から大変な熱病になった。せっかく面白く遊んでいるのをなぜに子供をいじめたかと言って、ごせを焼いたという話がある。この森が先年野火の為に焼けて、塚の上の神様が焼傷《やけど》をなされた。京都にいる姉この処さ飛んで行くべと思って飛んだども、体が重くてよく飛べなかった。ただごろごろと下の池まで転げ落ちて、大変な怪我をなされたのだそうな。誰がこんなことを知っているかというと、それは皆、野崎のイダコ（巫女）がそう言ったのである。

○巫女の言葉

五六　遠野町の政吉爺という老人は、元は小友村字山室で育った人である。八、九歳の頃、村の鎮守篠権現の境内で、遊び友達と隠れガッコに夢中になっているうちに、中堂の姥《うば》神様の像の背《うし》後《ろ》に入り込んだまま、いつの間にか眠ってしまった。すると、これやこれや起きろという声がするので目を醒まして見ると、あたりはすっかり暗くなっており、自分は窮屈な姥神様の背中に凭《もた》れていた。呼び起してくれたのは、この姥神様なのであった。外へ出ようと思っても、いつの間にか別当殿が錠を下ろして行ったものとみえ、扉が開《あ》かないので、仕方なしにそこの円柱に凭れて眠りかけると、また姥神様が、これこれ起きろと起してくれるのであったが、疲れているので眼を明《あ》けていられなかった。こうして三度も姥神様に呼び起された。その時、家の者や村の人達が多勢で探しに来たのに見つけられて、家に連れ帰られたという。この姥神様は疱瘡《ほうそう》の神様で、丈《たけ》三尺ばかりの姥の姿をした木像であった。

○疱瘡の神

○ゴンゲサマ

五七　鱒沢村の笠の通《かよう》という家の権現様は、小正月の晩にその家で村の若者等を呼んで神楽をすると、自分も出て踊りたがって、座敷であればれてしようが無かった。そこで若者たちはまず権現を土蔵の中に入れて、土戸をしめておいてから踊ったこともあるそうな。

○耳取権現

五八　附馬牛の宿《しゅく》の新山《しんざん》神社の祭礼の日、遠野の八幡様の神楽《かぐら》を奉納したことがあった。その夜八幡の権現様《ごんげんさま》は土地の山本某という家に一宿したが、その家も村の神楽舞の家であったので、奥の床の間に家付きの権現様が安置してあって、八幡の権現をばその脇に並べて休ませた。ところが夜更けになって何かはなはだ烈しく闘うような物音が奥座敷の方に聞えるので、あかりを附けて起きて行って見ると、家の権現とその八幡とが、上になり下になって咬み合っておられる。そうしてとうとう八幡の権現の方が片耳を喰い切られて敗北したということで、今にこの獅子頭には片耳が無いという話。維新前後の出来事であったように語り伝えている。

○権現加護

五九　宮守村字塚沢の多田という家は、神楽の大夫の家であったが、この家の権現様もやはり耳取権現と呼ばれている。これはある年の権現まわしの日に、他の村の権現と出合って喧嘩をして、片耳を取られたというのである。耳は取られても霊験はなおあらたかで、ある時家に失火のあった時などは、夜半に座敷でひどく荒れて家の人を起し、かつ自分も飛び廻って火を喰い消していたということである。これは同家の息子の話であった。

○神像避難

六〇　鱒沢村字鞍迫の観音様は、たけ七尺ほどの黒焦げの木像である。昔山火事で御堂が焼けた時、御体にも火が燃え附いたので自分で御堂から飛び出し、前の沢の水中に入って、難を遁《のが》れておられたと言い伝えている。

○夢の告

六一　青笹村の菊池某という人の家に、土で作った六寸ばかりの阿弥陀様が、常に煤《すす》けて仏壇の上に祀られてあった。ある夜この家の老人熟睡をしていると、夢であったかその仏様が、つかつかと枕元まで歩んで来て、火事だ早く起きろと言われた。驚いて目を覚まして見ると竈《かまど》の口の柴に火が附いて、家の内は昼間のようであった。急いで家の者を皆起して、火は無事に消し止めたという。これは今から十年近く前の話である。

○泥の足跡

六二　昔遠野の六日町に火事のあった時、どこからともなく小さな子供が出て来て、火笊《ひざる》を以て一生懸命に火を消し始め、鎮火するとまたどこかへ見えなくなった。その働きがあまりに目醒《めざ》ましかったので、後で、あれはどこの子供であろうと評判が立った。ところが下横町の青柳某という湯屋の板の間に小さな泥の足跡が、ぽつりぽつりとついていた。その跡を辿って行くと、家の仏壇の前で止っており、中には小さな阿弥陀様の像が頭から足の先まで泥まみれになり、大汗をかいておられたと言うことである。

○童児となって来る

六三　これは維新の少し前の話だという。町の華厳院《けごんいん》に火事が起って半焼したことがあった。始めのうちはいかに消防に力を尽してもなかなか火は消えず、今に御堂も焼落ちるかと思う時、城から見ていると二人の童子が樹の枝を伝って寺の屋根に昇り、しきりに火を消しているうちにおいおい鎮火した。後にその話を聞いて住職が本堂に行って見ると、二つの仏像が黒く焦げていたということである。その像は一体は不動で一体は大日如来、いずれも名ある仏師の作で、御長《おたけ》は二寸ばかりの小さな像であるという。

○火防の神

六四　愛宕様は火防《ひぶせ》の神様だそうで、その氏子であった遠野の下通町辺では、五、六十年の間火事というものを知らなかった。ある時某家で失火があった時、同所神明の大徳院の和尚が出て来て、手桶の水を小さな杓で汲んで掛け、町内の者が駆けつけた時にはすでに火が消えていた。翌朝火元の家の者大徳院に来り、昨夜は和尚さんの御蔭で大事に至らず、誠に有難いと礼を述べると、寺では誰一人そんな事は知らなかった。それで愛宕様が和尚の姿になって、助けに来て下さったということが解ったそうな。

六五　野州※古峯原《こぶがはら》は火防《ひぶせ》の神としてははなはだ名が高いので、遠野地方にも信心をする人が多い。この神様は非常に山芋が御好きということで、いつも講中の者は競うて山の長芋を献上する。その献上の仕方はただ自分の家の屋根の上へ、古峯原の神様に上げますと唱えて芋を置くと、その次の朝はもう見えない。そうして後になって、その神社から礼状が来るのである。ある時上郷村の某という者、講中に加わって野州の本社に参拝し、自分が長芋を持参せぬのをばつが悪く思って、実は宅のホラマエに置いて忘れて来ましたと偽りを言った。そうすると社務所では、そんな事は気にかけるに及ばぬ、すぐに人を遣って取寄せようからと言うので、内心何と無く不安を感じて寝た。そうすると翌朝神社の人が言うには、昨夜人を出して御宅のホラマエを探させたけれども、誰かの悪戯か長芋は見えなかった。それでそのしるしに少々見せしめをして来たということである。以後は気をつけられるようにとの話なので、すぐに村へ返って来て見ると、ちょうどその晩に家の小屋が焼けていたという。土淵村の小笠原某という家でも、この神に祈願があって長芋を献上したが、太く見事な芋を家の食用に取っておいて、細いものばかりを屋棟へ上げたところが、やがて火事が起って家が焼けてしまった。当時これを見た者は皆この話をした。今から十二、三年前のことである。

六六　同じ村字飯豊《いいで》の今淵某の家では、七、八年前の春、桜の花の枝を採って来て、四合瓶《びん》の空

古峯原＝栃木県鹿沼市大芦に古峯神社がある。古峯様とか古峯原とか呼ばれ、火難除けの神として関東・東北一円の農村で信仰されている。（宮田登『近世の流行神』参照）

○山芋献上

○礼状

○古峯原霊験

いたのに挿して仏壇に供え、燈明を上げたまま皆畑に出て、家には子供一人いなかった。しばらくしてふと家の方を見ると、内から煙がもうもうと出ている。これは大変と急いで畑から馳け戻って、軒の近くへ来ると少し煙が鎮まった様子である。内に入って見れば火元は仏壇であった。燈明の火が走って位牌や敷板まで焼け焦げ、桜の花などはからからになっていたが、同じ狭い棚の中に掛けてある古峯原の御軸物《おじくもの》だけは、そっくりとして縁《ふち》さえ焼け損じてはいなかった。火を消して下されたのもこの御札であろうと言って、今さらの如く有難がっていた。こういう類の話は昔から色々あった様である。

○法力

六七　附馬牛東禅寺の開山無尽和尚、ある時来迎石《らいごうせき》の上に登って四方を見ていたが、急いで石から降りて奴《やっこ》の井の傍に行き、長柄の杓を以て汲んで、天に向って投げ散らすと、たちまち黒雲が空を蔽うて、南をさして走った。衆徒たちはそのわけを知らずただ不思議に思っていると、後日紀州の高野山から状が来て、過日当山出火の節は、和尚の御力によってさっそくに鎮火し誠にかたじけない。よって御礼を申すということであった。

○田植を手伝う

六八　前に言った会下《えげ》の十王様の別当の家で、ある年の田植時に、家内中のものが熱病に罹《かか》って、働くことの出来る者が一人もなかった。それでこの家の田だけはいつまでも植つけが出来ず黒いままであった。隣家の者、困ったことだと思って、ある朝別当殿の田を見廻りに行って見ると、誰がいつの間に植えたのか、生き生きと一面に苗が植込んであった。驚いて引き返して見たが、別当の家では田植どころではなく、皆枕を並べて苦しんでいた。怪しがって十王堂の中を覗いて見たら、堂内に幾つもある仏像が皆泥まみれになっていたということである。

六九　昔附馬牛《つくもうし》村の某という者、旅をしてアラミ※の国を通ったところが、路の両側の田の稲が、いかにも好ましくじゃぐじゃぐと実り、赤るみ垂れていたので、種籾にしようと思って一穂摘み取り懐に入れて持ち帰り、次の年苗代に播いて見るとオサ※一枚になった。それは糯稲《もちいね》であったので、今年はどんなに好い餅が搗《つ》けるだろうと、やがて田植をするとどのオサもどのオサも、青々と勢よく育った。ところがある日アラミから人が来て、この家の主人は去年の秋、おれの田の糯稲の穂を盗んで来て播いた。この田もあの田も皆盗んで来た種だという。そんな事は無いと言って争ってみたけれども、それならばこの秋の出穂を見て、証拠を以て訴えると言って帰って行った。某はそれを心痛して、どうか助けて下されと早池峯山に願掛けをして、御山に登って御参籠をして禱った。その秋は果してアラミの人がまた遣って来て、共々に田に出て出穂を検めてみようというので、仕方無しに二人で行って見ると、たしかに昨日まで糯稲であったものが、出た穂を見ると悉く毛の長い粳稲《うるち》になっている。そこでアラミの人も面目が無く、詫びごとをして逃げるように帰ってしまった。これは全く早池峯山の御利益で、この稲は穂は粳だけれども本当は糯稲であった。それを生出糯《おいでもち》といって、今でもその種が少しは村に伝わっている。それからしてこの御山の女神は、盗みをした者でさえ加護なされるといって、信心をする者がいよいよ多いのである。

○アラミの国
アラミ＝北上川流域膽江地方を指す。→補注50
○新種由来
オサ＝田の一区画をオサという。
○神明奇瑞

七〇　遠野町字蓮華の九頭竜権現の境内に、化け栗枕栗などという栗の老樹がある。権現の御正体は即ちこの樹であって、昔は女を人身御供に取った。そのおり枕にして頭を乗せていて、人を食ったのが枕栗であるという。

○化け栗枕栗

○三峯信仰

三峯様＝埼玉県秩父郡三峯山に鎮座する三峯神社の信仰。狼を眷族とする山岳信仰で、関東から東北一円に火難・盗難・害虫除けの神として拡まった。先の古峯様・三峯様といずれも近世に講中を結成して急速に拡まったものである。

○罪の暴発

○内輪の処分

七一　この地方で三峯様《みつみねさま》というのは狼の神のことである。旧仙台領の東磐井《ひがしいわい》郡衣川《ころもがわ》村に祀ってある。悪事災難のあった時、それが何人かのせいであるという疑のある場合に、それを見顕わそうとしてこの神の力を借るのである。まず近親の者二人を衣川へ遣って御神体を迎えて来る。それは通例小さな箱、時としては御幣であることもある。途中は最も厳重に穢れを忌み、少しでも粗末な事をすれば祟りがあるといっている。一人が小用などの時には必ず別の者の手に渡して持たしめる。そうしてもし誤って路に倒れなどすると、狼に喰いつかれると信じている。前年栃内の和野の佐々木芳太郎という家で、何人かに綿桛《わたかせ》を盗まれたことがある。村内の者かという疑があって、村で三峯様を頼んで来て祈禱をした。その祭は夜に入り家中の燈火をことごとく消し、奥の座敷に神様をすえ申して、一人一人暗い間《ま》を通って拝みに行くのである。集まった者の中に始めから血色が悪く、合せた手や顔を顫《ふる》わせている婦人があった。やがて御詣りの時刻が来ても、この女だけは怖がって奥座敷へ行き得なかった。強いて皆から叱り励まされて、立って行こうとして、膝がふるえ、打倒れて血を吐いた。女の供えた餅にも生血が著いた。験はもう十分に見えたといって、その女は罪を被せられた。表向きにはしたくないから品物があるならば出せと責められて、その夜の中に女は盗んだ物を持って来て村の人の前に差出した。

七二　字山口の瀬川春助という人も、それより少し前に、浜へ行って八十円の金を盗まれた時、やはりこの神を頼んで来て罪人がすぐに現われ、表沙汰にせずに済んだ。明治四十三年に字本宿《もとじゆく》の留場某の家が焼けた時には、火をつけた者が隣部落にあるらしい疑があって、やはり三峯様を頼んで来て両部落の者が集まって祭をしたが、その時は実は失火であったものか、とうとう罪人が顕われずにしまった。

〇オイヌの怒り

七三　この祭が終ると、すぐに三峯様は衣川へ送って行かなければならぬ。ある家ではそれを怠って送り届けずにいた為に、その家の馬が一夜の中にことごとく狼に喰い殺されたこともあったという。

〇オクナイサマ

七四　土淵村山口の南沢三吉氏のオクナイサマは、阿弥陀様かと思う仏画の掛軸であるが見れば眼が潰れるから見ることが出来ぬといっている。大同の家のオクナサイマは木像で、これに同じ掛軸がついているのであるが、南沢の家のはこればかりである。外に南無阿弥陀仏と書いた一軸の添えられてあることは両家共に同様であった。この南沢の家では、ある夜盗人が座敷に入って、大きな箱を負うて逃げ出そうとして手足動かず、そのまま箱と共に夜明けまでそこにすくんでいた。朝になって家人がこれを見つけてびっくりしたが、近所の者だから、早く行けと罵って帰らせようとしたが、どうしても動くことが出来ない。ふと心づくと仏壇の戸が開いているので、すぐにオクナイサマに燈明を上げて、専念にその盗人に御詫びをさせると、ようやくのことで五体の自由を得た。今から八十年ばかりも前の話である。

〇オシラサマ

七五　オシラサマの神体は多くは烏帽子と丸頭のもの、または丸頭のみ二体というのが最も普通である。馬頭はそれよりもまた古い型では無いかと思う。注意すべきことはこの神の由来として伝えられる物語と、神の御姿との関係である。男神の頭を馬頭に刻んだのは少くなないが、時には姫神の髪を垂れた頭に、尖った二つの獣の耳だけをつけた例もある。全体に新らしいものほど丈《たけ》が長くなっているかと思われ、中には一尺から一尺二、三寸のものもあるが、古いのは多くは短くなっている。馬頭のオシラはたいてい短くまた小さい。

○オシラ神の像

七六　神の数は伝説その他から考えて、当然に二体であるべきであるが、四体または六体の例も稀《まれ》では無い。気仙《けせん》の盛町《さかりまち》の近在には、十二体のオシラサマを持つ家もあるといい、二戸《にのへ》郡浄法寺村の野田の小八という家では、オシラは三体でその一つは小児の姿であるという。しかし普通には村々の草分け、即ち大同と呼ばれる家のものは二体であるらしい。そうするとあるいは家を分けて後に出た家だけが、何か理由があって新たにその数を加えたものでは無かったか。土淵村五日市の北川氏は、今は絶えてしまったが土淵の草分けと伝えられていて、この家のオシラサマは二体であった。その分家の火石の北川家では四体、そのまた分家の北川には六体であった。その形像も火石北川の本家の四体には馬頭のものも交っているが、分家の六体はすべて皆丸頭である。田の代掻《しろか》きの手伝いをしたという柏崎の阿部家のオシラサマは四体であった。一体は馬頭で一体は烏帽子、他の二つは丸頭である。長《たけ》はいずれも五、六寸で、彫刻は原始的だが顔に凄味を帯び、馬頭などはむしろ竜頭に似ている。

○オシラ神由来譚

七七　オシラ神の由来譚も土地によって少しずつの差異がある。例えば附馬牛村に行われる伝説の一つでは、天竺のある長者の娘が馬にとつぎ、その父これを悪《にく》んでその馬を殺して皮を松の木の枝に懸けておくと、娘はその樹の下に行き恋い慕うて泣いた。枝に懸けてある馬の皮はその声につれて飜えり落ち、娘の体を包んで天に飛んだという。遠野の町あたりでいう話は、昔ある田舎に父と娘とがあって、その娘が馬にとついだ。父はこれを怒って馬を桑の木に繋いで殺した。娘はその馬の皮を以て小舟を張り、桑の木の櫂を操って海に出てしまったが、後に悲しみ死にに死んで、ある海岸に打上げられた。その皮舟と娘の亡骸とから、わき出した虫が蚕になったという。さらにまた土淵村の一部では、次の様にも語り伝えている。父親が馬を殺したのを見て、娘が悲しんでいうには、私はこれから出て行きますが、父は後に残って困ることの無い様にしておく。春三月の十六日の朝、夜明けに起きて庭の臼の中を見たまえ。父を養う物があるからと言って、娘は馬と共に天上に飛び去った。やがてその日になって臼の中を見ると、馬の頭をした白い虫がわいていた。それを桑の葉を以て養い育てた云々というのである。

七八 オシラサマは決して養蚕の神として祭られるだけでは無い。眼の神としても女の病を禱る神としても、また子供の神としても信仰せられている。遠野地方では小児が生れると近所のオシラサマの※取子《とりこ》にして貰って、その無事成長を念ずる風がある。また女が癪《しゃく》を病む時には、男がこれを持ち込んで平癒を祈ることもある。二戸郡浄法寺村辺では、巫女《いたこ》の神降《かみおろ》しの時にもこれを用いるそうだが、同じ風俗はまた東磐井郡でも見られる。

七九 遠野地方の※オシラ神祭は、主として正月十六日を以て行われる。この神に限って祭ることを遊ばすといっている。山口の大同家などでは、この日方々からこの家のオシラサマの取子だちが、大きな鏡餅を背負って寄り集まって来る。まず早朝に奥の薄暗い仏壇の中から、煤けた真黒な古い箱が持出され、一年に只一度の日の明りを見る神様が、この家の巫女《いたこ》婆様《ばあさま》の手によって取出される。そうして取子の娘や女たちの手で、新らしい花染の赤い布をきせられ、また年に一度の白粉を頭に塗られて、そのオシラサマが壇の上に飾られる。この白粉が家にも取子の娘たちにも無かった頃には、米の粉を水で溶いてつけることもあった。取子の持ち寄った鏡餅は、そうし

○蚕

○オシラサマの取子

取子＝呪術的親子関係ともいうべきもので、生まれた子の無病息災を願って山伏や巫女などに仮親となってもらい、その呪的霊力を得ようとするものである。ここでは、オシラサマが仮親となり、生まれた子はオシラサマの取子となるわけである。

○オシラ神祭

オシラ神祭＝『拾遺』〈七九〉には正月十六日に行われるとあるが、遠野では十五日に行っている。

○神の化粧

た後で小豆餅に作られ、神様にも供えまた取子たちも食べた。この神は小豆類を大変好まれるということであった。それが終ると巫女の婆様は、おもむろに神体を手に執ってオシラ遊びを行うのである。それには昔から言い伝えのオシラ遊びの唱えごとがあった。まず神様の由来を述べて神様を慰め、それから短い方の章句を、知っている娘たちが合唱した。それは紫波《しは》郡あたりに伝わっているものと略同じで、※ミョンコ・ミョンコ・ミョンコの神は、トダリも無い。七代めくらにならばなれという類の詞であった。そのオシラ遊びが済むとあとは随意で、取子の娘たちは室中を遊ばせてまわり、後に炉ばたに持って来て、両手でぐるぐるまわして各自一年の吉凶を占った。即ちこの神の持前のオシラセを受けようとするのであった。

八〇　山口の大同の家のオシラサマは、元は山崎の作右衛門という人の家から、別れてこの家に来たものであるという。三人の姉妹で、一人は柏崎の長九郎、即ち前に挙げた阿部家に在るものがそれだということである。大同の家にはオクナイ様が古くからあって、毎年正月の十六日には、この二尺ばかりのお大師様ともいう木像に、白粉を塗ってあげる習わしであったのが、自然に後に来られたオシラサマにも、そうする様になったといっている。

八一　附馬牛村の竹原という家の老爺、家にオシラ神があったのに、この神は物咎めばかり多くて御利益は少しも無い神だ。※やれ鹿《しし》を食うなの肉を食うなのと、やかましいことを言う。おのれここへ来て鹿を喰えと悪口して、鹿の肉を煮る鍋の中へ、持って来て投げ込んだ。そうするとオシラサマはたちまち鍋より飛び上がって炉の中へ落ち、家の者は怖れて神体を拾い上げて仏壇に納めた。後にこの家の焼けた時にも、神は自分で飛び出して焼けず、今でも家に在ると、その老

○唱えごと
ミョンコ＝柳田『大白神考』に「ミョンコは疑ひ無く妙音講、即ち座頭などのかしづく祭の名だから、或は盲人から教へてもらったとも見られるが、斯ういふ唱へ言も昔から、新らしい佳いのがあれば採用したかも知れない」とある。

○姉神妹神

○祭主禁忌
やれ鹿を食うな…＝今野円輔『馬娘婚姻譚』によれば「すべてのオシラ神は、四足二足、鶏卵を嫌い、この神を祀る者が、これを犯せばただちに罰を受けると信じられており」とある。し

かし、『拾遺』〈八三〉にもあるように一方、オシラ様は狩の神として祀られている場合もあり、いちがいにはいえない。

○口が曲る

オコゼ魚＝山猟祈願の呪の一つであって、山の神はオコゼを好むとか、オコゼを山の神の妻や家来・使者とする伝承によっている。他の八つの秘密の道具とされるものも、すべて山猟の呪物である。（柳田「山の神とオコゼ」、千葉徳爾『狩猟伝承』など参照）

○狩の神

ベロベロの鉤＝木の枝の先の曲ったもの、紙撚の端を曲げたものを両手で揉みまわしながら占う遊びであって、東北一帯から関東・中部・近畿にまで及んでいる。→補注51人の直話を聴いた者の話である。気仙の上有住《かみありす》村の立花某、家にオシラサマが有って鹿を食えば口が曲るという戒めがあるにもかかわらず、その肉を食ったところがはたして口が曲った。飛んでも無い事をする神様だと、怒って川に流すと、流れに逆らって上って来た。これを見て詫びごとをして持ち帰って拝んだけれども、ついに曲った口はなおらなかった。

八二　栃内の留場某というのはこの神のある家の者で、四十余りの馬喰《ばくろう》渡世の男であったが、おれは鹿の肉をうんと食ったが、少しでも口は曲らなかったと威張って語っているのを聴いた。火石の高室某という人はこれに反して、鹿の肉を食って発狂した。これもオシラサマのある家であった。後に巫女《いたこ》を頼んで拝んで貰って宥《ゆる》された。浜の大槌町の某という人も、やはりこの神を持ち伝えた家であったが、鹿の肉を食って口が曲った。巫女《いたこ》の処へ行って尋ねると、遠野に在るオシラ神と共に祟っているということなので、山口の大同の家まで拝みに来たのを、佐々木君の母は見られたという。

八三　オシラ様を狩の神と信じている者も多い。土淵村の菊池という狩人の家に、大切に持ち伝えている巻物には、金の丸《たま》銀の丸、※オコゼ魚にオシラ様、三途《さんず》縄《なわ》に五月節句の蓬菖蒲、それから女の毛とこの九つを狩人の秘密の道具と記し、その次にはこういうことも書いてある。「狩の門出には、おしらさまを手に持ちて拝むべし。その向きたる方角必ず獲物あり。口伝」

八四　松崎村字駒木、真言宗福泉寺の住職佐々木宥尊氏の話に、この人の生家の附馬牛村大出などでも、狩の神様だという者が多い。昔は狩人が門出の時に、オシラ様に祈って今日はどの方面の山に行ったらよいかを定めた。それには御神体を両手で挾み持ち、ちょうど※ベロベロの鉤《かぎ》をま

○お知らせ様

わす様にまわして、この馬面の向いた方へ行ったものである。だからオシラ様は「御知らせ様」であろうと、思っているということであった。今でも山の奥では胞衣《えな》を埋める場所などを決める為に、こうしてこの神の指図を伺っている者があるという話である。

○鉤仏

八五　また土淵村大字飯豊の今淵小三郎氏の話にも、オシラ様を鉤仏《かぎぼとけ》ということがあるという。正月十六日のオシラ遊びの日、年中の吉凶善悪を知る為に、ちょうど子供等がベロベロの鉤をまわす様にして、神意を問うものだそうである。昔は大人も皆この占いをしたが、今では主として子供がやるだけで、この家ではついその正月にも炬燵の上で、盛んにやっていたということである。

○ベロベロの鉤

八六　ベロベロの鉤の遊びは他の土地にもあることと思うが、遠野地方では多くは放屁の主をきめる時に行っている。子供が一人だけ車座の中に坐って、萱や萩の茎を折曲げて鉤にしたものを持ち、それを両手で揉みながら次の文句を唱え、その詞の終りに鉤の先の向いていた者に、屁の責任を負わせる戯れである。

なむさいむさい（あるいはくさい）
べろべろの鉤《かぎ》は
とうたい鉤で
だれやひった、かれやひった
ひった者にちょっちょ向け

しかしこの鉤遊びの誓文を立てぬ前に、もう挙動で本人はほぼ知れている故、術者が機を制して、おのずから向くべき方に向くのは勿論である。

○小さな足跡

○赤塗の手桶

○糸車の音

○赤い衣裳

○二階の女

八七　綾織村砂子沢《いさござわ》の多左衛門どんの家には、元御姫様の座敷ワラシがいた。それがいなくなったら家が貧乏になった。

八八　遠野の町の村兵《むらひょう》という家には御蔵《おくら》ボッコがいた。籾殻などを散らしておくと、小さな児の足跡がそちこちに残されてあった。後にそのものがいなくなってから、家運は少しずつ傾くようであったという。

八九　前にいう砂子沢でも沢田という家に、御蔵ボッコがいるという話があった。それが赤塗の手桶などをさげて、人の目にも見える様になったら、カマドが左前になったという話である。

九〇　同じ綾織村の字大久保、沢某という家にも蔵ボッコがいて、時々糸車をまわす音などがしたという。

九一　附馬牛村のある部落の某という家では、先代に一人の六部が来て泊って、そのまま出て行く姿を見た者が無かったなどという話がある。近頃になってからこの家に、十になるかならぬ位の女の児が、紅い振袖を着て紅い扇子を持って現われ、踊を踊りながら出て行って、下窪という家に入ったという噂がたち、それからこの両家の貧富がケエッチャ（裏と表）になったといっている。その下窪の家では、近所の娘などが用があって不意に行くと、神棚の下に座敷ワラシが踞《うずく》まっていて、びっくりして戻って来たという話がある。

九二　遠野の新町の大久田某という家の、二階の床の間の前で、夜になると女が髪を梳《す》いているという評判が立った。両川某という者がそんなことが有るものかと言って、ある夜そこへ行って見ると、はたして噂の通り見知らぬ女が髪を梳いていて、じろりと此方《こちら》を見た顔が、何とも言えず物凄かったという。明治になってからの話である。

○釜の鳴る音

九三 遠野一日市の作平という家が栄え出した頃、急に土蔵の中で大釜が鳴り出し、それが段々強くなって小一時間も鳴っていた。家の者はもとより、近所の人たちも皆驚いて見に行った。それで山名という画工を頼んで、釜の鳴っている所を絵に描いて貰って、これを釜鳴神といって祭ることにした。今から二十年余り前のことである。

○家の霊

九四 土淵村山口の内川口某という家は、今から十年程前に瓦解したが、一時この家が空家になっていた頃、夜中になると奥座敷の方に幽かに火がともり、誰とも知らず低い声で経を読む声がした。往来のすぐ近くの家だから、若い者などがまたかと言って立寄って見ると、御経の声も燈火ももう消えている。これと同様のことは栃内の和野の、菊池某氏が瓦解した際にもあったことだという。

○山の神の木算え

九五 山に行って見ると、時折二股にわかれて生い立った木が、互いに捻《ねじ》れからまって成長しているのを見かけることがある。これは山の神が詰《つめ》(十二月)の十二日に、自分の領分の樹の数を算用するときに、〆めて何万何千本という時の記号に、終りの木をちょっとこうして捻っておくのだそうな。だからこの詰《つめ》の十二日だけは、里の人は山に入ることを禁じている。もし間違えて山の木に、算え込まれては大変だからという。

○一眼一足の怪

九六 貞任山《さだとうやま》には昔 一つ眼に一本足の怪物がいた。旗屋の 縫という狩人が行ってこれを退治した。その頃はこの山の付近が一面の深い林であったが、後に鉱山が盛んになってその木は大方伐られてしまった。

○神力由緒

九七　昔青笹村の力士荒滝は、六角牛山の女神から大力を授かったという話がある。附馬牛村字石羽根《いしばね》の佐々木権四郎という人はこの話を聴いて、己《おれ》は早池峯山の女神に力を授かるべしと祈願をしたが、後はたして川原の坊という処で、権四郎は早池峯の女神に行逢うて、何かある品物を賜わってから、たちまち思うままの大力となった。それは彼の二十歳前後の頃の事であったというが、今はもう八十余りになって、以前の気力はすこしも無い。何でも五十ばかりの時に、元授かった場所に行ってその品物を女神に返したというが、それがいかなる物であったかは、決して人に語らぬそうである。これは宮本君という人が直接に彼から聴いた話である。

○宝ものの期限

○天狗の近附き

九八　遠野の一日市《ひといち》に万吉米屋という家があった。以前は繁昌をした大家であった。この家の主人万吉、ある年の冬稗貫郡の鉛ノ温泉に湯治に行き、湯槽《ゆぶね》に浸っていると、戸を開けて一人の極めて背の高い男が入って来た。退屈していた時だからすぐに懇意になったが、その男おれは天狗だといった。鼻は別段高いという程でも無かったが、顔は赤くまた大きかった。そんなら天狗様はどこに住んでござるかと尋ねると、住居は定まらぬ、出羽の羽黒、南部では巌鷲早池峯などの山々を、往ったり来たりしているといって万吉の住所をきき、それではお前は遠野であったか。おれは五葉山や六角牛へも往くので、たびたび通って見たことはあるが、知合いが無いからどこへも寄ったことが無い。これからはお前の家に行こう。何の仕度にも及ばぬが、酒だけ多く御馳走をしてくれといい、こうして二、三日湯治をして、また逢うべしと言い置いてどこへか往ってしまった。その次の年の冬のある夜であった。不意に万吉の家にかの天狗が訪ねて来た。今早池峯から出て来てこれから六角牛に往く処だ。一時《いっとき》も経《た》てば帰るから、今夜は泊めてくれ。そんな

○梛の葉

○天狗の寿命

ら行って来ると言ってそのまま表へ出たが、はたして二時間とも経たぬうちに帰って来た。六角牛の頂上は思いの外、雪が深かった。そう言ってもお前たちが信用せぬかと思って、これこの木の葉を採って来たと言って、一束の梛《なぎ》の枝を見せた。町から六角牛の頂上の梛の葉の在る所までは、片道およそ五、六里もあろう。それも冬山の雪の中だから、家の人は驚き入って真に神業と思い、深く尊敬して多量の酒を飲ましめたが、天狗はその翌朝出羽の鳥海に行くと言って出て行った。それから後は年に一、二度ずつ、この天狗が来て泊った。酒を飲ませると、ただでは気の毒だといって、いつも光り銭《せん》（文銭）を若干残して置くを例とした。酒が飲みたくなると訪ねて来るようにも取られる節があった。そういう訪問が永い間続いて、最後に来た時にはこう言ったそうである。おれももう寿命が尽きて、これからはお前たちとも逢えぬかも知れない。形見《かたみ》にはこれを置いて行こうと言って、著ていた狩衣《かりぎぬ》のような物を脱いで残して行った。そうして本当にそれきり姿を見せなかったそうである。その天狗の衣も今なおこの家に伝わっている。主人だけが一代に一度、相続の際とかに見ることになっているが、しいて頼んで見せて貰った人もあった。縫目は無いかと思う夏物のような薄い織物で、それに何か大きな紋様のあるものであったという話である。

○天狗の衣

九九　遠野の町の某という家には、天狗の衣という物を伝えている。袖の小さな襦袢《じゅばん》のようなもので、品は薄くさらさらとして寒冷紗《かんれいしゃ》に似ている。袖には十六弁の菊の綾を織り、胴には瓢箪《ひょうたん》形の中に同じく菊の紋がある。色は青色であった。昔この家の主人と懇意にしていた清六天狗という者の著用であったという。清六天狗は伝うる所によれば、花巻あたりの人であったそうで、お

○溢れぬ容れ物

○天狗の筋

れは物の王だと常にいっていた。早池峯山などに登るにも、いつでも人の後から行って、頂上に著いて見ると知らぬ間に既に先へ来ている。そうしてお前たちはどうしてこんなに遅かったかと言って笑ったそうである。酒が好きで常に小さな瓢箪を持ちあるき、それにいくらでも酒を量り入れて少しも溢れなかった。酒代にはよく錆びた小銭を以て払っていたという。この家にはまた天狗の衣の他に、下駄を貰って宝物としていた。右の清六天狗の末孫という者が、今も花巻の近村に住んで、人は之を天狗の家と呼んでいる。この家の娘が近い頃女郎になって、遠野の某屋に住み込んでいたことがある。この女は夜分いかに厳重に戸締りをしておいても、どこからか出て行って町をあるきまわり、または人の家の林檎《りんご》園に入って、果物を採って食べるのを楽しみにしていたが、今は一ノ関の方へ行って住んでいるという話である。

○労力の報酬

一〇〇　青笹村の某という者、ある日六角牛山に行ってマダの木の皮を剝《は》いでいると、出し抜けに後から呼ぶ者があるので、驚いて振向いて見れば、たけ七尺もあろうかと思う男が立っていて、自分の木の皮を剝ぐのを感心して見ていたのであった。そうしてその木の皮を何にするかと訊くから、恐る恐るその用途を話してきかせると、そんだらおれも剝いですけると言って、マダの木をへし折り皮を剝ぐこと、あたかも常人が草を折る様であった。たちまちにして充分になったので某はもうよいというと、今度は大男、傍の火であぶっておいた餅を指ざして、少しくれという。某はうなずいてみせると、無遠慮に皆食うてしまった。そうして言うことには、ああうまかった。来年の今頃もお前はまた来るか。もし来るならおれも来てすけてやろうから、また餅を持って来てくれと言った。某は後難を恐れてもう来年は来ないと答えると大男、そんだら餅を三

○餅の礼

升ほど搗いて、何月何日の夜にお前の家の庭に出しておいてくれ、そしたらお前の家で一年中入用だけのマダの皮を持って行ってやるからと言うので、それ迄も断りきれずに約束をして別れて来た。その翌年の約束の日になって、餅を搗き小餅に取り膳に供えて庭上に置くと、はたして夜ふけに庭の方で、どしんという大きな音がした。翌日早朝に出て見れば、およそ馬に二駄ほどのマダの皮があって、もうその餅は見えなかったという。この話は今から二代前とかの出来事であったというが、今の代の主人のまだ若年の頃までは、毎年の約束の日には必ずマダの皮を持って来てくれたものであった。それがどうしたものかこの三十年ばかり、幾ら餅を供えて置いても、もうマダの皮は運ばれないことになったという。

○田の畔

一〇一　これとやや似た話が二戸《にのへ》郡の浄法寺にもあったそうな。遠野の事では無いがこのついでに書いておくと、浄法寺村字野田の某という者、ある日山へ行くとて途中で一人の大男と道づれになった。大男はしきりにお前の背負《しょ》っている物は何だといって、弁当に持って来た餅をなぶりたがって仕様が無かった。これは餅だと言うと、そんだら少しでいいからくれと言う。分けてやると非常に悦んで、お前の家《うち》ではもはや田を打ったかと問うた。まだ打たないと答えたところが、そんだら打ってやるから何月何日の夜、三本鍬といっしょに餅を三升ほど搗いて、お前の家の田の畔に置け。おれが行って田を打ってくれると言うので、某も面白いと思って承知をした。さてその当夜餅を搗いて田の畔へ持って行って置き、翌朝早く出て見ると、三本鍬は元の畔の処にあって、餅はもう無かった。田はいかにも善く打っておいてくれたが、甲乙の差別も無く一面に打ちのめしたので、大小の畔の区別も分らぬようになっていたという。その後も某はたびたびその

○悪い妻

○山男の洗濯

○怪異を見る場処

○大きな草履

稗貫郡の谷内＝谷内は和賀郡にある。和賀郡の誤り。

○著物の流行

大男に行逢った。友だちになったので山へ行くたびに、餅をはたられるには弱ったということである。大男が言うには、おれはごく善い人間だが、おれの嬶《かかあ》は悪いやつだから、見られない様にしろとたびたび言い聴かせたそうである。これも今から七十年ばかりも前の事であったらしい。

一〇二　明治も末頃のある年、土淵村栃内大楢の大楢幸助という兵隊上りの男が、六角牛山に草刈りに行って、かつて見知らぬ沢に出た。そこの木の枝には、おびただしい衣類が洗濯して干してあった。驚いて見ているところへ、一人の大男が出て来て、その洗濯物を取集め、たちまち谷の方へ見えなくなってしまったという。これは本人の直話である。

一〇三　同村字山口の火石の高室勘之助という老人が中年に、浜歩《はまある》きを業としていた頃のことである。ある日大槌浜から魚を運んで帰る途中、山落場《やまおとしば》という沢の上まで来て下を見ると、谷間の僅かの平《たいら》に一面に莚《むしろ》を敷き拡げて干してあった。不思議に思って、馬を嶺に立たせて置いて降りて行って見たが、もう何者か取り片づけた後で、一枚も無かったという。この老人は明治の末に八十三で死んだ。これはその孫に当る者から聴いた話である。

一〇四　ある人が鱒沢《ますざわ》村から※稗貫《ひえぬき》郡の谷内《たにない》へ越える山路で、山男の草履の脱いであるのを見た。篠竹で作った、長さ六尺もあろうかと思う大きなもので、傍の藪の中には赤顔の大男が熟睡していたそうである。これは大正の始め頃のことで、見たという本人はその頃五十位の年配であった。

一〇五　同じ頃の話だというが、松崎村字駒木の子供が西内山《にしないやま》で一人の大男に行逢った。萩草刈時のある日の午《ひる》過ぎのことであった。その男は普通の木綿のムジリを着て、肩から藤蔓で作った鞄の様な物を下げていた。その中には何匹もの蛇がぬたくり廻っていたそうである。子供は驚いて、路傍の草叢に入ったまますくんでいると、その男は大急ぎで前を通り過ぎて行ってしまった。それでやっと生きた心持になり、馳出して村に帰り著《つ》いたという。正月遊びの夜、若者たちから聞いた話である。

○鞄

一〇六　土淵村栃内和野の菊池栄作という狩人が、早池峯に近い、附馬牛村の大出《おおいで》山中で狩り暮し、木の間から洩れ入る薄明りを便りに自分の小屋へ帰って来る途中で、突然一人の男に出逢った。その男は目をきらきらと丸くして此方《こちら》を見守りつつ過ぎるので怪しく思って、どちらへと言葉をかけてみた。するとその男は牧場小屋へ行きますと言って、密林を掻き分けて入って行ったという。佐々木君はこの狩人と友人で、これもその直話であったが、冬期の牧場小屋には番人がいる筈はないと言うことである。その男の態《なり》は薄暗くてよく分らなかったが、麻のムジリを著て、藤蔓で編んだ鞄を下げていたそうである。丈《たけ》はときくと、そうだなあ五、六尺もあったろうか、年配はおら位だったと言う答えであった。大正二年の冬頃のことで、当時この狩人は二十五、六の青年であった。

○理由なき殺戮

一〇七　下閉伊《しもへい》郡の山田町へ、関口という沢から毎市日の様に出て来ては、色々な物を買って戻る男があった。顔中に鬚が濃く、眼色が変っているので、町の人はあれはただの人間ではあるまいと言って、殺して山田湾内の大島に埋めた。その故であったか、その年から大変な不漁が続いたという。これは山田町へ駄賃づけに通うていた、土淵村の虎爺という老人の若かった頃の話である。

○農をせぬ家

一〇八　土淵村字山口の石田某の家の男達は、いずれも髪の毛を掻き乱し、目は光り、見るからに山男らしい感じがする。夏の禁猟期間は川漁をしているが、それ以外は鳥獣を狩りして日を送っている。この家は元は相当の資産家で田畑もあったが、男達が農を好まぬ為に次第に畑が荒れ、持て余しては売ってしまって、今は村一の貧乏人になった。家屋敷も人手に渡し、山手の方に小さい家を建ててそこに住んでいる。自製の木弓で自由に小鳥の類まで射落し、これを食料に足しているようである。そこから分家した次男も農をせず、狩りに親しんでいる。

○神隠しの動機

一〇九　遠野町の某という若い女が、夫と夫婦喧嘩をして、夕方門辺に出てあちこちを眺めていたが、そのままいなくなった。神隠しに遭ったのだといわれていたが、その後ある男が千磐ヶ岳へ草刈りに行くと、大岩の間からぼろぼろになった著物に木の葉を綴り合せたものを著た、山姥の様な婆様が出て来たのに行逢った。御前はどこの者だというので、町の者だと答えると、それでは何町の某はまだ達者でいるか、俺はその女房であったが、山男に攫《さら》われて来てここにこうして棲んでいる。お前が家に帰ったら、これこれの処にこんな婆様がいたっけと言うことを言伝《ことづて》してけろ。俺も遠目からでもよいから、夫や子供に一度逢って死にたいと言ったそうである。この話を聞いて、その息子に当る人が多勢の人達を頼んで千磐ヶ岳に山母を尋ねて行ったが、どう言うものか一向姿を見せなかったということである。

○山母

一一〇　前に言った遠野の村兵という家では、胡瓜《きゅうり》を作らぬ。そのわけは、昔この家の厩別家《まやべっけ》に美しい女房がいたが、ある日裏の畠へ胡瓜を取りに行ったまま行方不明になった。そうしてその後に上郷《かみごう》村の旗屋の縫が六角牛山に狩りに行き、ある沢辺に下りたところが、その流れに一人の女が洗濯をしていた。よく見るとそれは先年いなくなった厩別家の女房だったので、立ち寄って言葉を掛け、話をした。その話に、あの時自分は山男に攫《さら》われて来てここに棲んでいる。夫は至って気の優しい親切な男だが、極めて嫉妬深いので、それぱかりが苦の種である。今は気仙沼の浜に魚を買いに行って留守だが、あそこ迄は何時《いつ》も半刻程の道のりであるから、今にも帰って来よう。決してよい事は無いから、どうぞ早くここを立ち去って下され。そうして家に帰ったら、私はこんな山の中に無事にいるからと両親に伝えてくれと頼んだという。それからこの家では胡瓜を植えぬのだそうである。

○禁忌由来

○狂女の行衛

一一一　栗橋村アカスパの某という狩人、先年白見山で雨に降り込められて、霧の為に山を出ることが出来なかった。木の根に靠《もた》れて一夜を明したが、夜が明けて雨が晴れたので、そこを歩き出すと、ひどく深い谷へ落ちた。その時に向うから髪をおどろに振り乱した女がやって来るのに逢った。著物は完《まった》くちぎれ裂け、素足であったが、たしかに人間であった。鉄砲をさし向けると、ただ笑うばかりである。幾度も打とう打とうと覘《うかが》いながら打ちかねているうちに、女は飛ぶ様に駆け出して、谷の奥へ入って見えなくなった。後に聞いた話では、これは小国村の狂女で、四、五年前家出をして行方不明になった女だったろうとのことである。それでは白見にいたのかと人人は話し合っていたが、はたしてその狂女であったかどうかは解らない。

○群の中から一人

一一二　土淵村の若者共が同勢二十人程こぞって、西内山附近にある隣村の刈草場へ、刈草を盗みに行った時のことである。こういう時には、どうかすると山で格闘をしなければならぬことがあるので、それぞれその準備をして行った。一行のうち字野崎の某が一人、群から離れて谷の古沼の方へ下りて行くのを、多分水を飲みに行ったのだろう位に思っていたが、盗んだ草を馬に荷

○風俗

なって帰り仕度をしてしまった後になっても、その男一人帰って来ない。愚図愚図していて隣村の手合に見つけられてはと、皆谷に下って尋ね歩くと、その男が帯を解き小川を溯って獣の様に速く走って行くのが見えた。皆で喚《よ》んでも一向見向きもせず、聞えない風であったから、仕方なしに皆して取り巻いて捉まえると、その男はぼんやりと気の抜けた顔をしている。どうしたのだと訊ねると、初めて夢から醒《さ》めた様に、実は先刻《さっき》俺が沢に水を飲みに下りて行くと、三角（若い女が頭に冠る三角形の布《きれ》）を冠った女がいて笑いかけるので、今までいっしょに話をしていたのだが、お前達が見えると、女は兎かなんどの様に向うへ飛んで行ってしまったのだと語った。皆して叱り飛ばして連れ帰ったが、二、三日の間何となくぼんやりしていたそうである。その男はすなおな、物静かな性質の若者であったという。明治の末頃の話である。

キャシャ＝この妖怪がいかなるものかここに記されている外わからない。ただ、静岡県などでは葬列の途中に黒雲が湧き出してカシャ（火車）という怪物が死人をさらうといい、長野県南佐久郡南御牧村ではこれをキャシャというそうである。

○赤い巾著

一一三　綾織村から宮守村に越える路に小峠《ことうげ》と言う処がある。その傍の笠の通《かよう》と言う山に、※キャシャというものがいて、死人を掘起してはどこかへ運んで行って喰うと伝えている。また、葬式の際に棺を襲うとも言い、その記事が遠野古事記にも出ている。その怪物であろう。笠の通の附近で怪しい女の出て歩くのを見た人が、幾人もある。その女は前帯に赤い巾著を結び下げているということである。宮守村の某と言う老人、若い時にこの女と行逢ったことがある。かねてから聞いていた様に、巾著をつけた女であったから、生捕って手柄にしようと思い、組打ちをして揉合っているうちに手足が痺《しび》れ出して動かなくなり、ついに取遁してしまったそうな。

○魔力

一一四　同じ様な話がまだ他にもある。稗貫郡外川目《そとかわめ》村の猟人某もこの女に行逢った。鉄砲で打殺そうと心構えをして、近づいたが、急に手足が痺《しび》れ声も立たず、そのまま女がにたにたと笑って行過ぎてしまう迄、一つ処に立縮《たちすく》んでいたという。後でこの男はひどく患ったそうな。およそ綾織宮守の人でこの女を見た者は、きっと病気になるか死ぬかしたが、組打ちをした宮守の男ばかりは何事も無かったと言うことであった。

○狐狸の仕わざ

一一五　金沢村の老狩人が、白見山に狩りに行って山中で夜になった。家に帰ろうとして沢を来かかると、突然前に蠟燭が三本、ほとほとと燃えて現われた。立止って見ていると、その三本が次第に寄り合ってふっと一本になり、焰がやや太く燃え立ったと思うと、その火の穂から髪を乱した女の顔が現われて、薄気味悪く笑った。この狩人が、やっと自分に帰ったのは夜半であったそうな。多分狐狸の仕わざだろうと言うことであった。大正二年の秋のことで、その話はこの地方の小林区署長が自身金沢村で聞いた話だと前置きして語ったものである。

○山の怪

一一六　土淵村字野崎に前川勘右衛門と言う三十過ぎの男がいた。明治の末のことであるが、前に言った山落場《やまおとしば》へ萱刈りに往き、小屋掛けして泊っていたところが、小屋のすぐ後から年寄りの声で、ひどく大きくあははと二度迄笑ったそうである。また同じ人が白見山で、女の髪の赤い抜毛が丸めて落ちているのを見たそうなが、この種の抜毛は猟人はよく見かけることのあるものだといわれている。

○木を伐る音

一一七　野崎の佐々木長九郎と言う五十五、六の男が、木を取りに白見山に入り、小屋を掛けて泊っていた時のことである。ある夜谷の流れで米を磨《と》いでいると、洞《ほら》一つ隔てたあたりでしきりに木を伐る音が聞え、やがて倒れる響がした。恐ろしくなって帰って来ると、まさに小屋に入ろうとする時、待てえと引裂く様な声で何ものかが叫び、小屋の中にいた者も皆顔色が無かった。

やはり同じ頃のことで、これは本人の直話であった。

○不思議な問答

一一八　小槌の釜渡りの勘蔵という人が、カゲロウの山で小屋がけして泊っていると、大嵐がして小屋の上の木に何かが飛んで来てとまって、あいあいと小屋の中へ声をかけた。勘蔵が返事をすると、あい東だか西だかとまた言った。どう返事をしてよいか分らぬのでしばらく考えていると、あいあい東だか西だかと、また木の上で問い返した。勘蔵は、なに東も西もあるもんかと言いざま二つ弾丸《だま》をこめて、声のする方を覗《うかが》って打つと、ああという叫び声がして、沢鳴りの音をさせて落ちて行くものがあった。その翌日行って見たが何のあともなかったそうである。何でも明治二十四、五年の頃のことだという。

○神わざ

一一九　土淵村の若者達が四、五人、琴畑川へ木流しに行った時のことである。不動ノ滝の傍にある不動堂に泊っていたが、夜嵐が烈しかったので、堂の戸を堅く締切っておいたのに、夜明けになって見ると、その中の一人が堂の外に投出されたまま、前後不覚で熟睡をしていた。宵《よい》に締めた戸はそのままであったから、これは神業というものであろうと言い合って恐れた。六、七年前の冬のことである。

一二〇　今は遠野町に住む政吉爺という土淵村の猟師が三十五、六の頃、琴畑の奥の小《こ》厚楽《あつらく》というガロダチで、岩の上に登ってシカオキを吹いていると、不意に後から何ものかに突飛ばされた。しばらくは呼吸が止まり、そのまま身動きも出来ずに倒れていたが、ようやく這って皆のいる小屋まで帰ることが出来た。その時老人の話に、猟人はたびたびそんなことに出逢うものだ。必ず人に語るものではないと堅く戒められたと言うことである。この辺は昔から山男や山女の通

○通り路

り道といわれている処である。

○赤い顔
○鶏の啼声

一二一　土淵村の鉄蔵と言う男の話に、早池峯山の小国村向きにあるタイマグラという沢には不思議なことばかりあるという。下村の某という男が岩女釣りに行った処が、山奥の岩窟の蔭に、赤い顔をした翁と若い娘とがいた。いずれも見慣れぬ風俗の人達であったそうである。このタイマグラの土地には、谷川を挾んで石垣の畳を廻らした人の住居のようなものが幾個所も並んである。形は円形に近く、広さは二間四方ばかりあって、三尺程の入口も開《あ》いている。昔は人が住んでいたのであろうといわれ、今でもどこかで鶏の声がするという。この話をした鉄蔵も、魚を釣りながら耳を澄ましていたら、つい近くで、本当に朗らかな鶏の啼声がはっきりと聞えたそうである。これはもう十年近くも前の話であった。

○隠れ里

一二二　このタイマグラの河内《かっち》に、巨岩で出来た絶壁があって、そこに昔安倍貞任の隠れ家があったといい、ここを安倍ヶ城とも呼んでいた。下から眺めるとすぐ行けそうに見えるが、実は岩がきつくて、特別の路を知らぬ者には行くことが出来ぬ。その路を知っている者は、小国村にも某という爺様一人しかいない。土淵村の友蔵という男は、この爺様に連れられて城まで行ったことがあるそうな。その時もすぐ近くに見えている城までなかなか行けなくて、小半日かかってようやく行き著いた。城の中は大石を立て並べて造った室で、貞任の使ったという石の鍋、椀、庖丁や石棒等があった。昔は雨の降る時など、この城の門を締める音が遠く人里まで聞えたものだそうなが、その石の扉は先年の大暴風の時に吹き落されて、岩壁から五、六間下に倒れていたという話である。

○豆だらけの体

小豆を附けた得体の知れぬもの＝このような妖怪の例は他に知られない。アズキトギといって、水のほとりで、小豆を磨ぐ音をさせるという妖怪の例は全国的に知られている。

一二三　物見山の山中には小豆平という所がある。昔南部の御家中の侍で中館某と言う者が鉄砲打ちに行き、ここで体中に※小豆を附けた得体の知れぬものに行逢った。一発に仕止めようとしたが命中せず、ついにその姿を見失った。それからここを小豆平と言う様になり、狩人の間に、ここで鉄砲を打っても当らぬと言い伝えられている。

○神の占居

一二四　村々には諸所に子供等が怖れて近寄らぬ場所がある。土淵村の竜ノ森もその一つである。ここには棚に結われた、たいそう古い栃の樹が数本あって、根元には鉄の鏃《やじり》が無数に土に突き立てられている。鏃は古く、多くは赤く錆びついている。この森は昼でも暗くて薄気味が悪い。中を一筋の小川が流れていて、昔村の者、この川で岩魚《いわな》に似た赤い魚を捕り、神様の祟りを受けたと言い伝えられている。この森に棲むものは蛇の類なども一切殺してはならぬといい、草花の様なものも決して採ってはならなかった。人もなるべく通らぬようにするが、余儀ない場合には栃の樹の方に向って拝み、神様の御機嫌に障《さわ》らぬ様にせねばならぬ。先年死んだ村の某という女が生前と同じ姿でこの森にいたのを見たという若者もあった。また南沢のある老人は夜更けにこの森の傍を通ったら、森の中に見知らぬ態《なり》をした娘が二人でぼんやりと立っていたという。竜ノ森ばかりでなく、この他にも同じ様な魔所といわれる処がある。土淵村だけでも熊野ノ森の堀、横道の洞、大洞のお兼塚など少なくないし、また往来でも高室のソウジは怖れて人の通らぬ道である。

○祠と鳥居

一二五　字栃内林崎にある宝竜ノ森も同じ様な場所である。この森の祠は鳥居とは後向きになっている。森の巨木には物凄く太い藤の蔓が絡《から》まり合っており、ある人が参詣した時、この藤がことごとく大蛇に見えたともいわれる。佐々木君も幼少の頃、この祠の中の赤い権現頭を見て、怖ろしくて泣いたのをはっきり憶えていると言う。

○三面一本脚

一二六　狩人の話では早池峯山の主は、三面大黒といって、三面一本脚の怪物だという。現在の早池峯山の御本尊は黄金像の十一面観世音であって、大黒様のお腹仏だと言い伝えている。その大黒様の像というのは、五、六寸程の小さな荒削りの像である。早池峯山の別当寺を大黒山妙泉寺と称えるのも、この大黒様と由縁《いわれ》があるからであろうとは、妙泉寺の別当の跡取《あとと》りである宮本君の言であった。この人の母が若かった時代のことというが、寺男に酒の好きな爺がいて、毎朝大黒様に御神酒を献げる役目であった。いつもその神酒を飲みたいものだと思っては供えに行くのであったが、ある朝大黒様が口を利《き》かれ、俺は ええから お前達が 持って行って飲め と言われた。爺は驚いて、仲間の者のいる処へ逃げ帰ってこの ことを告げたが、皆はボガ（虚言）だべと言って本当にしなかった。試に別の男が御神酒を持って行って供えることになったが、再びその時も大黒様は口を利かれて、俺が飲んだも二つないから、其方《そっち》へ持って行って飲めと言われたという。物言い大黒といって、大変な評判だったそうな。

○物言い大黒

○仏の御姿

木食上人＝米穀を断ち、木の実を食べて修行する僧を木食上人と一般にいう。木彫仏を夥しく制作した木食僧としては木食行道が最も高名だが、他にも木食山居、木食白道などある。

一二七　綾織村では昔一人の旅僧がやって来て、物も食わず便所にも行かず、ただ一心に仏の御姿を彫刻していた。それがいかにも優れた木像だったので、村の人が頼みに行くといつの間にか去って行き方が知れなかったという話が伝わっている。あるいは※木食上人《もくじきしょうにん》などではなかったかと思う。

一二八　三、四十年も前のことであるが、小友村に 薄馬鹿の様に見える 風変りな中年の男がい

○神に近づく

た。掌に黒い仏像を載せて、めんのうめんのうと唱えては、人の吉凶と占ったという。

○尊像由来

一二九　上郷村大字佐比内《さびない》、赤沢の六神石神社の御本尊は、銅像にしてもと二体あった。昔から金の質が優れて良いという話であったが、一体はいつの間にか盗まれて無くなり、一体ばかり残っていた。その一体もある時盗み出した者があって、これを佐比内鉱山の鉱炉《かま》に入れて、七日七夜の間吹いたけれどもどうしても熔けないので、盗人も恐れ入って社に返して来たという。今もある御神体が即ちそれである。

○館のあるじ

一三〇　佐比内に太田館という丘がある。昔石田宗晴という殿様が住んでいたが、気仙から攻められて滅亡した。その時館の主は白毛の馬に乗ったまま、丘の下の丸井戸という沼に入って死に、その甲につけていた千手観音も、共に沈んでこの沼の底に在ると伝えられる。日露戦争の時、この殿様の後裔という太田初吉が出征することになり、神仏に無事を祈願したところが、巫女の言うにはこの丸井戸の中に、観音様と大黒天とが沈んでいる故、それを掘出してから出陣せよとのことであった。すなわち人々に助けられて沼跡を掘りかえしてみると、大黒天の方は見当らなかったが、観音様は見つけ出した。極めて小さな八分ばかりの御像であった。今の沢口の観音堂の御本尊がそれである。

金の鶏や漆万杯＝金の鶏や漆が万杯に地中に埋っているという長者伝説などにまつわる伝説。

○五つ葉のウツギ

一三一　金※の鶏や漆万杯の話がある館跡は幾つもある。土淵の一村だけでも、字角城の角城館、下栃内の八幡沢館などいずれも松の根を掘りに行って壺を見つけたとか、放れ馬の蹄に朱漆がついて帰って来たとかいう口碑がある。また字琴畑の奥の長者屋敷には、五つ葉のウツギがあって、その木の下には宝物が埋まっていると伝えている。字山口の梵字沢館にも、宝物を匿して埋めた処があるという。堺木の乙蔵爺が死ぬ前に、おればかりその事は知っている。誰か確かな者に教えておきたいと言っていたが、誰も教わりに行かぬうちに爺は死んでしまった。

○女長者

一三二　上郷村字佐比内の笹久保という処には、昔一人の女長者が住んで栄えたと伝えられる。その笹久保の前の稲荷淵のほとりに、かると石という大石が今でもあるが、これはその女長者の家の唐臼の上につけた重《おも》し石であったという。

○宝くらべ

○富の命数

苅敷＝田植の際、灌木草木を刈り田面に敷いて、踏みこみ肥料とする。

一三三　昔上郷村大字板沢の太子田《たいしだ》に、仁左衛門長者という長者があった。それから佐比内には羽場《はば》の藤兵衛という長者があった。ある時この羽場の藤兵衛が、おれは米俵を横田の町まで並べて見せるというと、仁左衛門はそんだらおれは小判を町まで並べて見せようといったという。これほど豪勢な仁左衛門長者ではあったが、やはり命数があって一夜のうちに没落してしまった。ある年の春のことであった。※苅敷《かっちき》を刈らせに多くの若い者を、吾が持山へ馬を曳かせて出したが、先立ちの馬が五、六町も離れた切懸長根まで行っているのに、まだあとの馬は厩から出あげなかったという話である。ところが山に登ってまだ苅敷を採り切らぬうちに、にわかに大雨が降って来たので、若者共は空馬《からうま》で帰って来た。仁左衛門長者はこれを見て、おれの家では昔から山《やま》降《お》り前に家に帰って来た例《ためし》が無い。おれの代にそんな事をさせては名折れだといって、大きに叱って大雨の中を引返させた。しかし若者だちは山には行かれぬので、大平《おおでえら》の河原に馬を繋《つな》いでおいて、その夜は近所の家に入って泊った。ところが次の朝起きて河原を見ると、一晩の大水の為に有る限りの馬が、一頭も残さず流されていた。これが仁左衛門長者の滅亡であったという。

一三四　土淵村の大楢という処に、昔は林吉という金持が栄えていたそうなが、今はその家の跡

○白い犬

も無い。この家には一疋の白い犬を飼っていたのを、何か仔細があってその犬を殺し、皮を剝いで骸を野原に棄てさせた。するとその翌日家の者が起きて土間の地火炉に火を焚《た》こうとして見ると、昨日の犬が赤くなって来てあたたまっていた。驚いて再び殺し棄てたが、その事があって間も無く、続けさまに馬が七頭も死んだり、大水が出て流されたりして、家が衰えて終に滅びてしまった。豪家の没落には何かしら前兆のあるもののように考えられている。

○家の昔

一三五　青笹村大字中沢の新蔵という家の先祖に、美しい一人の娘があった。ふと神隠しにあって三年ばかり行方が知れなかった。家出の日を命日にして仏供養《ほとけくよう》などを営んでいると、ある日ひょっくりと家に還って来た。人々寄り集まって今までどこにいたかと訊くと、私は六角牛山の主《ぬし》のところに嫁に行っていた。あまりに家が恋しいので、夫にそう言って帰って来たが、またやがて戻って行かねばならぬ。私は夫から何事でも思うままになる宝物を貰っているから、今にこの家を富貴にしてやろうと言った。そうしてその家はそれから非常に裕福になったという。その女がどういう風にして再び山へ帰って往ったかは、この話をした人もよくは聴いていなかったようである。

○背負って行け

一三六　遠野の豪家村兵の家の先祖は貧しい人であった。ある時愛宕山下の鍋ヶ坂という処を通りかかると藪の中から、背負って行け、背負って行けと呼ぶ声がするので、立ち寄って見ると、一体の仏像であったから、背負って来てこれを愛宕山の上に祀った。それからこの家はめきめきと富貴になったと言い伝えている。

○ウブメ

一三七　遠野の町の某、ある夜寺ばかりある町の墓地の中を通っていると、向うから不思議な女

○幽霊金

○大昔

その当時はまだ遠野郷は一円に……→補注52

が一人あるいて来る。よく見ると同じ町でつい先頃死んだ者であった。驚いて立留っている処へつかつかと近づいて来て、これを持って行けと言うてきたない小袋を一つ手渡した。手に取って見るに何か小《こ》重《おも》たい物であった。怖ろしいから急いで遁《に》げ還《かえ》り家に来て袋を開けて見ると、中には銀貨銅貨を取交ぜて、多量の金が入っていた。その金は幾ら使っても無くならず、今までの貧乏人が急に裕福になったという噂である。これはつい近い頃の話であったが、俗に幽霊金といって昔からまま有ることである。一文でもいいから袋の中に残しておくと、一夜の中にまた元の通りに一杯になっているものだといわれている。

一三八　遠野の町に宮という家がある。土地で最も古い家だと伝えられている。この家の元祖は今の気仙口を越えて、鮭《さけ》に乗って入って来たそうだが、※その当時はまだ遠野郷は一円に広い湖水であったという。その鮭に乗って来た人は、今の物見山の岡続き、鶯崎という山端《やまばた》に住んでいたと聴いている。その頃はこの鶯崎に二戸愛宕山に一戸、その他若干の穴居の人がいたばかりであったともいっている。この宮氏の元祖という人はある日山に猟に行ったところが、鹿の毛皮を著ているのを見て、大鷲がその襟首をつかんで、攫《さら》って空高く飛揚がり、はるか南の国のとある川岸の大木の枝に羽を休めた。そのすきに短刀をもって鷲を刺し殺し、鷲もろ共に岩の上に落ちたが、そこは絶壁であってどうすることも出来ないので、下著の級布《まだぬの》を脱いで細く引裂き、これに鷲の羽を綯《な》い合せて一筋の綱を作り、それに伝わって水際まで下《お》りて行った。ところが流れが激しくて何としても渡ることが出来ずにいると、折よく一群の鮭が上って来たので、その鮭の背に乗って川を渡り、ようやく家に帰ることが出来たと伝えられる。

○鮭の皮

一三九　宮の家が鶯崎に住んでいた頃、愛宕山には今の倉堀家の先祖が住んでいた。ある日倉堀の方の者が御器《ごき》洗場《あらいば》に出ていると、鮭の皮が流れて来た。これは鶯崎に何か変事があるに相違ないと言って、さっそく船を仕立てて出かけてその危難を救った。そんな事からこの宮家では、後後永く鮭の魚は決して食わなかった。

○鮭の話いろいろ

一四〇　遠野の裏町に、こうあん様という医者があって、美しい一人の娘を持っていた。その娘はある日の夕方、家の軒に出て表通りを眺めていたが、そのまま神隠しになってついに行方が知れなかった。それから数年の後のことである。この家の勝手の流し前から、一尾の鮭が跳ね込んだことがあった。家ではこの魚を神隠しの娘の化身であろうといって、それ以来一切鮭は食わぬことにしている。今から七十年ばかり前の出来事であった。

○家の宝

一四一　宮家には開《あ》けぬ箱というものがあった。開けると眼が潰れるという先祖以来の厳しい戒めがあったが、今の代の主人はおれは眼がつぶれてもよいからと言って、三重になっている箱を段々に開いて見た。そうすると中にはただ市松紋様のようなかたのある布片《きれ》が、一枚入っていただけであったそうな。

○宝器

一四二　金沢《かねさわ》村の佐々木松右衛門という家に、代々持ち伝えた月山の名剣がある。俗にこれをつきやま月山《がっさん》といっている。この家の主人ある時仙台に行き、宿銭不足した故にこの刀を代りに置いて戻ったところ、後からその刀が赤い蛇になって還って来たと言い伝えている。

一四三　小友村の松田留之助という人の家の先祖は、葛西家《かさいけ》の浪人鈴木和泉という者で、当時きわめて富貴の家であった。ある時この家の主人、家重代の刀をさして、遠野町へ出ての帰りに、

○峠の休石

小友峠の休石に腰をかけて憩い、立ちしまにその刀を忘れて戻って来た。それに気がついて下人を取りにやると、峠の休石の上には見るも怖ろしい大蛇が蟠《わだかま》っていて、近よることも出来ぬので空しく還り、そのよしを主人に告げた。それで主人が自身に行って見ると、蛇と見えたのは置き忘れた名刀であった。二代藤六行光の作であったという。

○蛇と剣

一四四　次には維新の頃の話であるが、遠野の藩士に大酒飲みで、酔うと処きらわずに寝てしまう某という者があった。ある時松崎村金沢《かなさ》に来て、猿ヶ石川の岸近くに例の如く酔い伏していたのを、所の者が悪戯をしようとして傍へ行くと、身のまわりに赤い蛇がいてそこら中を匍《は》いまわり、怖ろしくて近づくことが出来なかった。そのうちに侍が目を覚ますと、蛇はたちまちに刀となって腰に佩《は》かれて行ったという話。この刀もよほどの名刀であったということである。

○感応

一四五　遠野町の相住某という人は、ある時笛吹峠で夜路に迷って、夜半になるまで山中を迷い歩いたが、道に出ることが出来なかった。いよいよ最後だと思い、小高い岩の上に登って総領から始めて順次に我子の名を呼んで行った。そうして一番可愛がっていた末子の上に及んだ時のことであったろうというが、家で熟睡をしていたその子は、自分の軀の上へ父親が足の方から上がって来て、胸のあたりを両手で強く押つけて、自分の名を呼んだ様に思って、驚いて目が覚めた。その晩はもう胸騒ぎがして眠られないので、父親の身の上を案じて夜を明した。翌日父親は馬の鈴の音をたよりにようやく道に出ることが出来、人に救われて無事に家に帰って来た。そうして昨夜の出来事を互いに語り合ったが、父子の話は完く符節を合せる様であったから、※シルマシとはこのことであろうと人々は話し合ったという。

シルマシ＝予兆の意。

○烏啼き

一四六　烏啼きのシルマシも否《いや》と言われぬものだという。先年、佐々木君の上隣りにある某家でもこのことがあった。この家の親類の老婆が谷川の橋から墜ちて頓死した時、一羽の烏が死者のあった家の方角から、けたたましく鳴いて飛び来り、ばさりと障子に翼を打ちつけて去った。その家では皆の者が驚いて、何事も無ければよいがと話し合っているところへ、親類からこの老婆の死んだ報《し》らせが来たということである。

○凶事の前兆

一四七　蠟燭の火の芯《しん》に青い焰が無い時には、火災変事などが起るといわれている。先年遠野町の大火の時も、火元に近い某家の婦人が、その朝に限って神棚の御燈明に青い焰の見えないのを、不思議なこともあるものだと思っていたが、間もなく近所から出火してあの大事になった。

○年の豊凶

一四八　附馬牛村から伊勢参宮に立つ者があると、その年は凶作であるといい、これをはなはだ忌む。大正二年にもその事があったが、果して凶作であったという。また松崎村から正月の田植踊が出ると、餓死（凶作）があるといって嫌う。

○鮮やかな夢

一四九　遠野の某村の村長は青笹村の生れで、若い頃はその村の役場に書記を勤めていた人である。その頃春の清潔法執行の為に、巡査と共に各部落を廻っている時のことである。ある夜夢で村の誰かれが葦毛の馬の斃《たお》れたのを担いで来るのに出逢った。そうしてその翌日現実にも、葦毛の死馬を担いだ人々に行逢ったが、その場所やその時の模様までが、夢で見たのとそっくりであった。あまりの不思議さに今でも時々この夢を思い出すと、その人の直話である。

○夢占

一五〇　昔ある侍が物見山を腹の中へ呑込んだ夢を見た。気に懸かるので、大徳院で夢占を引いて来るように、下男に言いつけて出してやった。下男は途中で某という侍に出逢ったが、どこへ行くのかと訊かれて、その訳を話すとその侍は、それは大変だ。物見山を呑んだら腹が裂けようと言って笑った。大徳院では、この夢はもう誰かに判断されているので、当方では判らぬと言って、答えなかった。夢を見た侍は、その後どういう事情かで、切腹して死んだそうな。

○火の魂

一五一　次は遠野町役場に勤めている某の語った実話である。この人の伯父が大病で長い間寝ていた頃のことであるが、ある夜家の土間に行きかかると、馬舎の口から火の魂がふらふらと入って来て、土間の中を低くゆるやかに飛廻った。某は怪しんで、箒を以て彼方此方と追廻した後に、これを傍らにあり合わせた盥《たらい》の下に追い伏せた。しばらくすると外からにわかに人が来て、今伯父様が危篤だから直ぐ来てくれと言う。某はあわてて土間に降りたが、ふとこの火の魂のことに気がつき、伏せておいた盥を開けてから、出かけた。程近い伯父の家に行って見ると、病人は一時息を引取ったが、たった今生返ったのだというところであった。少し軀を動かし、薄目《うすめ》をあけて某の方を見ながら、俺が今こいつの家に行ったら、箒で俺を追廻した揚げ句に、とうとう頭から盥を冠せやがった。ああ苦しかったと言って、溜息をした。某は怖ろしさに座にいたたまれなかったという。

○子供の姿

一五二　遠野裏町のある家の子供が大病で死にきれた時のことだという。平常この子を可愛がっていた某という人が、ある日万福寺の墓地に行って墓の掃除をしていた。するとそこへその子供がよちよちとした足取りで遊びに来た。今頃来る筈は無いが、と不思議に思って、何でこんな時に墓場なんかへやって来たのだ。早く家へ行け、と言って帰した。しかし余り気掛りであったから寺の帰り途にその子の家を見舞うと、病人は先刻息を引取ったが、今ようやく生返ったところだと言って、皆の者が大騒ぎの最中であったという。

○戦場の幻

白服の兵隊＝→補注53

一五三　日露戦争の当時は、満洲の戦場では不思議なことばかりがあった。露西亜《ロシア》の俘虜の言葉に、日本兵のうち黒服を著ている者は射《う》てば倒れたが、※白服の兵隊はいくら射っても倒れなかったということを言っていたそうであるが、当時白服を著た日本兵などはおらぬ筈であると、土淵村の似田貝福松という人は語っていた。

○空中飛行

一五四　この似田貝という人が近衛連隊に入営していた時、同年兵に同じ土淵村から某仁太郎という者が来ていた。仁太郎は逆立ちが得意で夜昼凝っていたが、ある年の夏、六時の起床喇叭《ラッパ》が鳴ると起き出でさまに台木は疾《はし》って行き、例の如く逆立ちをしていた。そのうちにどうしたはずみかに台木から真逆さまに墜ちて気絶したまま、午後の三時頃まで前後不覚であった。後で本人の語るには、木の上で逆立ちをしていた時、妙な調子に逆転したという記憶だけはあるが、その後のことは分らない。ただ平常暇があったら故郷に還ってみたいと考えていたので、この転倒した瞬間にも郷里に帰ろうと思って、営内を大急ぎで馳出したが、気ばかり焦《あせ》って足が進まない。二歩三歩を一跳びにし、後には十歩二十歩を跳躍して疾《はし》っても、まだもどかしかったので、いっそ飛んで行こうと思い、地上五尺ばかりの高さを飛び翔って村に帰った。途中のことはよく憶えていないが、村の往来の上を飛んで行くと、ちょうど午上《ひるあが》りだったのであろうか、自分の妻と嫂とが家の前の小川で脛を出して足を洗っているのを見掛けた。家に飛び入って常居《じょうい》の炉の横座に坐ると、母が長煙管《ながぎせる》で煙草を喫いつつ笑顔を作って自分を見瞻っていた。だが、せっかく帰宅してみても、大した持てなしも無い。やはり兵営に還った方がよいと思いついて、また家を飛び出

オマク＝『拾遺』〈一六〇〉に説明あり。

○同時書状

し、東京の兵営に戻って、自分の班室に馳け込んだと思う時、薬剤の匂いが鼻を打って目が覚めた。見れば軍医や看護卒、あるいは同僚の者達が大勢で自分を取巻き、気がついたか、しっかりせよなどと言っているところであった。その後一週間程するうちに病気は本復したが、気絶している間に奥州の実家まで往復したことが気にかかってならない。あるいはこれがオマク※ということではないかと思い、その時の様子をこまごまと書いて家に送った。するとその手紙とは行き違いに家の方からも便りが来た。その日の午頃《ひるごろ》に妻や嫂が川戸で足を洗っていると、そこへ白い服を着た仁太郎が飛ぶ様にして還って来て家に馳け入った。また母は常居の炉で煙草を喫んでいるところへ、白服の仁太郎が馳け込んで横座に坐ったと思うとたちまち見えなくなった。こんなことのあるのは何か変事の起った為ではないかと案じてよこした手紙であったという。何でも日露戦争頃の事だそうである。

○仮死の間

一五五　先年佐々木君の友人の母が病気に罹《かか》った時、医師がモルヒネの量を誤って注射した為、十時間近い間仮死の状態でいた。午後の九時頃に息が絶えて、五体も冷たくなったが、翌日の明け方には呼吸を吹き返し、それが奇蹟の様であった。その間のことを自ら語って言うには、自分は体がひどくだるくて、歩く我慢もなかったが、向うに美しい処があるように思われたので、早くそこへ行き著《つ》きたいと思い、松並木の広い通を急いで歩いていた。すると後の方からお前達の呼ぶ声がするので、なんたら心無い人達だと思ったが、段々呼び声が近づいて、とうとう耳の側に来て呼ぶので仕方なしに戻って来た。引き返すのが大変嫌な気持がしたと。その人は今では達者になっている。

○距離の感覚

○門の彼方

一五六　佐々木君の友人某という人が、ある時大病で息を引取った時のことである。絵にある竜宮の様な門が見えるので、大急ぎで走って行くと、門番らしい人がいて、どうしてもその内に入れてくれない。するとそこへつい近所の某という女を乗せた車が、非常な勢いで疾《はし》って来て、門を通り抜けて行ってしまった。口惜しがって見ているところを、皆の者に呼び返されて蘇生した。後で聞くと、車に乗って通った女は、その時刻に死んだのであったという。

○美しい幻

一五七　俵田某という人は佐々木君の友人で、高等教育を受けた後、今は某校の教授をしている。この人は若い頃病気で発熱するたびにきまって美しい幻を見たそうである。高等学校に入学してから後も、そう言うことを経験し、記憶に残っているだけでも、全部では六、七回はあると言う。まず始めに大きな気体の様な物が、円い輪を描きつつ遠くから段々と静かに自分の方に進んで来る。そうしてそれが再び小さくなって行って終いに消える。すると今度は、言葉では何とも言い表わせぬほど綺麗な路がどこまでも遠く目の前に現われる。萱を編んだような物がその路に敷かれてあり、そこへ自分の十歳の時に亡くなった母が来て、二人が道連れになって行くうちに、美しい川の辺《ほとり》に出る。その川には輪形の橋が架かっているが、見たところそれは透明でもなく、また金や銀で出来ているのでもない。その輪の中を母はすうっと潜って、お前もそうして来いと言う様に、向うからしきりに手招ぎをするが、自分にはどうしても行くことが出来ない。そのうちに段々と本気に返って来るという。こうした経験の一番はじめは、この人が子供の時に鍋倉山の坂路を駈けくだる際、ひどく転んで気絶した時が最初だと言った。倒れたと思うと、絵にある竜宮のような綺麗な処が遠くに見えた。それを目がけて一生懸命に駈けて行くと、先に言っ

○渡れぬ橋

○三途の河

三途の河＝人が死んで七日目に渡る川。川中に緩急異なる三つの瀬があり、生前の業によって渡河に難易があるともいう。川辺には、脱衣翁と脱衣婆（しょうずか婆）の二鬼がいて、亡者から衣を奪う。

○覗く顔

○水子を憶う

たような橋の前に行き当り、死んだ母が向う側でしきりに手招ぎをしたが、後から家の人達に呼び戻されて気がついたのだと言う。同君が常に語った直話である。

一五八　死の国へ往く途には、川を渡るのだといわれている。これが世間でいう※三途《さんず》の河のことであるかどうかは分らぬが、一旦は死んだが、川に障《さ》えられて戻って来たという類の話が少なくなかったようである。土淵村の瀬川繁治という若者は、急に腹痛を起してまぐれることがしばしばあったが、十年程前にもそんな風になったことがあって、呼吸《いき》を吹き返した後に、ああ怖《おつか》なかった。おれは今松原街道を急いで歩いて行って、立派な橋の上を通り掛かったところが、唐鍬を持った小沼寅爺と駐在所の巡査とが二人でおれを遮って通さないので戻って来たと語ったそうである。この若者は今はすこぶる丈夫になっている。また佐々木君の曾祖父もある時にまぐれた。蘇生した後に語った話に、おれが今広い街道を歩いて行ったら大橋があって、その向うに高い石垣を築いた立派な寺が見えた。その石垣の石の隙間隙間から、大勢の子供達の顔が覗いていて、一斉におれの方を見たと。

一五九　これは佐々木君の友人某という人の妻が語った直話である。この人は初産の時に、産が重くて死にきれた。自分では大変心持がさっぱりとしていて、どこかへ急いで行かねばならぬ様な気がした。よく憶えていないが、どこかの道をさっさと歩いて行くと、自分は広い明るい座敷の中に入っていた。早く次の間に通ろうと思って、襖を開けにかかると、部屋の中には数え切れぬほど多数の幼児が自分を取巻いていて、行く手を塞いで通さない。しかし後に戻ろうとする時は、その児等もさっと両側に分れて路を開けてくれる。こんなことを幾度か繰り返しているうちに、誰かが遠くから自分を呼んでいる声が微かに聞えたので、いやいや後戻りをした。そうして気がついて見ると、自分は近所の人に抱きかかえられており、皆は大騒ぎの最中であった。この時に最初に感じたものは、母親が酢の中に燠《おき》を入れて自分に嗅がしていた烈しい匂いで、その後一月近くもの間、この匂いが鼻に沁み込んだままで痛かったという。産をする者には、この酢の匂いが一番効き目のあるものだそうで、それも造り酢でなければ効かぬといわれている。

○酢の匂い

一六〇 生者や死者の思いが凝って出て歩く姿が、幻になって人の目に見えるのをこの地方ではオマクといっている。佐々木君の幼少の頃、土淵村の光岸寺という寺が火災に遭った。字山口の慶次郎大工が頭梁となって、その新築工事を進めていた時のことである。ある日四、五十人の大工達が昼休みをしていると、そこへ十六、七の美しい娘が潜り戸を開けて入って来た。その姿は居合せた皆の目にはっきりと見えた。この時慶次郎は、今のは俺の隣の家の小松だが、傷寒で苦しんでいて、ここへ来る筈は無いが、それではとうとう死ぬのかと言った。はたしてこの娘はその翌日に死んだという。その場に居合わせて娘の姿を見た一人、古屋敷徳平という人の話である。

○一人だけでない

一六一 青笹村生れの農業技手で、菊池某という人が土淵村役場に勤めている。この人が先年の夏、盛岡の農事試験場に行っていた時のことだとかいった。ある日、あんまり暑かったので家のなかにいるのが大儀であったから、友達と二人北上川べりに出て、川端に腰を掛けて話をしていたが、ふと見ると川の流れの上に故郷の家の台所の有様がはっきりと現われ、そこに姉が子供を抱いている後姿がありありと写った。間もなくこのまぼろしは薄れて消えてしまったが、あまりの不思議さに驚いて、家に変事は無かったかと手紙を書いて出すと、その手紙と行き違いに電報

○記憶と幻影

が来て、姉の子が死んだという知らせがあった。

○見馴れぬ人

一六二 佐々木君の友人田尻正一郎という人が七、八歳の時、村の薬師神社の夜籠りの夜遅くなってから、父親といっしょに畑中の細道を家に帰って来ると、その途中、向うから一人の男が来るのに行き逢った。この男は向笠のシゲ草がすっかり取れて骨ばかりになったのを冠っていた。少し足を止めて道を避けようとすると、先方から畑の中に片足踏入れて体を斜めにして、道を譲って通した。行き過ぎてから父に、今の人は誰だろうと訊くと、誰も今通った者はないが、おれはまた何してお前が道に立止まりなどするのかと思っていたところだと、答えたという。

○黒いもの

一六三 先年土淵村の村内に葬式があった夜のことである。権蔵という男が村の者と四、五人連れで念仏に行く途中、急にあっと言って道から小川を飛び越えた。どうしたのかと皆が尋ねると、俺は今黒いものに突きのめされた。一体あれは誰だと言ったが、他の者の眼には何も見えなかったということである。

○耳の迷い

一六四 深山で小屋掛けをして泊っていると、小屋のすぐ傍の森の中などで、大木が切倒されるような物音の聞える場合がある。これをこの地方の人達は、十人が十人まで聞いて知っている。初めは斧の音がかきん、かきん、かきんと聞え、いい位の時分になると、わり、わり、わりと木が倒れる音がして、その端風《はかぜ》が人のいる処にふわりと感ぜられると言う。これを天狗ナメシともいって、翌朝行って見ても、倒された木などは一本も見当らない。またどどどん、どどどんと太鼓のような音が聞えて来ることもある。狸の太鼓だともいえば、別に天狗の太鼓の音とも言っている。そんな音がすると、二、三日後には必ず山が荒れるということである。

○見てならぬ姿

一六五　綾織村の十七歳になる少年、先頃お二子山に遊びに行って、不思議なものが木登りをするところを見たといい、このことを家に帰って人に語ったが、間もなく死亡したということであった。

風袋＝吹流しの先を裂け目なく閉じて袋にしたもの。

一六六　最近、宮守村の道者達が附馬牛口から、早池峯山をかけた時のことである。頂上の竜ケ馬場で、※風袋を背負った六、七人の大男が、山頂を南から北の方へ通り過ぎるのを見た。何でもむやみと大きな風袋と人の姿とであったそうな。同じ道者達がその戻り道で日が暮れて、道に踏み迷って困っていると、一つの光り物が一行の前方を飛んで道を照らし、その明りでカラノ坊という辺まで降りることが出来た。そのうちに月が上って路が明るくなると、その光り物はいつの間にか消えてしまったということである。

○行者怪を見る

一六七　十年程前に遠野の六日町であったかに、父と娘と二人で住んでいる者があった。父親の方が死ぬと、その葬式を出した日の晩から毎晩、死んだ父親が娘の処へ出て来て、いっしょにあべあべと言った。娘は怖ろしがって、親類の者や友達などに来て貰っていたが、それでも父が来て責めることは止まなかった。そうしてこれが元で、とうとう娘は病みついたので、夜になると町内の若者達が部屋の内で刀を振り廻して警戒をした。すると父親は二階裏の張板に取附いて、娘の方を睨《にら》むようにして見ていたが、こんなことが一月ほど続くうちに、しまいには来なくなったという。

○天井から睨む

○執念

一六八　土淵村字栃内の渋川の某という男は、傷寒か何かの病気で若死したが、その葬式の晩から妻のところへ毎晩たずねて来て、とてもお前を残したのでは行く処へ行けぬから一緒に連れに来たと言った。他の者の目には何も見えなかったが、その女房は毎夜十時頃になると、ほれあそこへ来た等と苦しみ悶えて、七日目にとうとう死んでしまったそうな。三十年近くも前の話である。

一六九　佐々木君の知人岩城某という人の祖母は、若い頃遠野の侍勘下氏に乳母奉公に上っていた。ある晩夜更けてから御子に乳を上げようと思って※エチコの傍へ行くと、年ごろ三十前後に見える美しい女が、エチコの中の子供をつげつげと見守っていた。驚いて隣室に寝ていた主人夫婦を呼び起したが、その時には女の姿は消えて見えなかったという。この家では二、三代前の主人が下婢に通じて子供を産ませたことがあったが、本妻の嫉妬がはげしくて、その女はとうとう毒殺されてしまった。女にはその前から夫があったが、この男までも奥方から憎まれて、女房の代りだからと言って無慈悲にこき使われたという。岩城君の祖母が見たのは、多分殺されたこの下婢が怨んで出て来た幽霊であろうと噂せられた。またある時などは、この人が雨戸を締めに行くと、戸袋の側に例の女が坐っていたこともあったそうである。

一七〇　※ノリコシという化け物は影法師の様なものだそうな。最初は見る人の目の前に小さな坊主頭になって現われるが、はっきりしないのでよく視ると、その度にめきめきと丈《たけ》がのびて、ついに見上げる迄に大きくなるのだそうである。だからノリコシが現われた時には、最初に頭の方から見始めて、段々に下へ見下《みおろ》して行けば消えてしまうものだといわれている。土淵村の権蔵という鍛冶屋が、師匠の所へ徒弟に行っていた頃、ある夜遅く余所《よそ》から帰って来ると、家の中では師匠の女房が燈を明るく灯して縫物をしている様子であった。それを障子の外で一人の男が隙見

○幽霊

エチコ＝嬰児籠のこと。イジコともいい、藁で平筒形に作り、梁から綱を下げて吊す。押して動かすことも出来る。

○戸袋の側

○見越入道

ノリコシ＝他地方には見られない妖怪だが、これに似た妖怪としては、阿波の高入道、長門の次弟高（シダイダカ）などがあり、いずれも見下してやると小さくなる。

をしている。誰であろうかと近寄って行くと、その男は段々に後退《あとずさ》りをして、雨打ち石のあたりまで退いた。そうして急に丈がするすると高くなり、とうとう屋根を乗り越して、蔭の方へ消え去ったという。

一七一　この権蔵は川狩りの巧者で、夏になると本職の鍛治には身が入らず、魚釣りに夢中であった。ある時山川へ岩魚《いわな》釣りに行き、※ハキゴに一杯釣って、山路を戻って来た。村の入口の塚のある辺まで来ると、草叢の中に小坊主が立っているので、誰であろうと思って見ると、するすると大きくなって雲を通す様に高い大入道となった。驚いて家に逃げ帰ったそうな。

一七二　遠野新町の紺屋の女房が、下組町の親戚へ病気見舞に行こうと思って、夜の九時頃に下横町の角まで行くと、そこに一丈余りもある大入道が立っていた。胆を潰して逃げ出すと、その大入道が後から袖叩きをして追いかけてきた。息も絶える様に走って、六日町の綾文という家の前まで来て、袖叩きの音が聞えないのに気がついたのでもう大丈夫であろうと思い、後を振返って見ると、この大入道は綾文の家の三階の屋根よりも高くなって、自分のすぐ後に立っていた。また根限《こん》りに走って、やっと親戚の家まで行き著いたが、その時あまり走ったので、この女房は脛が腫《は》れ上がって、死ぬ迄それが癒らなかったそうである。明治初年頃にあった話だという。

一七三　佐々木君の友人中館某君の家は、祖父の代まで遠野の殿様の一の家老で、今の御城の一番高い処に住んでいた。ある冬の夜、中館君の祖父が御本丸から帰宅すると、どこからどこまで寸分違わぬ姿をした二人の奥方が、玄関へ出迎えに立っていた。いくら見比べてもいずれが本当の奥方か見分けがつかなかったが、家来の者の機転で、そこへ大きな飼犬を連れて来ると、一人

○不気味な後退り

○話題の多い人

ハキゴ＝腰に下げる竹かごの一種。

○袖叩き

○二人女房型

の方の奥方は狼狽《ろうばい》して逃げ去ったそうな。

○猫の人話

○踊る猫

一七四　遠野の家中の是川右平という人の家で、冬のある晩に主人は子供を連れて櫓下の芝居を見に行き、夫人はただ一人炉傍で縫物をしながら留守をしていると、その側にいた虎猫が突然人声を出して、奥様お退屈でしょう。今旦那様たちが聴いてござる浄瑠璃を語って聴かせますべといって、声も朗らかにひとくさり語った。そうしてこの事を誰にも話すなと念を押して、主人の帰って来た時には、何くわぬ顔をしてネムカケ（居睡）をしていたという。成就院という寺の和尚は是川氏の碁友だちであった。ある時やって来て話をしているうちに、主人の側にネムカケをしている虎猫を見て、あやこの猫だ。先だっての月夜の晩に、おら方《ほう》の庭へ一疋の狐が来て、しきりに踊を踊りながら、どうしても虎子どのが来なければ踊にならぬと独り言をいっていた。そこへ赤い手拭を被《かぶ》って虎猫が一疋、出かけて来て二疋で踊った。しまいには今夜はどうも調子がなじまぬ。これで止めべといってどこへか行ったが、それが確かにこの虎猫であったと話した。その夜和尚が帰った後で、奥様は先夜の浄瑠璃の話を主人にしたそうである。そうしたらその翌朝、いつ迄も起きて来ぬので主人が不審に思って見ると、その奥様は咽笛《のどぶえ》を咬み切られて死んでいた。虎猫もまたその時から、出て行って帰って来なかったという。今から八十年余りも前の話である。

一七五　明治になってからも、町にはまたこんな事件があった。下組町の箱石某という家の娘が、他家に縁づいて子を産んで死んだので、可愛そうに思ってその子を連れて来て育てていた。ある晩いつものごとく祖父が抱いて寝たのが、朝起きて見ると、懐に見えず、あたりを見廻すと座敷

○猫騒動
○高あがり
○水の音
○河童の詫証文
○睡くなる

の隅に死んでいた。よくよく見ると家に飼っている虎猫に、喰い殺されていたのであった。これを警察へ連れて行って殺して貰おうとしたが、どこへ逃げたか行方知れずになった。後に愛宕山で見かけたという者もあったが、勿論二度とは姿を見せなかった。

一七六　青笹村の猫川の主は猫だそうな。洪水の時に、この川の水が高みへ打ち上がって、大変な害をすることがあるのは、元来猫は好んで高あがりをするものであるからだといわれている。

一七七　小槌川の明神淵であったかと思うが、その近所に毎晩大牛が出て、畑の麦を食ってならなかった。畠主が鉄砲を打ちかけ、打ちかけ追って行くと、その牛は淵の中にざんぶりと水音を立てて入ったまま、見えなくなったという。

一七八　橋野の沢檜川の川下には、五郎兵衛淵という深い淵があった。昔この淵の近くの大家の人が、馬を冷《ひや》しにそこへ行って、馬ばかりおいてちょっと家に帰っているうちに、淵の河童が馬を引込もうとして、自分の腰に手綱を結《ゆわ》えつけて引張った。馬はびっくりしてその河童を引きずったまま、厩に入り、河童は仕方が無いので馬槽《うまふね》の下に隠れていた。家の人がヤダ（飼料）をやろうとして馬槽をひっくりかえすと、中に河童がいて大にあやまった。これからは決してもうこんな悪戯をせぬから許してくなさいといって詫証文《わびしょうもん》を入れて淵へ還って往ったそうだ。その証文は今でもその大屋の家にあるという。

一七九　遠野の下組町の市平という親爺、ある時綾織村字砂子《いさご》沢《ざわ》の山に栗拾いに行って、一生懸命になって拾っているうちに、たまらなく睡くなったので背伸びをして見ると、栗の木の枝から大きな蛇が、下を睨めていたという。たまげて逃げて帰って来たそうである。

一八〇　数年前、栗橋村分《ぶん》の長根という部落でヒラクゾの某という若い娘が、畑の草を取っていながら、何事か嬉しそうに独言を言って笑っているので、一緒に行った者が気をつけて見ていると、何か柴のような物が娘の内股の辺で頭を突き上げて動いている。それは山かがしであったから、人を呼んで打ち殺したという。

○先祖の霊

一八一　家のあたりに出る蛇は殺してはならぬ。それはその家の先祖の人だからという。先年土淵村林崎の柳田某という人、自分の家の川戸《かど》にいた山かがしを殺したところ、祟られて子供と自分がひどく病んだ。巫女《いたこ》に聞いて貰うとおれはお前の家の祖父だ。家に何事も無ければよいがと思って、案じて家の方を眺めているところをお前に殺されたといった。詫びをしてやっと宥《ゆる》して貰った。また佐々木君の近所のある家でも、川戸で蛇を殺してから病気になった。物に訊くとおれはお前の家の母親だが云々といった。こういう実例はまだ幾らでもある。

○ノヅチ

一八二　上郷村佐比内河原の鈴木某という男が、片沢という所へ朝草刈りに行った。刈り終って家に帰って、馬に草をやろうとして見ると、刈草の中に胴ばかりの蛇がうごめいていた。次の朝もまた片沢へ行くと、馬沓程もある胴の無い蛇の頭が眼を皿の様にして睨んでいた。これはきっと昨日の蛇と同じ蛇だろうと思い、おおいに畏れて、以後この沢には決して入らぬし、祠も建てて祀るから、どうか祟らないでけろと言って帰った。それで祟りもなかったが、何代か後の喜代人という者がこの言い伝えを馬鹿にして片沢へ草刈りに入ったところが、頭ばかりの蛇が草の間に藁打槌の様になっていた。それを見て帰ると、病みついて死んだと伝えられており、今もこの片沢には草刈りに入らない。

○蜘蛛の巣

一八三　土淵村字栃内琴畑の者が、川魚釣りに行って小《こ》鳥瀬《がらせ》川《がわ》の奥の淵で釣糸を垂れていると、時々蜘蛛《くも》の巣が顔にかかるので、そのつど顔から取って傍らの切株に掛けておいた。その日はいつもに無く、よく岩魚がついたが、もう日暮れ時になったので、惜しいけれども帰ろうと思っている折柄、突然傍らにあったこの根株が根こそげ、ばいらと淵の中に落ち込んだので、吃驚《びっくり》した。家に帰ってからハキゴの中を見ると、今まで魚と思っていたのは皆柳の葉であったそうな。

○木の根株

一八四　佐々木君の隣家の三五助爺、オマダの沼という処へ行って釣りをしていると、これも青い小蜘蛛が時々出て来ては顔に巣をかけてうるさかったから、その糸を傍の木の根に掛けておいた。すると突然、その根株が倒れて沼に落ち込んだという。また小友村四十八滝のうちの一の淵でも、土淵村の人が釣りに行っていたら、同じような蜘蛛の糸の怪があったそうである。よく聞く話であるが、村の人達はこうしたことをも堅く信じている。

○旗屋の縫

一八五　旗屋の縫が早池峯山へ狩りに行って泊っていると、大きな青入道が来て、縫に智慧較べをすべえといった。縫は度胸の据った男であったから、よかろうと答えて、まずその青入道に、いくらでもお前が小さくなるによいだけ、小さくなって見ろと言った。すると青入道は見ている間に小さくなったから、縫はそれを腰の火打箱に入れておいた。翌朝になって火打箱を開けて見たら、小さな青蜘蛛が中に入っていたそうな。

○挙動不審

一八六　これは宮古の在の話であるが、山の中に五軒ほどある部落に婚礼のある晩、大屋の旦那が宮古へ行って、まだ帰って来ぬ為に式を挙げることが出来ず、迎えに迎えを出して夜の更ける迄待ちあぐんでいたところ、不意に家に飼っている二疋の犬が吠え立てたと思うと、戸を蹴破る

○貉堂

○抹香くさい化け方

檀特山＝北インドのガンダーラにある山。須達拏（シュタム）太子が布施の行を

様にしてその大屋の旦那様が入って来た。すぐと膳部を配り盃を廻し始めると、旦那はまるで何かの様に大急ぎで御馳走を乱し食うて、おれはこうしてはいられない。明日はまた宮古に山林の取引があるから、これから行くと言って立ちかけた。まだ式も済まぬ前といい、いかにも先刻からの様子が変だと思っていた人々は、互いに目くばせをしてそんだらばと、表へ送り出すや否や犬をけしかけた。すると旦那は驚いて床下に逃げ込む。それやというので若者たちは床板をへがし、近所の犬も連れて来てせがすと、とうとう犬どもに咬み殺されて引きずり出された。見れば大きな狸であった。その騒ぎのうちに本物の大屋の旦那様も還って来て、めでたく婚礼は済んだという。今から二十年程前の話である。

一八七　上郷村字板沢の曹源寺の後の山に、貉堂《むじなどう》という御堂があった。昔この寺が荒れて住持も無かった頃、一人の旅僧が村に来て、この近くの清水市助という家に泊った。そこへ村の人が話を聴きに集まって、色々の物語をするついでに、村の空寺に化物が出るので、住職もいついてくれず困っているという話をすると、それなら拙僧が往って見ようと、次の日の晩に寺に行くと、誰もおらぬといったのに寺男のような身なりの者が一人寝ていた。変に思ってその夜は引返し、翌晩また往って見たがやはり同じ男が寝ている。こやつこそ化物と、くわっと大きな眼を開いて睨めつけると、寺男も起直って見破られたからは致し方が無い。何を隠そう私はこの寺に久しく住み、七代の住僧を食い殺した貉だと言った。それから釈迦如来の※檀特山の説法の有様を現じて見せたとか、寺のまわりを一面の湖水にして見せたとかいう話もあり、結局本堂の屋根の上から、九つに切れて落ちて来て、それ以来寺には何事も無く、今日まで続いて栄えているという話にな

修した山だが、俗に釈尊入山修行の地という。
○近い昔
○鎮座由来
○型の踏襲

っている。山号を滴水山というのも、その谿の変化《へんげ》と関係があるとの様に語り伝えている。

一八八　安政の頃というが、遠野の裏町に木下鵬石という医師があった。ある夜家族の者と大地震の話をしていると、更《ふ》けてから一人の男が来て、自分は遊田《ゆだ》家の使いの者だが、急病人が出来たから来て戴きたいと言うので、さっそくその病人を見舞って、薬をおいて帰ろうとすると、その家の老人から、これは今晩の謝儀だと言って一封の金を手渡された。翌朝鵬石が再び遊田家の病人を訪ねると、同家では意外の顔をして、そんな覚えはないと言い、病気の筈の人も達者であった。不思議に思って家に帰り昨夜の金包みを解いてみると、中からは一朱金二枚が現われた。その病人は恐らく懸《かけ》ノ稲荷様であったろうと、人々は評判したそうである。

一八九　上郷村佐比内の佐々木某という家の婆様の話である。以前遠野の一日市の甚右衛門という人が、この村の上にある鉱山の奉行をしていた頃、ちょうど家の後の山の洞で、天気のよい日であったにもかかわらず、にわかに天尊様が暗くなって、一足もあるけなくなってしまった。そこで甚右衛門は土に跪《ひざまず》き眼をつぶって、これはきっと馬木ノ内《つ》の稲荷様の仕業《しわざ》であろう。どうぞ明るくして下さい。明るくして下されたら御位を取って祀りますと言って眼を開いて見ると、元の晴天の青空になっていた。それで約束通り位を取って祭ったのが、今の馬木ノ内の稲荷社であったという。

一九〇　昔土淵村田尻の厚楽《あつらく》という家で、主人が死んで後毎晩のように、女房の寝室の窓の外に死んだ夫が来て、お前を残しておいてはとても成仏が出来ぬから、おれと一緒にあべと言った。家族は怪しく思ってそっと家の裏にまわってみると、大きな狐が来てひたりと窓に身をすりつけていた。それを後から近よって不意に斧を以て叩き殺したら、それからはもう亡者は来なかったという。

○狐と幽霊

一九一　附馬牛村字張山《はるやま》の某という家では、娘が死んでから毎夜座敷に来てならなかった。初めは影の様なものが障子《しょうじ》に映ると、座敷に寝ている人々は一斉にうなされる。それが毎晩続くので多分狐の仕業であろうということになり、村の若い者が来て張番をしていたが、やはり淋しくてその時刻になると、皆堪《たま》らなくなって逃げ帰った。隣に住んでいる兄があまりに不思議でもあるし、また真実死んだ妹の幽霊なら逢っても見たいと思って、ある夜物陰に忍んで様子を窺うていると、はたして奥座敷の床の間つきの障子に、さっと影が映った。そら来たと思ってよく見ると、これも一疋の大狐が障子にくっついて内の様子を見ているのであった。そこに有った藁打槌を手に持ち、縁の下を匍《は》って行っていきなりその狐の背を撲ちのめすと、殺す気であったが狐は逃げ出した。それでもよほど痛かったと見えて、びっこを引き、歩みもよほど遅かった。追いかけてみたが後の山に入って見えなくなり、それに夜だからあきらめて帰って来た。その後幽霊は来ずまたこの男にも何の祟りも無かったそうである。

○石を降らす

一九二　遠野六日市の鍛冶職松本三右衛門という人の家に夜になるとどこからとも無くがらがらと石が降って来る。それが評判になって町中の者は見物にやって来たが、見物人のいるうちは何の変った事も無くて、帰ってしまうとまた降った。毎朝石を表に出して、昨夜もこんなに降りましたと見せる程であった。ちょうどその頃に、元町の小笠原という家の赤犬が、御城下で一匹の非常に大きな狐を捕った。尻尾が二本に岐《わか》れていずれも半分以上も白くなっている古狐であった。この狐が捕られてから、松本の家に石の降ることは止んだという。それで今でも遠野ではこの家のことを石こ鍛冶と呼んでいる。

一九三　遠野の城山の下の多賀神社の狐が、※市日などには魚を買って帰る人を騙《だま》して、持っている魚をよく取った。いつも騙される綾織村の某、ある時塩を片手につかんでここを通ると、家に留守をしている筈の婆様が、あんまり遅いから迎えに来た。どれ魚をよこしもせ。おら持って行くからと手を出した。その手をぐっと引いて有無を言わせず、口に塩をへし込んで帰って来た。その次にそこを通ると、山の上で狐が塩へしり、塩へしりといったそうである。

一九四　遠野の六日町の外川某の祖父は、号を仕候といって画をよく描く老人であった。毎朝散歩をするのが好きであったが、ある日早くこの多賀神社の前を通ると、大きな下駄が路に落ちていた。老人はここに悪い狐がいることを知っているので、すぐにはあと思った。そうしてそんなめぐせえ下駄なんかはいらぬが、これが大きな筆だったらなあといったら、たちまちその下駄が見事な筆になったそうである。老人はああ立派だ。こんな筆で画をかいたらなあといって、さっさとそこを去ったという。またある朝も同じ人がここを通ると、社の前の老松が大きな立派な筆になっていたという。近年までもその松はあった。この神社の鳥居脇には一本の五葉の松の古木があったが、これも時々美しい御姫様に化けるという話があった。

一九五　遠野の六日町に宇助河童《かっぱ》という男がいた。川仕事が人並はずれて達者な所から、河童という綽名をつけられたのである。ある夏の夜、愛宕下の夜釣りに行くと大漁であった。暑気が烈しいからせっかく取った魚を腐らせてはならぬと思って、傍に焚火をして魚を炙《あぶ》りながら糸を垂

市日などには…＝狐は、遠野の町に入る四方の道にまちぶせしていて、市の日などに往還する人々をたぶらかすと今日でもいわれている。遠野郷の中にあって、遠野の町が物資の集積・交換の地であることの格別な位置がこのような話の背景にもあらわれている。

○塩へしり塩へしり

○朝から化ける

狐の嫁取り＝狐火が点々と並び、あたかも嫁入りの行列のように思われるさまを狐の嫁入り、嫁取りなどという。『拾遺』〈一九六〉では、実際に狐が嫁取りの式を行なう幻覚までが描かれている。

○一枚うわ手

○狐の嫁取り

○赤い前垂白い手拭

れていた。すると不意に川の中に、蛇目傘をさしたいい女が現われた。宇助はこれを見てあざ笑って、何が狐のやつ、お前等ごときに騙されるもんかと言って石を投げつけると、女の姿は消え失せる。それから間も無く川原に男が現われて、叢でさくさくと草刈りを始める。またかと言って宇助が石を投げると、これもそのまま消えてしまった。ああいい気味だと独《ひとり》で笑っていると、はるか川向うの角鼻《かどはな》という処の下がぼうと明るくなって、あまたの提灯がぞろりと並んで往ったり来たりした。あれや、今度はあんな方へ行って、あんな馬鹿真似をしている。だが珍らしいものだ、あれこそ狐※の嫁取りというものだろうと感心して見ていたが、ふと気がついてああそうだと焚火の魚を見ると、はや皆取られてしまって一つも無かった。おれもとうとう三度目に騙されたと、その後よく人に語ったそうである。

一九六　遠野の大慈寺の縁の下には狐が巣をくっていた。綾織村の敬右衛門という人が、ある時酒肴を台の上に載せてそこを通ったところが、ちょうど狐どもが嫁取りをしていた。あまりの面白さに立って見ていたが、やがて式も終ったので、さあ行こうとして見たら、もう台の肴は無くなっていたそうな。

一九七　佐々木君の友人の一人が遠野の中学校の生徒の時、春の日の午後に町へ出て牛肉を買い、竹の皮包みを下げて鍋倉山の麓、中学校の裏手の細道に来かかると、路傍に可愛い一疋の小兎がぴょんぴょんと跳ねていた。不思議に思って立止まって見ると、しきりに自分の下げている包みへ手を伸ばすので、まずその包みをしかと懐へ入れてから兎を見ていた。すると兎はやがて後足で立上がり、またいつの間にか小娘のする赤い前垂をしめ、白い手拭をかぶって踊を踊っている。それがあたりの樹の枝の上に乗っているように見えたり、またそうかと思うとすぐ眼の前にいる様に見えたりしたそうある。そうしてしまいには猫のようになって、だんだんと遠くに行って姿が消えてしまった。これも狐であったろうと言っている。

○つままれた証拠

一九八　昔小友村に狼という綽名の人があった。駄賃附けが渡世であるいていたが、ある日同村団子石の篝松という処まで来ると、向うから士が一人来て、引掛け馬をしてあるくのはけしからぬ。手討ちにしなければならぬと威張るので、平身低頭してあやまっていたが、そのうちにどうかして居睡りをしてしまった。ふっと気がついて見ると団子石の上から一匹の狐が馬の荷へ上って行くところであったから、ひどくごせを焼いてどなりつけてぼったくった。そして魚は一尾も取られなかったそうである。

○狐媚

一九九　これはつい一両年前の話。土淵村の長左衛門という者が、琴畑川に釣りに行っていると、川ばたの路を見知越しの女が一人通る。それは琴畑から下村の方に、嫁に行っている女であった。言葉をかけると笑うから、つい好い気になって女のもとに手を出したが、女はえせほほと笑ってはちょいと遁《に》げ、えせほほと笑ってはちょいと退いた。そうして山の中を三日三夜、その女の跡を追うてあるいたという。村でも高山のサズミ山という処の頂上に出て、眼の下に村屋を眺めた時に始めて気がついた。するとその女もだんだんと狐になって、向うの萱山の方へ走って行った。それからぐたぐたに疲れきって、家に帰ってしばらく病んだと本人は言っている。

二〇〇　これは浜の方の話であるが、大槌町の字安堵《あんど》という部落の若者が、夜分用事があって町へ行くと、大槌川の橋の袂に婆様が一人立っていて、誠に申しかねるが私の娘が病気をしている

○情話仕立て

ので御願いする。町の薬屋で何々という薬を買って来て下されと言った。多分どこかこの辺にいる乞食でもあろうと思って、見かけたことの無い婆様だが、嫌な顔もせずに承知してやった。そうして薬を買い求めてこの橋のところ迄来ると婆様は出て待っていて非常に悦び、私の家はついこの近くだから、是非寄って行ってくれという。若者もどういう住居をしているものか、見たいようにも思ってついて行くと、岩と岩との間に入って行って、中にはかなり広い室があり、なかなか小綺麗にして畳なども敷いてあり、諸道具も貧しいながら一通りは揃っていた。病んでいるという娘は片隅に寝ていたが、若者が入って行くと静かに起きて来て挨拶をした。その様子が何とも言われぬほどなよなよとして、色は青いが眼の涼しい、美しい小柄な女であった。その晩は色々もてなされて楽しく遊んで帰って来たが、それからはどうしてもその娘のことが忘れられぬ様になって、毎夜そこへ通うていたが、情が深くなると共に若者は半病人の如くになってしまった。朋輩がそれに気がついて色々尋ねるので、実は乞食の娘とねんごろになったことを話すと、そんだらどんな女だか見届けた上で、何とでもしてやるから おれをそこへ連れて行け というので、若者も是非なくその友だちを二、三人、岩穴へ連れて行った。親子の者はさも困ったような風ではあったが、それでも茶や菓子を出してもてなした。一人の友だちはどうもこの家の様子が変なので、ひそかにその菓子を懐に入れて持って来て見たが、それはやはり本当の菓子であったという。ところがその次とかの晩に行って見ると、娘は若者に向って身素性を明かした。私たちは実は人間では無い。今まで明神様の境内に住んでいた狐だが、父親が先年人に殺されてから、親子二人だけでこんな暮しをしている。これを聴いたら定めてお前さんもあきれて愛想をつかすであろうと言って泣いた。しかし男はもうその時にはたとえ女が人間で無かろうとも、思い切ることは出来ない程になっていたのだが、女の言うには私もこうしていると体は悪くなるばかりだし、お前さんも今に嫌な思いをすることがきっとたびたびあろうから、かえって今のうちに別れた方がよいと言って、無理に若者を室から押出したという。それから後も忘れることが何としても出来ぬので、何べんと無く岩のある処へいって見るけれども、もうその岩屋の入口がわからなくなってしまった。それであの娘も死んだであろうと言って、若者が歎いているということである。この話をした人はこれをつい近年あった事のようにいった。その男は毎度遠野の方へも来る兵隊上がりの者だといっていた。

二〇一　小友村鮎貝の某という者、ある日遠野の町へ出る途中で、見知らぬ旅人と道連れになった。その旅人はそちこちの家を指ざして、この家にはどういう病人があるとか、あの家にはこんな事があるとか色々の事を言うのが、皆自分の兼ねて知っていることによく合っているので、某は心ひそかに驚いて、おまえ様はこの路は始めてだというのに、どうしてそんな事までわかりますかと聞くと、なに訳は無い。おれはこういう物を持っているからと言って、ごく※小さな白い狐を袂から取出して見せた。そうしてこれさえあれば誰でも俺の様に何事でもわかるし、また思うことが何でもかなうというので、某は欲しくてたまらず、幾らかの金を出してその小狐の雌雄を買い取り、飼い方使い方をくわしく教えて貰ったという。それからこの人は恐ろしくよく当る八卦置きになった。始めのうちは隣近所に行って、今日はこっちのトト(父)は浜からこれこれの魚を持って来る。浜での価はいくらだから、持って来て幾らに売れば儲かるという様なことを言っ

○話の現実性

○飯綱

小さな白い狐＝ここにいう小さな白い狐とは、一般の狐とは異なり、飯綱（イヅナ）のことである。イヅナは小さな鼠ほどの狐の名であるといわれ、それは東北地方ではやまねのことを指すのだともいう。↓補注54

ていたが、それが適中するので追々に信用する人が多く、自分もまたたちまちの中に村で指折られる金持になった。しかしどうしたものか何年かの後には、その八卦が次第に当らなくなり、家もいつの間にか元通りの貧乏になって、末にはどこかの往来でのたれ死にをしたということである。飯綱《いづな》は皆こういうもので、その術には年限の様なものがあって、死ぬ時にはやはり元の有様に戻ってしまうものだと伝えられている。これと似寄りの話はまだこの他にも方々にある。

○新らしい運搬

二〇二　この飯綱使いはどこでも近年になって入って来た者の様にいっている。土淵村でも某という者が、やはり旅人から飯綱の種狐を貰い受けた。そして表面は法華の行者となって、術を行うと不思議なほど当った。その評判が海岸地方まで通って、ある年大漁の祈禱に頼まれて行った。浜の浪打際に舞台をからくり、その上に登って三日三夜の祈禱をしたところが、魚がさっぱり寄って来ない。気の荒い浜の衆は何だこの遠野の山師行者といって、彼を引担いで海へ投げ込んだが、ようやくのことに波に打上げられて、岸へ登って夜に紛れてそっと帰って来た。それから某は腹が立ち、またもう飯綱がいやになって、その種狐をことごとく懐中に入れ、白の饅頭笠を被って、家の後の小烏瀬川の深みに行き、だんだんと体を水の中に沈めた。小狐共は苦しがって、皆懐から出て、笠の上に登ってしまう。その時静かに笠の紐を解くと、狐は笠と共に自然に川下へ流れてしまった。飯綱を離すにはこうするより外に、術は無いものと伝えられている。

○念入りな考案

二〇三　遠野の元町の和田という家に、勇吉という下男が上郷村から来ていた。ある日生家に還ろうとして、町はずれの鶯崎にさしかかると、土橋の上に一疋の狐がいて、夢中になって川を覗き込んでいる。忍び足をして静かにその傍へ近づき、不意にわっと言って驚かしたら、狐は高く

○誑される一歩手前

○馬の糞

○新聞種になる要素

跳ね上がり、川の中に飛びこんで遁《に》げて行った。勇吉は独笑いをしながらあるいていると、にわかに日が暮れて路が真闇《まつくら》になる。これは不思議だ、まだ日の暮れるには早過ぎる。これは気をつけなくては飛んだ目に遭うものだと思って、路傍の草の上に腰をおろして休んでいた。そうするとそこへ人が通りかかって、お前は何をしている。狐に誑《たぶらか》されているのでは無いか。さあ俺と一緒にあべと言う。ほんとにと思ってその人についてあるいていると、何だか体中が妙につめたい。と思って見るといつの間にか、自分は川の中に入ってびしょ濡《ぬ》れに濡れておりおまけに懐には馬の糞が入れてあって、同行の人はもういなかったという。

二〇四　これは大正十年十一月十三日の岩手毎日新聞に出ていた話である。小国のさきの和井内《わいない》という部落の奥に、鉱泉の涌く処があって、石館忠吉という六十七歳の老人が湯守《ゆもり》をしていた。去る七日の夜の事と書いてある。夜中に戸を叩く者があるので起き出て見ると、大の男が六人手に手に猟銃を持ち、筒口を忠吉に向けて三百円出せ、出さぬと命を取るぞと脅かすので、驚いて持合せの三十五円六十八銭入りの財布を差出したが、こればかりでは分らぬ。是非とも三百円、無いというなら打殺すと言って、六人の男が今や引金を引こうとするので、夢中で人殺しと叫びつつ和井内の部落まで、こけつまろびつ走って来た。村の人たちはそれは大変だと、駐在巡査も消防手も、青年団員も一つになって、多人数でかけつけて見ると、すでに六人の強盗はいなかったが、不思議なことには先刻爺が渡した筈の財布が、床の上にそのまま落ちている。これはおかしいと小屋の中を見まわすと、貯えてあった魚類や飯が散々に食い散らされ、そこら一面に狐の足跡だらけであった。一同さては忠吉爺は化《ば》かされたのだと、大笑いになって引取ったとある。この老人は四、五日前に、近所の狐穴を生松葉でいぶして、一頭の狐を捕り、皮を売ったことがあるから、定めてその眷族が仕返しに来たものであろうと、村ではもっぱら話し合っていたと出ている。

○手出しをしたから化かされる

二〇五　遠野町上通しの菊池伊勢蔵という大工が土淵村の似田貝《にたかい》へ土蔵を建てに来ていて、棟上げの祝の日町へ帰って行く途中、八幡山を通る時に、酔っていたものだからこんなことを言った。昔からここには、りこうな狐がいるということだが、本当にいるなら鳴いて聴かせろざい。もしいるならこの魚をやるにと言って、祝の肴を振りまわした。するとすぐ路傍の林の中で、じゃぐえん、じゃぐえんと狐が三声鳴いた。伊勢蔵はああいたいた。だがこの肴はやらぬから、お前たちの腕で俺から取って見ろと言い棄てて通り過ぎた。その折同行していた政吉爺などは、そんな事をいうものじゃ無いと制したけれども、何、狐如きに騙されてやってたまるものか。これでも持って帰れば家内中で一かたき食べられるなどと、大言して止まなかった。それが今の八幡宮の鳥居近くまで来た時、ちょっと小用を足すから手を放してくれというので、朋輩たちももう里になったからよかろうと思って、今まで控えていた手を放すと、よろよろと路傍の畠に入って行ったまま、いつ迄経《た》っても出て来ない。何だ少しおかしいぞとそのあとから行って見ると、祝に著て来た袴羽織のままで、溜池の中へ突落されて半死半生になっていたという。これは同行者の政吉爺の直話である。

○政吉爺の話

二〇六　この政吉が小友村にいた若い時のことである。ある年の正月三日に小友の柴橋という家から、山室の自分のいた家まで、帰って来る途中で暗くなった。すると前に立って女が一人、背

○畜生の悲しさ

○塩鮭三本

中の子供をゆすぶりながら行く。その子供が時々泣く。日頃知っている女のようにも思ったが、それが子供をおぶいながら、こちらが幾ら急ぎ足であるいても、どうしても追いつけぬのでこれはおかしいと感じた。そのうちに自分もかけ出して追いつこうとすると、つと路を外《はず》して田圃路を、背中の子供を泣かせながら、一向平気であるいている。路の無いところをしかも雪の上なので、ははあこれはてっきりおこんだと思い当ったのであった。やがて自分の部落になり家に入って行こうとすると、もうその女がこちらより一足先きに自分の家へ入って行くのであった。家には多勢の若者が集まって、賑やかに遊んでいた。政吉はそこへ行きなり飛び込んで、おい今女が来なかったかときくと、皆して笑って狐にばかされて来たなと言った。そこで試みに障子を開けて外を見ると、はたして風呂場の前に一疋の狐が、憎らしくもちゃんと坐って家の方を見詰めている。よし来たと猟銃を取出して、玉をこめて火縄をつけると、どうしたものか火が消えて火薬に火が移らない。そこで考えてそっと友だちの一人を呼んで、その鉄砲を持たせてそこにいて狙っていてもらい、自分は今一挺の鉄砲を出して厩口の方へまわり、狐の横顔を目がけて一発で仕留めてしまった。大変に大きな狐であったという。その晩は御蔭でみんなと狐汁をして食ったという話。この爺にはまだ色々の狐の話があるが、小友で狐に騙されて塩鮭三本投げたという話など、たいてい他でもいう話と同じようであった。

二〇七　橋野村の某という者が、二人づれで初神《はじかみ》の山に入って、炭焼をしていたことがある。その一人は村に女を持っていて、炭竈でも始終その話をして自慢していた。ところがある晩その女が、縞の四幅の風呂敷に豆腐を包んで、訪ねて来て炭焼小屋に泊った。二人の男の真中に女は寝

○人面獣身

○朝日の光

た。夜中に馴染《なじみ》の男が眠ってしまってから、傍の男はそっと女の身に手を触れて見ると、びっくりする程の毛もそであった。しばらく様子をさげしんで（心を留めて）いたが、思い切って起き出し、鉈を持って来てその女を斬り殺した。女は殺されながら某あんこ、何しやんすと言って息絶えた。何の意趣あっておれの女を殺したと、勿論非常に一方の若者は憤って、すぐにも山を下って訴えて出るように言ったが、いやまず明日の昼まで待って見よ。この女は決して人間で無いからと言ったものの、いつ迄経っても女の姿でいる故に、ようやく不安になって気を揉んでいるうちに、夜があけて朝日の光がさして来た。それでもまだ人間の女でいるので、いよいよこれから訴えに行くというのを、もう少し少しと言って引留めていたが、はたしてだんだんと死んだ者の面相が変って来て、しまいに古狐の姿を現わしたそうである。今さらの如く両人の者も驚いて、共共里に下ってまず風呂敷の持主を尋ねて見ると、昨晩某という家に婚礼があって、土地の習として豆腐を持って行くことであったが、ある人の持って行った豆腐が風呂敷のまま紛失して、どうしたことかと思っていた。それがまさしく狐が山に持って行ったものであったという。今から五、六十年も前の出来事だといっている。

二〇八　つい近年の事である。小国村で二十二になる男と十八歳の若者と、二人づれで岩魚《いわな》を釣りに山に入った。その川の河内《かっち》には牛牧場の小屋があるから、そこに泊るつもりにしてゆるゆると魚を釣り、夕方にその小屋に著いて見ると、かねて知合いの監視人は里に下っていなかった。はあこの小屋には近頃性悪《しょうわる》の狐が出て、悪戯をして困るという話をしていたが、さては大将おっかなくて今夜も里に下ったなと、二人で笑いながら焚火をして、釣って来た魚を串に刺して焼きながら、その傍で食事をしていた。すると向うの方で可愛らしい猫の鳴声がする。狐が出るなどという時には、たとえ猫でも力になるべから呼んで見ろといって、呼ぶとだんだんと小屋に近づいて来て、しまいに小屋の入口から顔を出した。小さな可愛らしいぶち猫であった。招ぎ込んで魚などを食わせて背中を撫でてやると、咽をころころと鳴らしている。今夜はどこへも行くじゃないぞと、そこにあった縄を取って猫にワシコに掛けて小屋の木に繋いでおくと、食ってしまってから出て行こうとして、色々と身をもだえてあばれる。年上の方の男はこの恩知らずと言って、腰からはずしておいた鉈を取って、猫の肩先を切ったところが、縄まで一しょに切れて向うの藪に遁げ込んでしまった。一方の若い者が言うには、猫は半殺しにすると後で祟るものだというから、しっかり殺すべしと。そこで二人で出かけて竹鎗と鉈とで止めを刺して、それを縄で結んで小屋の口に釣るしておいて寝た。翌朝も起きてその猫を見て冗談などを言っていたのだが、そのうちに外から監視の男が入って来て、やあお前たちはこの狐を殺してくれたか。本当に悪い狐で、どんなにおれも迷惑をしたか知れないと言った。なに狐なものか、あれはとぺえっこな(小さな)ぶち猫だと言って、若い衆は小屋から出て見ると、それがいつの間にか大きな狐になっていたという。これは土淵村の鉄蔵という若者の聞いて来た話である。

○狐と猫

○猫の半殺し

二〇九　近所の鶴という男の女房は、まだ年の若い女である。先日山に行って自分の背よりも丈の高い萱の中を分けて行くと、不意に大熊に行逢った。熊も驚いて棒立ちになったが、たちまち押しかかって来た。何分人間の体よりもずっと大きな熊ではあり、他に仕方がないので、その場に倒れたまま身動きもせずにいると、熊は静かに傍へ寄って来て、手首や足首などを何度も握っ

○近頃の出来事

○獣の習性と話の型

て見る。それから乳房や腹まで次々と体のそこら中を探り、さらに呼吸をうかがっている。女は今にも引裂かれるかと思って生きた心持も無かったが、そのうちに熊は何と思ったか、女の体を抱いて沢の方へ投げつけた。それでもこの女は声を立てずにいると熊は始めて悠々と立ち去ったそうである。これは昭和三年の九月十五日に、つい二、三日前の事だと言って話していたのを聞いた。

二一〇　大正十五年の冬のことであるが、栗橋村字中村の和田幸次郎という三十二歳の男が、同じ村分の羽山麓へ狩りに行っていると、向うから三匹連れの大熊がのそのそとやって来た。見つけられては一大事だと思って、物蔭に隠れて見ていると、三匹のうちの大きい方の二匹は傍《わき》へ行ってしまったが、やや小さ目の一匹だけは、そこに残って餌でもあさっている様子であった。さっそくこれを鉄砲で射つと、当り所が悪かったのか、すぐに振返って立ち向って来た。二の弾丸《たま》をこめる隙もなかったので、飛びつかれたまま、地面にごろりと倒れて死んだ振りをすると、熊は方々を嗅いでいたが、何と思ったのか、この男の片足を取って、いきなりぶんと谷底の方へ投げ飛ばした。どれ程遠くへ投げ飛ばされたかは知らぬが、この男は投げられるとすぐに立ち直って二の弾丸を鉄砲にこめた。そうして悠々と向うへ立ち去る熊を、追い射ちに射ち倒した。胆は釜石へ百七十円に売ったということでこれは同年の十二月二十八日の岩手日報に、つい近頃の出来事として報導せられたものである。

二一一　これは田ノ浜福次郎という人の直話である。この人の若い頃、山の荒畦《あらく》畳《たた》みに行った。当時山に悪い熊がいたが、これを見かけしだいに人々が責めこざして、ますます性質が獰猛《どうもう》になっていた。ある日のこと、いきなりこの熊が小柴立ちの中から現われて襲いかかった。その勢いにひるんで、思わず大木の幹に攀じ登ると、熊も後から登って来た。いよいよ上の枝、上の枝と登って行けば、熊もまた迫って来る。とうとう、詮方《せんかた》なく度胸をきめ、足場のよい枝を求めて踏み止まり、腰の鉈《なた》を抜き取って、登り来る熊の頭を、ただ一割りと斬りつけた。ところが、手許が狂って傍らの枝をしたたか切った。幸いそのはずみに、熊はどっと下に堕ちて行った。しかし今度は木の根元に坐ったまま、少しも動かずに張番をしている。木の上の者にはこれをどうする訳にも行かず、気を揉んでいるうちに早くも夕方になり、あたりが暗くなるにつけて、自分も生きた心持は無い。その時にふと考えたのは、いかに執念深い獣だとはいえ、朝からこの時刻まで少しの身動きもせずにいるのはおかしい。何か理由があるのだろうと。試みに小枝を折って投げ落して見たが、熊は元のまま微動だにしない。これでやや気が楽になって、今度はかなり太い枝を切って投げ下し、熊の頭に打つけて見たが、やはり結果は前と同じであった。これこそおかしいと思い、大声を出して熊の馬鹿などと罵ったが、それでも少しも感じぬ様子である。いよいよ度胸を据えて、おそるおそる幹から降りて行って見ると、熊は死んでいた。不思議に思って、その屍体を転がしてよく見ると、尻の穴から太い木の切っちょぎが衝き刺さって、腸《はらわた》まで貫いていた。これは木から落ちた時に刺さったものであったという。偽の様な、しかし本当にあった話である。

二一二　栗橋村の嘉助とかいう人が、本当に出逢った事だという。この人が青年の頃、兄と二人して山畠に荒畦《あらく》を畳みに行くと、焼畠の中に一本の大木があって、その幹が朽ち入り、上皮が焼けた為に大穴になっていた。ふと見るとこの大木から少し離れた処に、大熊が両手で粟穂の類を左右に引《ひ》つ掻《かな》ぐっている。兄弟は思わず知らず後退《あとずさ》りをしてようやく物陰に隠れたが、だんだん心が落著いて来ると、そっと熊の様子を窺《うかが》い始めた。熊はしばらくの間粟穂などを挘《むし》って食っていたが、何と思ったのかその朽木の穴の中に入って行った。どうしたのであろうと思いながら、なおも二人は見張っていたが一向熊は出て来ない。それが余り長いので、二人は、よし来た、あの熊を捕って高く売ろう。何とひどく大きな物ではなかったか、よい金儲けだと言い合って、おもむろに朽木の傍に歩み寄り穴の口に矢来《やらい》を掻き切って、中から出られぬようにした。そうして兄を張番に残し、俺は一走り家に行って鎗鉄砲を持って来るからと、嘉助は走り出した。その後から兄は、誰にもこのことを聞かせるな、俺達兄弟して、しこたま金儲けすべすと言い聞かせ、自分は穴を見つめたまま眼弾《はじき》もしないで張番をしていた。そのうちに嘉助は家から鉄砲、鎗などを持って還ったので、二人は例の大木の処に引返し、いよいよ朽穴にさぐりを入れ、鉄砲、鎗などで突き立てようとした刹那である。大きな地震《ない》が揺れて、みりみりとこの大木を根こそぎに倒した。兄弟は驚いて樹の側を飛び退いていたが、やがて地震はおさまったので、この間に熊が逃げ出してはならぬと、穴の口に鎗と鉄砲を指し向け、待ち構えていた。しかしいつまで経《た》っても熊が出て来ない。元気な弟はとうとうじれったくなり、獲物を先きに構えて穴の中に入ってみた。が、どうしたものか穴の中には熊の姿など見えなかった。いくら探しても、さらに影も無いので、仕方がなく這い出して来て、兄貴お前は俺が家へ行って来る間に熊が出たのを見失ったのだなと詰《なじ》れば、兄は、何を言う、俺は瞬きもしないで見張っていたのだ。そんなことがあるものかと、互いに言い争いを始めた。二人はしばらく諍《いさか》っていたが、ふと向う山の岩の上を見ると、先刻の熊がそこに長くなっている。あや、あんな処にいた、早く早くと罵り騒いだ。しかし熊はいつまでも身動ぎ一つしない。二人がそろそろと近寄って見たら、実はその熊は死んでいたのであった。不意の地震で木が倒れた刹那に、朽木の奥深く入り込んでいた熊が向う山へ弾き飛ばされて、石に撲ち当てられて死んだのであったろうという。ちょっとありそうもない話だが、これはけっして偽ではない、確かな実話だといっていた。

○天変地異以上

二一三 明治の初め頃であったかに、土淵字栃内の西内の者が兄弟二人して三頭の飼い馬を連れ、駒木境の山に萱苅りに行くと、不意に二疋の狼が出て来た。馬の荷鞍にさしておいた鎌を抜き取る暇もなく、弟はとっさに枯柴を道から拾って、この二匹の狼を相手に立ち向った。兄はその隙に三頭の馬を引纒め、そのうちの一頭に乗って家まで逃げ帰った。たとえ逃げ帰っても、家族の者や村人に早くこのことを知らせたならば、弟の方もあるいは助かったかも知れぬが、どういう訳があったか、兄は人に告げることをしなかったので、たった十五とかにしかならぬその弟は、深傷を負ってむしの息になり、夕方家に帰って来た。そうして縁側に手をかけるとそのまま息が絶えたということである。

○同情すべき犠牲

二一四 小国村又角《まつかく》の奥太郎という男が、遠野町へ行った帰りに、立丸峠まで来るとちょうど日が暮れた。道は木立の中であるから一層暗くて、歩けない程になったその時、向うから何物かやって来てどんと体に突き当った。最初は不意を食って倒れたが、起き上って二、三歩行くと、またどっと来て突き当ったから、今度はそいつをしっかりと抱き締めたまま、小一里離れた新田と

○豪勇

いう村屋まで行って、知り合いの家を起して、燈火のあかりで見ると、大きな狼であったから打ち殺したという。明治二十年頃の出来事である。

○武勇談

二一五　土淵村野崎の下屋敷の松爺が、夕方になってから家の木割場で木を割っていたら、突然そこへ猪が飛んで来た。よし来たと言いざま、その猪の背中に馬乗りに跨って、猪の両眼を指で掻き抉《えぐ》って、とうとう殺してしまったそうな。これも前と同じ頃の話だといった。

○犬美談

二一六　佐々木君の幼少の頃、近所に犬を飼っている家が二軒あった。一方は小さくて力も弱い犬であったが、今一方の貧乏な家で飼っていたのは体も大きく力も強かった。近所の熊野ノ森に死馬《そま》などが棄ててあると、村の犬どもが集まってそれを食ったが、この小犬は他を怖れてそこに行くことが出来ないで、吾家の軒から羨ましそうに遠吠えをしているばかりである。これを大犬が憐んで、常にその肉を食い取って銜《くわ》えて来ては与え、小犬も喜んでそれを貰って食った。しかしこの大犬を飼っていた家は、もともと貧しかったから犬の食事も充分に当てがわれなくて、平常腹を空《へ》らしていることが多い。小犬はそれを知っていて、毎日自分に与えられる食事をしこたま腹の中に詰め込んで来ては大犬の傍でそれを吐き出して食わせていた。一度食った飯であるから、人が見ては汚なくてならないが、大犬は喜んで食べた。じない（いじらしい）ことだと言って、村中の者が話の種にしたという。

○一つ釜の飯

二一七　つい近頃のことであったが、土淵村和野の菊池某の飼犬が小屋の軒下に寝そべっていると、傍らでその家の鶏と隣家の鶏とが蹴合いを始めた。犬は腹這いになったままそれを見ていたが、自分の家の鶏が負けたと見るや否や、やにわに飛び起きて隣家の鶏の首筋を嚙み殺したそうな。

○鳥の怒り

二一八　佐々木君縁辺の者に、以前大槌町の小学校で教師を勤めていた人がある。猟が好きで、猟期には暇のあるごとに山にいっていた。ある時いつものように山に出掛けたが、獲物が少なく気を腐らせていると、梢にサガキ(懸巣《かけす》)が五、六羽ぎいぎいと鳴いていた。味のよい鳥であるから、あれでも捕って帰ろうと思って一羽を射落すと仲間の鳥は一段高く飛び上って、非常に鋭い声でぎぎぎぎと鳴き騒いだ。その声に応じて四方の山沢からおびただしい数のサガキの群が集まって来て、この人の頭上を低く縦横に飛び翔り、蹴散らすような姿勢を見せて、無闇と鳴き廻るのであった。連れも無い山の中のことであるから、無気味に思ったが、負けてはならぬと心を決めて、弾丸のある限り、群がる鳥を射ちまくり、三、四十羽もばたばたと足元に射落した。しかし鳥の数は減るどころか、次第次第に増して来る一方で、頭の上を飛び廻り鳴き騒いで止まぬ。ついに弾丸が尽きてどうしようも無くなったので、落した鳥を拾い集め、家に帰ろうとすれば、どこまでも鳥の大群がつきまとって騒ぐ。とうとう家に帰ったが、内に馳け込みさま妻君に弾丸の用意を命じ、また鳥の群を射った。射落した鳥は庭や畑のあちらこちらに散乱し、その数は後に数えると百六十に余る程であった。しかもなお、鳥の群は家のまわりを去らず、夜になるまで騒いでいた。さすがに夜中にはどこかへ散って行ったが、鳥の執念は恐ろしいものだと、この人は常に語っていた。

○オコゼ

二一九　狩人は山幸の呪《まじない》にオコゼを秘持している。オコゼは南の方の海でとれる小魚で、はなはだ珍重なものであるから、手に入れるのはすこぶる難しい。これと反対に漁夫は山オコゼというものを秘蔵する。山野の湿地に自生する小貝を用い、これは長さ一寸ばかり、煙管《きせる》のタンポの形に似た細長い貝で、巻き方は左巻きであったかと思う。これを持っていると、漁に利き目があるといって、珍重するものである。

○魔除け

二二〇　閉伊郡の海岸地方では、軒毎に鏡魚《かがみうお》といって、やや円形で光沢のある魚を陰干《かげぼ》しにして掛けておく。魔除《まよ》けだといわれる。

○狩の呪法

二二一　旗屋の縫は当国きっての狩の名人であったといわれているが、この名高い狩人から伝わったという狩の呪法がある。たとえ幾寸という短い縄切れでも、手にとってひろぎながら、一尋《ひろ》二尋三尋半と唱えて、これを木に掛けておけば、魔物は決して近寄らぬものだという。

○マタギの終り

二二二　小国村字新田の金助という家の先祖に、狩人《またぎ》の名人がいた。ある時白見山の長者屋敷へ狩りに行くと、一人の老翁に行逢った。その老人の言うには、お前がマタギをしたのでは山のものが困るから止めてはくれぬか。その代りにこれをやるからと言って、宝物をくれた。それからは猟を止め、現在でもこの家の者は鉄砲を持たぬということである。この辺の土地はまったくの山村で、耕すような地面も無く、狩を主として生計を立てているのに、これを止めると言うのは、よくよく深い理由があったのだろうという。

○逸話を残した人

二二三　青笹村飛鳥田《あすかだ》の菊池喜助という人の祖父が、ある時山で狼にいき遭った。その狼がはむかって来ると、おおいに怒り、あべこべにそいつを追詰めて指で眼玉をくりぬき、縄をかけて家までひきずって来たという。これは五、六十年以前のことである。またこの人は非常な大力で、飛鳥田の路傍にあった六十貫位は充分あろうという大きな六道の石塔を、隣家の爺と二人して路の両側から手玉に取って投げ合ったものだそうな。

二二四　昔土淵村字厚楽の茶屋に、四十恰好の立派な侍がお伴を一人連れて休んでいた。ちょうど昼飯時であったから、持って来た握飯を炉に炙り、また魚を言いつけてこれを串にさして焼いていた。その場には村の男が四、五人居合わせて、これも火にあたっていたが、中に大下の万次郎という乱暴者がいて、いきなりその侍の握飯を取ってむしゃむしゃと食い、その上に串の魚にまで手を出した。侍は真赤になって、物をも言わず刀を抜いて斬りつけたが、万次郎は身を躱《かわ》してその刀を奪い取り、土台石の上に持って行って、散々に折り曲げ、滅茶滅茶に侍の悪口を言った。けれどもその侍はすごすごと茶屋を出て行ったそうな。後で聞くとこれは盛岡の侍であったというが、さすがに土百姓に刀をとられたとは言えなかったのであろう、そのまま何事もなかったそうである。

二二五　土淵村に治吉ゴンボという男がいた。この郷でゴンボとは酒乱の者や悪態をする者のことを言うが、この治吉も丈《たけ》高く、顔かたちが凄い上にことに筋骨の逞しい男であった。市日に遠野町の建屋という酒屋で酒を飲んでいるところへ、気仙から来たという武者修業の武士が入って来た。下郎を一人つれて、風呂敷包みをワシコに背負い、滝縞の袴を穿《は》いた偉丈夫である。治吉はこの侍を見るなり、俺こそはこの郷《ごう》きっての武芸者だ、さあ試合をしようと言った。侍は心得たと、家来に持たせた荷物の中から木刀を取り出させる。治吉はもともとただの百姓で剣術などは少しも知らず、酒の酔いに任せて暴言を吐いただけであるから、相手のこの物々しい様子を見てひそかに驚いたが、もう仕方が無い。今日で命は無いものだと覚悟をして、見る通り俺は獲物を持ち合わさぬが、何でも有合せの物でよろしいかと念を押した。侍の方は、望みの物でさしつかえないと答えたから、治吉は酒屋の裏手へ獲物を探しに行って、小便をしながらその辺を見廻すと、そこに五寸角ほどの材木が一本転がっていた。よしこれで撲ちのめしてくれようと言って、この材木を持ち、襷掛《たすきが》けで元の場所に引返した。武芸者の方では、治吉が裏へ行ったきり帰りが遅いので逃げたものと思って高をくくり、しきりに高言を吐いていたところであったから、治吉の出立《いでた》ちを見て驚いた様子である。治吉はこの態《てい》を素早く見て取ったから、さあ武芸者、木刀などでは面白くない。真剣で来いと例の材木を軽々と振廻して見せた。すると何と思ったのかその侍は、からりと木刀を棄て、いや先生、試合の儀はどうかお取り止め下さい。その代りに、拙者が酒を買い申そうと、酒五升を買って治吉に差出した。治吉はますます笠に掛って、いやならぬ、どうしても試合をすると言って威張って見せると、侍はそれを真に受けて怖がり、ひたすら詫びを言っていたが、とうとう家来といっしょにこそこそと逃げ去った。天下の武芸者を負かした上に、五升の酒をただで飲んだと言って、治吉はますます自慢してならなかったそうな。

○「おれが」武勇伝

○いろいろな人

二二六　青笹村字中沢の瀬内《せない》という処に、兄弟七人皆男ばかりの家があった。そのうちに他国に出あるいて終りの知れない者が三人ある。総領も江戸のあたりを流れあるいていたが、後に帰って来て佐比内の赤沢山で、大迫銭《おはざません》の贋金を吹いて、一夜の中に富裕になったという話が残っている。

二二七　附馬牛村の阿部某という家の祖父は、旅人から泥棒の法をならって腕利きの盗人となっ

○離れ業

○泥棒の巻物

○身の運

た。しかし決して近所では悪事を行わず、遠国へ出て働きをして暮したという。年をとってからは家に帰っていたが、する事が無く退屈で仕方がないので、近所の若者達が藁仕事をしている傍などへ行っては、自分の昔話を面白おかしく物語って聴かせて楽しんでいた。ある晩のこと、この爺が引上げた後で、厩の方が大変に騒がしい。一人の若者が立って行って見ると、数本の褌が木戸木に結び著けてあって、馬はそれに驚いて嘶《いなな》くのであった。はて怪しいと思って気がついて探って見ると、居合せた者は一人残らず褌を盗《と》られていたそうな。年はとっても、それ程腕の利いた老人であったという。また前庭に竿を三、四間おきに立てて置き、手前のを飛び越えて次の竿の上に立つなど、離れ業が得意であった。竿と言うから相当の高さがあって、かつ細い物であったろうが、それがこんなに年を老《と》って後も出来たものだという。またこの爺は、人間は蜘蛛や鮭にもなれるものだと口癖の様に言っていたそうな。死際になってから目が見えなくなったが自分でも、俺は達者な時に人様の目を掠めて悪事をしたのだから仕方が無いと言っていた。今から七、八十年前の人である。なお旅人の師匠から授かった泥棒の巻物は、近所の熊野神社の境内に埋まっているということであった。

二二八　同じ附馬牛村の字大沢には、砂沢という沢がある。この沢合を前にして、某という家があるが、ある時この家の爺が砂沢へ仕事に行って、大蛇に体を呑まれた。幸いに腰にさしていた鎌の為に、蛇は唇を切られて死に、爺は蛇の腹から這い出すことが出来た。家に帰ってこの話をすると、村の者達が多勢集まって来て、砂沢へ行って見た。いかにもそこに大蛇が死んでいたという。それから数年の後、銀茸に似た見事な茸がその沢一面に生えた。煮て食おうと思って、爺がそれを採っていたら、洞のどこかで、油させさせと言う声がする。多分茸を煮る際に鍋へ油を入れよということであろうと思って、その通りにして賞味した。ちょうど近所の居酒屋に若者達が寄り集まっていたが、この茸があまりに見事なので採って来て煮て食った。するとこの方は十人の者が九人まではその夜のうちに毒に中《あた》って死に、少ししか食わなかった者でさえ三日ばかり病んだという。これは岩城君という人が壮年の頃の出来事だと言って語ったものである。今から四十年近くも前のことであろうか。

○抜首

二二九　昔遠野の一日市の某という家の娘は抜首だという評判であった。ある人が夜分に鍵町の橋の上まで来ると、若い女の首が落ちていて、ころころと転がった。近よれば後にすさり、近寄れば後にすさり、とうとうこの娘の家まで来ると、屋根の破窓から中に入ってしまったそうな。

○死神

二三〇　これは明治になってから後の話であるが、遠野町の某という女には妙な癖があって、年ごろになってからは、関係した男毎に情死を迫ってならなかった。それが一人二人でなく、また嫁に行っても情死のことばかり夫に言うのでいつも不縁になって帰った。こんなことが十何回もあった後に石倉町の某という士族の妾になったが、この人にも情死を奨め、二人で早瀬川へ身投げにいった。そうして自分だけ先に死んだが、男の方は嫌になって帰って来たそうである。

○旅の女臈

二三一　維新の当時には身に沁みるような話が世上に多かったといわれる。官軍に打負かされた徳川方の殿様が、一族ちりぢりに逃げ落ちた折のことであったが、ある日村のなかに美しいお姫様の一行が迷って来た。お姫様の年ごろはたち前らしく、今まで絵にも見たことが無いうつくしさであった。駕籠に乗っておられたが、その次の駕籠にやや年をとったおつきの婦人が乗り、そのほかにもお侍が六人、若党が四人、医者坊主が二人まで附添っていた。村の若い者は駕籠《かご》舁《か》きに出てお伴をしたが、一行が釜石浜の方へ出る為に仙人峠を越えて行った時、峠の上には百姓の番兵どもがいて、無情にもお姫様に駕籠から降りて関所を通れと命じた。お姫様は漆塗りの高下駄に畳の表のついたのを履かれて、雇われて行った村の者の肩のうえに優しく美しい手を置いた。その様子がいかにもいたわしく淋しげであったから、心を惹かれた若者達は二日も三日も駕籠を担いでお伴をしたという。佐々木君の祖父もその駕籠舁きに出た者の一人であった。駕籠の中のお姫様は始終泣いておられたが、涙をすすり上げるひまに、何かぽりぽりと噛まれた。多分煎豆でも召上がっているのであろうと思ったところが、それは小さな菓子であった。今考えると、あの頃からもう金米糖《こんぺいとう》があったのだと、祖父が語るのを佐々木君も聞いた。またお姫様が駕籠から降りて関所を越えられる時に、何故にこんな辛い旅を遊ばすのかとお訊《お》きしたら、お姫様はただ泣いておられるばかりであったが、おつきの老女がかたわらから戦《いくさ》が始まった故と一口答えた。あれはどこのお城の姫君であったろうと、常に追懐したという。

二三二　やはり前と同じ頃の話である。すさまじい大吹雪のある夜のこと、誰か佐々木君の家の戸を叩く者があるので出て見ると、引摺る様に長い刀を差した、美しい二人の若侍が家の外に立っていて、俺達は昼間は隠れて、夜旅をしている者だが、食べ物も無いから、どうか泊めてくれと言った。可哀そうに思ったが、その頃はお上の法度で、このような人達を泊めることはならなかったので、二人を村の熊野堂に案内して、米味噌を持ち運んで凌《しの》がせた。こうして二、三日の間二人の侍は堂内に隠れていたが、密告する者を怖れたのか、ある夜どこへか立去って、朝行っ

○金米糖

○世中の変り目

て見たらいなかったという。

二三三　明治もずっと後になってからのことであったが、小国の方から土淵村へ、若い男女が物に追われるようにしてやって来た。この二人の跡を追って来た刀を持った男に、林崎の田圃の中で追いつかれて、男も女も少しの手向いもせずに、斬り殺されてしまった。どういう事情があったのであろうか、二人を斬った男はほろほろと涙を零《こぼ》しながらこの二人の屍体を路傍に埋め、女の髪に差していた笄《かんざし》を墓のしるしに立ててから、もと来た方へ戻って行ったという。これを見ていた老婆達が、今でもこの話をしては涙ぐむのである。

二三四　これは維新当時のことと思われるが、油取り※が来ると言う噂が村々に拡がって、夕方過ぎは女子供は外出無用との御布令さえ庄屋、肝入りから出たことがあったそうな。毎日の様に、それ今日はどこ某の娘が遊びに出ていて攫《さら》われた、昨日はどこで子供がいなくなったという類の風説が盛んであった。ちょうどその頃川原に柴の小屋を結んだ跡があったり、ハサミ（魚を焼く串）の類が投棄てあった為に、油取りがこの串に子供を刺して油を取ったものだなどといって、ひどく恐れたそうである。油取りは紺の脚絆に、同じ手差をかけた人だといわれ、油取りが来れば戦争が始まるとも噂せられた。これは村のたにえ婆様の話であったが、同じ様な風説は海岸地方でも行われたと思われ、婆様の夫治三郎爺は子供の時大槌浜の辺で育ったが、やはりこの噂に怯《おび》えたことがあるという。

二三五　これも同じ頃のことらしく思われるが、佐々木君が祖父から聞いた話に、赤い衣を著た僧侶が二人、大きな風船に乗って六角牛山の空を南に飛び過ぎるのを見た者があったということ

○悲劇の記憶

油取り＝「脂取り」という昔話の伝承があって、それが実際に「油取り」が来るとの風説となったものであろう。維新の戦争時という異常な事態がその背景となっている。↓補注55

○油取りの噂

○風説

である。

○経験の一画期

二三六　昭和二年一月二十四日の朝九時頃には、この地方を始めて飛行機が飛んだ。飛行機は美しく晴れた空を六角牛山の方から現われて、土淵村の空を横切り、早池峯山の方角に去った。村人のうちには飛行機を見たことは勿論、聞いたことも無い者が多かったから、プロペラの音が空に響くのを聞いて動転した。佐々木君兼ねて飛行機について見聞していたので、村の道を飛行機だ、飛行機だと叫んで走ると、家々から驚いた嫁娘らが大勢駈出し、どこか、どこかとこれもあわてて走り歩いた。そのうちに飛行機は機体を陽に光らせて山陰に隠れたまま見えなくなったが、爆音はなおしばらく聞え、人々は何か気の抜けた様になって、物を言うこともしなかった。また同じ年の八月五日にも、一台の飛行機が低く小鳥瀬川に沿って飛び去った。その時は折柄の豪雨であったから、たいていの人は見ずにしまったという。

○誕生

二三七　この地方では産婦が産気づいても、山の神様が来ぬうちは、子供は産まれぬといわれており、馬に荷鞍を置いて人が乗る時と同じ様にしつらえ、山の神様をお迎えに行く。その時はすべて馬の往くままにまかせ、人は後からついて行く。そうして馬が道で身顫《みぶる》いをして立ち止まった時が、山の神様が馬に乗られた時であるから、手綱を引いて連れ戻る。場合によっては家の城《じょう》前《まえ》ですぐ神様に遭うこともあれば、村境あたりまで行っても馬が立ち止まらぬこともある。神様が来ると、それとほとんど同時に出産があるのが常である。

○馬が無い場合

二三八　馬を飼っていない家では、オビタナを持って迎えに行く。オビタナとは児を背負う時にする帯のことをいい、この時に持って行ったオビタナは、子供が生れたら神社か村の道又《みちまた》まで持って行って、送り返さなければならぬ。

○甑

二三九　後産の下りるのが遅い時には、産婦の頭に甑《こしき》を冠ぶせると間もなく下りるという。佐々木君の隣家の娘が子を産んだ時も、後産が下りなくて困ったが、村の老婆がこの呪禁を覚えていたので、難なく下ろすことが出来た。この呪禁の効き目は否《いや》と言われぬものだという。

○双児

二四〇　双児が生れた時には、その父親が屋根の上から近所に聞えるだけの大声で、俺あ嬶双児を生んだであと三辺喚ばわらなくてはならぬ。そうせぬと続け様に、また双児が生れるといわれている。

○産婦の枕

二四一　産屋《おびや》の中では、産婦は藁一丸《ひとまる》の枕をする。一丸とは十二束のことである。そうして一日に一束ずつ抜き取って低くして行き、二週間目には平枕の高さにするものだという。産婦は産屋にいるうちに、平常食べるあらゆる食物を少しずつ食べておくようにする。この時に食べておかぬと、後でこの食物を食べる時に必ず腹を病む。ただ一例外なのは灰気のある物で、これは一切食ってはならぬとされている。

○魔がさす

二四二　生子の枕もとには必ず刃物を置かねばならぬ。そうせぬと、独りきりでおく様な時に、生子の肌の穴から魔がさすという。やや大きくなってからは、嬰児に鏡を見せると魔がさすといって忌む。

○産婦の忌

二四三　産婦が産屋から初めてお日様の下に出る時には、風呂敷の様なもので顔を包んで出る。また生子の額には鍋墨で点《ほし》をつけてやらねばならぬ。

○悪阻

二四四　妻がクセヤミ（悪阻）または出産の時に、その夫※も同時に病むことがある。諺にも、病んで助けるものは、クセヤミばかりだという。

二四五　生れ変るということもたびたびあることだという。先年上郷村の某家に生れた児は、久しい間手を握ったまま開かなかった。家人が強いて開かせて見ると北上《きたがみ》の田尻の太郎爺の生れ変りだという意味を書いた紙片を堅く握っていた。このことを太郎爺の家族の者が聞くと、俺の家の爺様どは、死んでから一年も経たずに生れ変ったじと言って、喜んだということである。また墓場の土に柳やその他の樹木が自然に生えることがあると、その墓の主はもうどこかに生れ変ったのだといわれる。

二四六　附馬牛村の某という処に、掘返《ほっかえ》し婆様と呼ばれている老婆があった。この老婆は生れた時に母親に戻※しを食って唐臼場に埋められたが、しばらくして土の中で細い手を動かしたので、生き返ったと言って掘起して育てられた。それから掘返しと言う綽名がついて、一生本名を呼ばれなかったそうである。縊られる時に一方の眼が潰《つぶ》れたので生涯メッコの婆様であったが、十年程前に老齢の為に死んだ。

二四七　年廻りの悪い子は捨子※にするとよい。まずその子に雪隠の踏張板《ふんばりえた》の下を潜らせた後、道《みち》違《ちが》いに行ってちょっと棄てる。始めから拾う人の申合せが出来ていて、待っていてすぐ拾ったのを、改めてその人から貰子をする。こういう子供には男ならば捨吉、捨蔵、女の場合はお捨、おゆて、ゆてごなど、捨という名をつけることが多い。

二四八　生れた児が弱い場合には、取子にして、取子名をつけて貰う。一生の間、取子名ばかり呼ばれて、戸籍名の方は人がよく知らぬと言うことも往々にあった。佐々木君の取子名は、若宮

夫も同様に病む＝つわりや出産時の陣痛を妻とともに夫も感染して起し病むのである。擬態であるとともに真にこのような状態を呈することもあるが、広く世界各地にみられる。

○生れ変り

○むごい履歴

戻し＝いわゆる誕生後の嬰児殺しとしての「間引き」のこと。

○捨子

捨子＝オシラサマの取子と同じく、捨子にして、仮親となる人に拾ってもらう儀式。『拾遺』〈二四八〉も同様である。

○取子名

○家の名称
マキ＝東北から関東・中部にかけて広く分布する同族的結合体の名称。大屋のカマドを分けた血縁の分家とともに、非血縁の分家である名子もマキに含まれる。
○人の名
○綽名

の神子から貰ったのが広といい、八幡坊から長助、稲荷坊からは繁という名を貰っておいたと言うが、しかし一向強くもならなかったといって笑った。

二四九　以前は家々がそれぞれのマキ※に属していた。マキは親族筋合を意味する言葉である。右衛門マキ、兵衛マキ、助マキ、之丞マキなどの別があり、人の名はマキによって称するのが習いであった。佐々木君の家は右衛門の方であった。姓は無くて、代々山口の善右衛門と称し、マキには吉右衛門、作右衛門、孫左衛門などという家があった。

二五〇　人の名を呼ぶ場合には、必ず上に父親の名を加えて呼ぶ。たとえば春助という人の子が勘太である時は、息子の方を春助勘太と呼び、小次郎の息子の万蔵の世ならば、小次郎万蔵と呼ぶ。同じようにして、善右衛門久米、吉右衛門鶴松、作右衛門角、犬松牛、孫之丞権三などがあり、女の方も長九郎きく、九兵衛はるの、千九郎かつなどといった。また女の子の名に昨今面倒な漢字が用いられるようになったのは、他の地方にも通ずる同様な傾向であろう。

二五一　綽名の類もまた甚だ多い。法螺を言うから某々法螺、片目であるから某々メッコ、跛だから某々ビッコ、テンボであるから某々テンボなどと言う例は、この郷ではどこへ行っても普通である。新助爺という老人はヤラ節が巧みであった為に、新助ヤラとばかりいって他の名を呼ばなかった。いたって眼が細い女をお菊イタコ、丈が人並外《はず》れて低かったのでチンツク三平、その反対に背高であったから勘右衛門長《なが》、また痩せっぽちの男を鉦打鳥に見立てて鉦打長太などという例もあった。盗みをしたためにカギ五郎助、物言いがいつも泣き声なのでケエッコシ三五助、吃《ども》りであるからジッタ三次郎、赭《あか》ら顔が細いのでナンバンおこまなどと言った例の他に、体の特徴をとって、豆こ藤吉、ケエッペ福治、梟留、大蛇留などともいった。歩き様を綽名にしたものには、蟹熊、ビッタ手桶、カジカ太郎、狐おかん、お不動かつなどがあり、おかしかったのは腕を振って歩く小学校の先生を腕持ち先生、顔の小さな小柄の女先生を瓜子姫子などといった例のあったことである。

○綽名と屋号

二五二　青笹村の関口に、毎日毎日遠野の裏町に通って遊ぶ人があった。その遊女屋の名が三光楼であった故に、土地の者はこの人をも三光楼と呼ぶようになったが、しまいにはそれが家号になって、今でもその家をそういっている。

○元服

二五三　男の子が初めて褌をあてる時には、叔母に晒木綿《さらしもめん》を買って貰う。また初めて生えた陰毛は必ず抜かねばならぬ。そうすると肝入り殿が抜かれたと言って後からうんと生えて来るのだそうな。

○言いならわし

二五四　ひとりでに帯がほどけたら、その晩に思う人が来る。また褌や腰巻が自然にはずれても大変よいことがあるといわれており、そのほか眉毛が痒《かゆ》いと女に出逢うということもある。

二五五　家を出て最初に女に遭うと、その日は一日よいことがあるが、和尚であったら三歩戻って睡をするものだという。蛇に逢えばその日は吉、またその蛇が道切りであって、右手から出て来た時は懐入りといって、金が入るという。

二五六　蕃椒《なんばん》を一生食わねば長者になる。炉《ろ》の灰を掘ると中からボコが出て来る。炉ぶちやカギノハナ（自在鍵）を叩くと貧乏神が喜ぶ。膳に向って箸で茶碗を叩くと貧乏になる。椀越しに人の方を見ると醜い嫁や聟を持つ等、どの地方でもいわれている俗信の類がこの地方にも非常に多い。また夜の火トメ（埋火）と、ヒッキリ（大鋸）の刃研ぎなどは人手を借りてするものではないともいう。

○所謂恥隠しのこと

二五七　近年土淵村字恩徳に神憑《つ》きの者が現われて、この男の八卦はよく当るという評判であった。自分で経文を発明し、佐々木君にそれを筆写してくれといって来たこともあった。山口の某という男がこの神憑きの男に八卦を見て貰いに行って帰っての話に、自分は不思議なことを見て来た。あの八卦者の家は常居の向うが一本の木を境にして、三間ばかり続いて藁敷の寝床になっていたが、そこには長い角材を置いて枕にし、人が抜け出したままの汚れた蒲団が幾つも並んでいた。家族は祖父母、トト、ガガ、アネコド夫婦に孫子等十人以上であるが、皆そこに共同に寝るらしかったと語ると、傍でこの話を聞いていた村の者が、何だお前はそんなことを今始めて見たのか。あの辺から下閉伊地方ではどこでもそうしているのだと言った。佐々木君が幼時祖父母から聴いた膽沢郡の掃部長者の譚には、三百六十五人の下婢下男を一本の角材を枕に寝かして、朝になるとその木の端を大槌で打叩いて起したという一節があって、よほどこれを珍らしいことの様に感じており、ことさら長木の枕という点に力を入れて話されたものだという。

○不縁のもと

二五八　夜は真裸になって寝るのが普通である。こうせぬと寝た甲斐が無いといい、一つでも体に物を著けて寝ることを非常に嫌う。ことに夫婦が夜、腰の物を取らずに寝るのは不縁になる始めだといって、不吉なこととされている。

○よそ村での見聞

二五九　佐々木君の村の者が、栗橋村の話をするのに、あの辺では鍋を中心に円座になって、めいめいが鍋から直接に椀で飯を掬って食う。汁もその通りで、この男が豆腐だけ食って汁を残しておいたら、家の主婦が気を利かしてそれを鍋にあけて、またその鍋の中から豆腐ばかりを盛ってくれた。しかし一向に咽喉を通らなかったと。土淵村ではそんなことはせぬが、便所で紙を使う家はまだほとんど無い。その棒をカキ木といっている。

○影膳

二六〇 家族の者が旅に出たり兵隊に行った後では、食事毎にその者の分を別に仕度して影膳を供える。そうして影膳に盛った飯の蓋に湯気の玉がついていなかった時、または影膳の椀や箸などが転び倒れた時は出先きの人の身の上に凶事が起った時だという。また影膳を供えている中にこれを食べる者があると、出先きの人は非常に空腹になるなどともいわれている。その実例は甚だ多い。山口の丸古某が日露戦争に出征して黒溝台の戦争の際であったかに、急に醬油飯の匂いが鼻に来た。除隊になってからこの事を話すと、これはその日の影膳に供えた物の匂いであったそうである。

○占

二六一 家に残った者が旅先きの一行の動静を知る為に行う占の方法もある。附木《つけぎ》または木切れなどを人数だけ揃え、それに各々一行の者の名前を書き込み、盥《たらい》などの水の上に浮べる。そうしてこれらの木片の動き具合によって、旅先きの様子を察することが出来る。佐々木君の祖母が善光寺詣りに行った時は、同行二十四、五人の団体であったが、留守中同君の母はこの人数だけの木切れを水に入れて置き、今日は家の婆様は誰々と一緒に歩いている。今夜は誰々と並んで寝た等と言っておられたという。ある日のこと、いつもは一緒に歩く親類の婆様と家の婆様との木切れがどうしても並ばなかったので、幾度も水を搔き廻してやり直したが、やはり同じことであったから、何かあったのではないかと心配した。帰ってからその話をすると、ほんにあの婆様とは気が合わぬことがあって、一日離れていたことがあると語った。伊勢から奈良へ廻る途中のことであったそうな。また先年の東京の大地震の時にも、村から立った参宮連中の旅先きが気懸りであったが、やはりこの方法で様子を知ることが出来たという。

○病気

〈二六二〉＝いわゆる疱瘡送りのこと。

※**二六二**　今はあまり行われぬ様になったことであるが、以前は疱瘡《ほうそう》に罹った者があると、まず神棚を飾って七五三縄を張り、膳を供えて祭った。病人には赤い帽子を冠らせ、また赤い足袋を穿かせ、寝道具も赤い布の物にする。こうして三週間で全治すると、酒湯という祝いをした。この日には親類縁者が集まって、神前に赤飯を供え、赤い紙の幣束を立てる。また藁人形に草鞋と赤飯の握飯と孔銭《あなせん》とを添えて持たせ、これを道ちがいに送り出した。この時に使う孔銭は、旅銭ともいった。そうしてまだ疱瘡を病まぬ者には、なるべく病気の軽かった人の送り神が歓迎せられた。

○死

二六三　死人の棺の中には六道銭をいっしょに入れる。これは三途の河の渡銭《わたしせん》にする為だといわれる。また生れ変って来る時の用意に、親類縁者の者達も各々棺に銭を入れてやるが、その時には実際よりもなるべく金額を多く言う様にする。たとえば一銭銅貨を入れるとすれば、一千円けるから今度生れ変る時には大金持ちになってがいなどと言う。また米麦豆等の穀物の類も同じ様な意味で入れてやるものである。先年佐々木君の祖母の死んだ時も、よい婆様だった。生れ変る時にはうんと土産を持って来なさいと、家の者や村の人達までが、かなり沢山な金銭や穀類を棺に入れてやったと言うことである。

二六四　出棺の時に厩で馬が嘶《いなな》くと、それに押し続いて家人が死ぬといわれ、この実例もすくな

○馬は神の乗りしろ

くない。必ず厩の木戸口を堅く締め、馬には風呂敷を頭から冠ぶせておくようにするが、それでも嘶くことがあって、そうするとやはりその家で人が死ぬ。また葬送の途中に路傍の家で馬が嘶くような場合もある。やはり同じ結果になる。こういう際の異様な馬の嘶きを聞くと、死人の匂いが馬に通うものであるかとさえ思わせられるという。

○墓場で転ぶ

二六五　葬式に行って野辺で倒れた人は、三年経たぬうちに死ぬといわれているが、これには例外が多いそうな。佐々木君の知人も会葬の際に雪が凍っていた為に墓で転んだことがあってその後三年以上経つが、依然として健康だということである。

○仏教以前

二六六　青笹村の字糠前《ぬかまえ》と字善応寺《ぜんのうじ》との境あたりをデンデラ野またはデンデエラ野と呼んでいる。ここの雑木林の中には十王堂があって、昔この堂が野火で焼けた時十王様の像は飛び出して近くの木の枝に避難されたが、それでも火の勢が強かった為に焼焦げている。堂の別当はすぐ近所の佐々木喜平どんの家でやっているが、村中に死ぬ人がある時は、あらかじめこの家にシルマシがあるという。すなわち死ぬのが男ならば、デンデラ野を夜なかに馬を引いて山歌を歌ったり、または馬の鳴輪の音をさせて通る。女ならば平生歌っていた歌を小声で吟じたり、啜泣きをしたり、あるいは高声に話をしたりなどしてここを通り過ぎ、やがてその声は戦争場《いくさば》の辺まで行ってやむ。またある女の死んだ時には臼を搗《つ》く音をさせたそうである。こうして夜更けにデンデラ野を通った人があると、喜平どんの家では、ああ今度は何某が死ぬぞなどと言っているうちに、間も無くその人が死ぬのだといわれている。

二六七　戦争場《いくさば》とは昔この村にあった臼館と飯豊館との主人達が互いに戦った処であると伝えら

○鬼哭

○葬制の沿革と棄老説話

デンデラ野に棄てられた＝棄老伝説の一つであるが、このような棄老伝説をどのように解するかには種々の問題ある。→補注56

○瓢箪と人生

○新仏

○ナモミタクリ

れており、真夜中になると、戦う軍馬や人の叫びなどが時々聞えたといわれている。

二六八　昔は老人が六十になると、※デンデラ野に棄てられたものだという。青笹村のデンデラ野は、上郷村、青笹村の全体と、土淵村の似田貝、足洗川、石田、土淵等の部落の老人達が追い放たれた処と伝えられ、方々の村のデンデラ野にも皆それぞれの範囲が決まっていたようである。土淵村字高室にもデンデラ野と呼ばれている処があるが、ここは、栃内、山崎、火石、和野、久手、角城、林崎、柏崎、水内、山口、田尻、大洞、丸古立などの諸部落から老人を棄てたところだと語り伝えている。

二六九　この地方ではよく子供に向って、おまえはふくべに入って背戸の川に流れて来た者だとか、瓢箪に入って浮いていたのを拾って来て育てたのだとか、またはお前は瓢箪から生れた者だなどと言うことがある。

二七〇　盆の十三日の夕方、新仏のある家では墓場へ瓢箪を持って行っておく。それは新仏はその年の盆には家に還ることを許されず、墓場で留守番をしていなければならぬので、こうして瓢箪を代りに置いて来て迎えて来るというわけである。土地によっては夕顔を持って行く処もあるという。

二七一　正月十五日の晩にはナモミタクリ、またはヒカタタクリともいって、瓢箪の中に小刀を入れてからからと振り鳴らしながら、家々を廻ってあるく者がある。タクリというのは剝《は》ぐという意味の方言で、年中懶《なま》けて火にばかり当っている者の両脛などに出来ている紫色のヒカタ（火斑）を、この小刀を以て剝いでやろうと言って来るのである。これが門の口で、ひかたたくり、ひかたたくりと呼ばると、そらナモミタクリが来たと言って、娘たちに餅を出して詫びごとをさせる。家で大事にされている娘などには、時々はこのヒカタタクリにたくられそうな者があるからである。

二七二　春と秋との風の烈しく吹き荒れる日には、また瓢箪を長く竿の尖に鎌といっしょに結びつけて軒先へ立てることがある。こうすると風を緩やかにし、または避けることが出来るといっている。

二七三　この郷の年中行事はすべて旧暦によっている。十一月十五日にタテキタテということをするのから始めて、二月九日の弓矢開きまで、※年取りの儀式が色々とあって、一年中で最も行事の多いのもこの期間である。正月の大年神に上げる飯をオミダマ飯というが、この飯を焚く為の新しい木を山から伐り出して来るのが十一月十五日で、この日伐って来た木は夕方に立てて、その上に若柴で造った弓矢を南の方に向けてつける。これはこの木が神聖な木であるから鳥類に穢されぬ為にこうするのだと言われている。

二七四　十一月二十三日は大師粥といって、小豆粥を萩の箸で食べる。この食べた箸で灰膳の上に手習をすれば字が上手になるという。灰膳とは膳の上に灰を載せ、これを揺すって平にならしたものをいうのである。またこの日には家族の者の数だけ団子を造り、その中の一つに銭を匿して入れておいて、この金の入った団子を取った者は来年の運が富貴だと言って喜ぶ。大師様のことはよく分らないが、多勢の子供があった方で、この日に吹雪に遭って死なれたと言い伝えている。

○風の神

○タテキタテ

年取りの儀式＝年の暮に、年を改め新たな年に生れかわるにあたって行なわれる数々の行事のこと。タテキタテは立木立てのこと（以下の年中行事については、西角井正慶編『年中行事辞典』、柳田編『年中行事図説』、和歌森太郎『年中行事』など、遠野郷の年中行事については、各市町村誌を参照されたい）

○大師粥

○いろいろな年取り

二七五　十二月は一日から三十日までに、ほとんど毎日の様に種々なものの年取りがあると言われている。しかしこれを全部祭るのはイタコだけで、普通には次のような日だけを祝うに止める。すなわち五日の御田の神、八日の薬師様、九日の稲荷様、十日の大黒様、十二日の山の神、十四日の阿弥陀様、十五日の若恵比寿、十七日の観音様、二十日の陸《おか》の神（鼬鼠）の年取り、二十三日の聖徳太子（大工の神）の年取り、二十四日の気仙の地蔵様の年取り、二十五日の文珠様、二十八日の不動様、二十九日の御蒼前様等がそれで、人間の年取りは三十日である。

○大黒様の年取り

二七六　十日の晩の大黒様の年取りには枝大根を神前に供える。伝説に大黒様がある時余り餅を食べ過ぎて死にそうになられた時、母神は早く生大根を食べる様に言われたがあいにく大根が無かったので道みち尋ねて行かれると、川傍で一人の下婢が大根を洗っているのに行逢われた。大黒様がそれを一本くれといわれると、女はこれは皆主人から数を調べて渡された物だから上げる訳には行かないと答えた。それで大変落胆しておられると、下女が言うには、君さま心安かれ、ここに枝大根があればと言って、折って差上げたので、大黒様は命拾いをされたと言い伝えている。

○七草の唱えごと

二七七　正月は三日が初不祥の悪日であるから、年始、礼参りなどは一日二日で止め、この日は何もしないでいる。そのほかの正月の行事、または七草などの仕方は、他の地方とあまり変らない。七草を叩く時にとなえる唱えごとは、

　どんどの虎と、いなかの虎と、渡らぬさきに、なに草はたく、七草はたく。

というのであった。

○縁起の塩

二七八　以前遠野の町では正月の十一日に与作塩と言って、各戸で多少にかかわらず塩を買うことがあった。昔与作という塩商人がある年の正月十一日に塩を売りあるくと、それを買った家では家毎に塩の中に黄金が入っていた。それから吉例となって、この日には塩を買う習慣が出来たのだそうな。

○小正月

二七九　小正月は女の年取りである。この日は家の中の諸道具も年を取る日であるからよそに貸してあった物等も皆持って来ておくようにして餅を供える。鍵に供えるのを、鍵鼻様の餅といって、夜これを家族の者が食べれば丈夫になるといわれている。そのほか蔵や納屋の鼠には嫁子餅と言って二つ餅を供える。また狼の餅と言うのは藁苞《わらつと》に餅の切れを包んで山の麓や木の枝などに結びつけておく。これは狼にやる餅で、ほかに狐の餅と言うことをもするのである。

○鴉呼ばり

二八〇　鴉呼《からすよ》ばりと言うことも、小正月の行事である。桝に餅を小さく切って入れ、まだ日のあるうちに、子供等がこれを手に持って鴉を呼ぶ。村のかなたこなたから、

　鴉来《こ》う、小豆餅呉《け》るから来《こ》うこ。

と歌う子供の声が聞えると、鴉の方でもこの日を知っているのかと思われる程、不思議に沢山な鴉の群がどこからか飛んで来るのであった。

○ヤロクロの祝言

二八一　やがて夕日が雪の上に赤々とかげる頃になると、家毎にヤロクロということをする。豆の皮や蕎麦《そば》の皮等を入れた桝を持ち、それを蒔きながら家の主人が玄関から城前までの間を、三度往復する。その時には次の歌を声高に歌うのである。

　ヤロクロ飛んで来る。銭《ぜに》こも金こも飛んで来る。馬こ持ちの殿かな、ベココ(牛)持ちの殿か

　な。豆の皮もほがほが、蕎麦の皮もほがほが。

ヤロクロとは遠野弥六郎様という殿様のことだそうで、その殿様が八戸から遠野へお国替えになって入部された時に、領内の民がお祝いをした行事が、今のヤロクロの元であると伝えられている。

○窓塞ぎ

二八二　この日にはヤツカカシ（窓塞ぎ）といって、栗の若木の枝を五寸ばかりの長さに切った物に餅、魚、昆布などの小さな切れを挿み、家の入口や窓などにさして、悪魔除けにする。

○もぐら除けの呪法

二八三　またナマゴヒキといって、
　ナマゴ殿のお通り、もぐら殿のお国替え。

という文句を怒鳴りながら、馬の沓に縄をつけたのを引摺って、家の周囲や屋敷の中をまわりあるく。これはもぐら除けのまじないだといわれている。

○果樹責

二八四　果樹責の行事もこの日である。この地方ではこれをモチキリといっている。一人が屋敷の中の樹の幹を斧でとんとんと叩いて、
　よい実がならなかならば伐るぞ。
と言うと、他の一人が、
　よい実をならせるから許してたもれ。
と唱える。

○夕顔立

二八五　また夕顔立といって、栗の木の枝に、胡桃《くるみ》の若枝の削ったのを挿し、馬の沓などをそれぞれに結んで吊し、その年の夕顔や南瓜《かぼちゃ》が豊作であるように祝うことも、小正月の行事の一つとして

行われている。

○小正月の訪問者

二八六　福の神やナモミタクリの他に、田植、畑蒔き、春駒など、小正月に行われる行事の種類はまだ幾つもある。田植は女の子らが松葉を手に持ち、雪の上で田植の真似をして餅を貰ってあるくのである。畑蒔きは、雪を鍬で畔立てして、よえとやら、さいとやええと歌って餅を貰い歩く。また春駒と言うのは、鈴を鳴らして家毎に白紙に馬を画いたのを配り歩き、これも餅を貰って行く。

○カセギドリ

二八七　今は警察の干渉があるので昔ほど盛には行われなくなったが、カセギドリということも、小正月の行事である。カセギドリとは鶏の真似だといわれている。村厳味《むらぎんみ》で家毎に一人ずつ若者を出し、総勢二、三十人の組をつくり、若者達は肩や腰に藁で作ったケンダイという物を巻き、頭に白笠を冠り、各々棒の先に藁の切ったのを結びつけて持っている。各組とも互いに自分の部落は歩かないで、必ず他村に討って出る。またこれを迎える方でも防備の組の準備をして待っている。カセギドリはまず隣村の代表的な豪家に押掛けて行き、総勢軒下で腰を屈めて鶏の真似をしながら、持参の大桝（五升桝）を家の中に投げ込む。その家ではこの桝に餅を一杯にして出さねばならぬが、そのさい桝切りと言って、鉈で桝を削って切って出すのがさだめである。これを出す途端にその村の若者達は餅をやるまいとして、桶ハギリに水を汲んでおいたのを、カセギドリの頭から掛ける。と、そこで争闘となるのである。また他部落のカセギドリ同志が途で出逢った時には、双方共まず腰を屈めて鶏の真似をし、その後に争闘をして勝てば、負けた方が今迄貰って来た餅を皆奪ってしまうのである。

○笠揃い

二八八　田植踊もこの日である。やはり村厳味で家毎に人を出し、この夜は男女打揃って踊り、笠揃いを済ます。

○鳥追い

二八九　翌十六日は、ヨンドリまたはヨウドリと言って、鳥追いである。未明に起きて家の周囲を板を叩いて三度まわる。

よんどりほい。朝鳥《あさどり》ほい。よなかのよい時や、鳥こもないじゃ、ほういほい。

という歌を歌ったり、または

夜《よ》よ鳥ほい。朝鳥ほい。あんまり悪い鳥こば、頭あ割って塩つけて、籠さ入れてからがいて、蝦夷が島さ追《ぼ》ってやれ。ほういほい。

と歌って、木で膳の裏などを叩いて廻るのである。

○ヨガカユブシ

二九〇　二十日はヤイトヤキ、またはヨガカユブシといって、松の葉を束ねて村中を持ち歩き、それに火をつけて互いに燻し合うことをする。これは夏になってから蚊や虫蛇に負けぬようにと言う意味である。

ヨガ蚊に負けな。蛇百足に負けな。

と歌いながら、どこの家へでも自由に入って行って燻し合い、鍵の鼻まで燻すのだという。

○麻の祝い

二九一　なおこの日は麻の祝いといって、背の低い女が朝来るのを忌む。もし来た時には、この松葉で燻して祓いをする。

○弓矢開き

二九二　正月の晦日は馬の年取りで、餅を小さく四十八に切って、藁苞に入れて家の中に吊して置き、これを翌月の九日に出して食う。二月九日は弓矢開きで、この日田植踊の笠を壊し、これで正月の儀式が全く終るのである。

○カマコヤキ

二九三　この地方では、三月の節句に子供達が集まってカマコヤキということをする。むしろ雛祭に優る楽しみとされていて、小正月が過ぎてからは学校の往還にも、カマコヤキの相談で持ち切りであった。まず川べりなどの位置のよい処を選んで竈を作り、三日の当日になると、朝早くから色々な物を家から持ち寄る。普通一つの竈には、五、六人から十七、八人位までの子供が仲間になって、銘々に米三合、味噌、鶏卵等の材料及び食器や諸道具を持ち寄るが、なおその上に是非とも赤魚《あかよ》、蜊貝《あさり》などが入用とされていた。炊事の仕事は十三、四歳を頭にして、女の子供が受持ち、男の子は薪取り、水汲み等をする。そうして朝から昼下りまでひっきりなしに御馳走を食べ合うが、それだけでは満足せず、時どきよその竈場《かまば》荒《あら》しをはじめる。不意に襲って組打ちをして竈を占領し、そこの御馳走を食い荒すのであるが、今はあまりやらなくなった。もう自分の方で腹一杯食べた後であるから、組打ちには勝っても食べられぬ場合が多い。佐々木君の幼少の頃、餓鬼大将田尻の長九郎テンボが隣部落の竈場を荒して、赤魚十三切れ、すまし汁三升、飯一鍋を一人で掻き込んだまではよかったが、そのために動けなくなって、川べりまで這って行くと、食べたものを全部吐いてしまったなどという笑い話も残っていて、この地方の人々には思い出の多い行事であった。

○竈場荒し

二九四　その他、的射《い》り、ハマツキ、テンバタ（凧）上げ等をするのもこの日で、節句前の町の市日などには、雉子の羽を飾り、紅白で美しく彩色をした弓矢や、昔の武勇談の勇士を画いたテンバタが店々に飾られた。

○餅の形

○薄餅由来

薄餅の由来＝↓補注57

○**むけの朔日**

○馬こ繋ぎ

馬子繋ぎ＝岩手県下で、六月十五日（本文は誤り）に行なわれる年中行事。神様がこの馬に乗って一年中の

二九五　お雛様に上げる餅は、菱形の蓬餅の他に、ハタキモノ（粉）を青や赤や黄に染めて餡入りの団子も作った。その形は兎の形、または色々な果実の形などで、たとえば松パグリ（松毬）の様なものや、唐辛、茄子など思い思いである。これを作るのは年ごろの娘達や、母、叔母達で、皆が打揃って仕事をした。

二九六　五月五日は薄餅《すすきもち》を作る。薄餅と言うのは、薄の新しい葉を刈って来て、それに搗《つ》き立ての水切り餅を包んだもので、餅が乾かぬうちに食べると、草の移り香がして、何ともいえぬ風味がある。※薄餅の由来として語り伝えられている話に、昔ある所に大そう仲のよい夫婦の者がいた。夫は妻が織った機《はた》を売りに遠い国へ行って、幾日も幾日も帰って来なかった。その留守に近所の若者共が、この女房の機を織っている傍へ来て覗き見をしては、うるさいことを色々としたので、女房は堪りかねて前の川に身を投げて死んでしまった。ちょうど旅から夫が帰って来てこの有様を見ると、女房の屍に取りすがって夜昼泣き悲しんでいたが、後にその肉を薄の葉に包んで持ち帰って餅にして食べた。これが五月節句に薄餅を作って食べるようになった始めであったという。この話は先年の五月節句の日、佐々木君の老母がその孫達に語り聞かせるのを聴いて、同君が憶えていたものである。

二九七　六月一日に桑の木の下に行くと、人間の皮が蛇の如く剝《む》け変るといって、この日だけは子供等は決して桑の実を食いにも行かない。

二九八　またこの日には※馬子《うまこ》繋《つな》ぎという行事がある。昔は馬の形を二つ藁で作って、その口のところに粢《しとぎ》を食わせ、早朝に川戸の側の樹の枝、水田の水口、産土《うぶすな》の社などへ、それぞれ送って行

農事の相談に出雲に行くと伝えているが、田の水口、産土の社などに送るのは、本来農神を迎える信仰と関わったものである。

〇七月七日

ったものだという。今では藁で作る代りに、半紙を横に六つに切って、それに版木で馬の形を二つ押して、これに粢を食わせてやはり同じような場所へ送って行く。

二九九　七月七日には是非とも筋太《すじぶと》の素麵を食べるものとされている。その由来として語られている譚は、五月の薄餅の話の後日譚のようになっている。夫は死んだ妻の肉を餅にして食べたが、そのうちから特別にスジハナギ（筋肉）だけを取っておいて、七月の七日に、今の素麵の様にして食べた。これが起りとなって、この日には今でも筋太の素麵を食べるのだという話である。

後記

六角牛《ろつこうし》の翠微を望んで、暫らくはほうとして居た。夏霞は晴れた日の「遠野」の空に、小雨でも降るやうに、うつすりとかゝつて居る。山の鼻を廻ると、一時にこれだけの見渡しを目にした。半時間も別れて居た猿ケ石の速瀬が、今は静かになつて、目の前にせゝらいだ。軽便で来る道々も、川と軌道と県道とが、岐れ岐れになつて、山に這入つてるぐあひが、目に沁みた。瞥見《べつけん》には、茶店と思われる小家《いえ》があつて、その背戸から直に、思ひがけない高い処へ、白々と道がのぼつてゐる様子など、とても風情があつた。まして二十年前、若い感激に心をうるまして、旅人は、道の草にも挨拶したい気もちを抱いて過ぎたことであらう。

目前にけたゝましく揚る響きは、上閉伊郡連合青年団の運動競技会の号砲ではないか。現に私どもが、此から土淵まで行かうと言ふので、佐々木さんが肝をいつて、やつと引つぱり出して見えた自動車の車掌があつた。昼から酔ひつぶれて、河童とでも相撲とりさうな、たゞの山の百姓になつて居た。盆花《ばな》も、きのふ今日と言ふのに、秋祭りでも来た様に、顔を赤くした人々で、道は車の乗りとほせぬ程、雑沓して居た。その町どほりを、あつちへ寄り、こつちへよろけ、よたよたと走つては、思ひ出した様に、さあかすもどきの挙手を、行きあふ知り人に投げた。その車掌が、である。

此が、この本の前記と、私の書く後記との間に横る小半世紀の内に、あつた変改であつた。遅れて来た私にとつては、仙人峠の上から、蒼茫として風の立つ遠野平を顧み勝ちに去つて行かれた先生の姿は、思ひ見るだけでも、羨みに堪へなかつた。

雲雀は、空に揚り尽して、凡近代行事に関心を持たない女年寄りだけが、墓掃除に余念もなく、こゝかしこの叢に出没して居た。実はそのために、佐々木夫人なども、昨日一足先に、仙台から還つて来てゐられるはずであつた。

鍵の手になつた建て物の、門通《じょう》に近い座敷のまはり縁に出て、山の夕日の直射を避けて居ると、いろ〳〵な考へが浮んで来る。

もうこゝの家にも、萩刈りを急がなければならぬやうな牛馬も居なくなつて居る様子だ。家のあとを立てゝ居る息子夫婦は、孫ぐるみ遠い都会に出てしまつて、女隠居ひとりであつた。縁者に当る者とかで、家を持たぬ百姓一家を住して、先祖の家を、木まぶりの様に守りとほして暮して居る人である。

寝部屋など見せて下さい、と言ひ出したら、薮入りに戻つて居たこゝの主人が案内に立つてくれたのは、どうも奉公人のねまの方であつたらしい。私の与へられた座敷とからかみをしきつた後《う》は、小座敷になつてゐるはずである。とかく此辺が、ざしきわらしの常居になつてゐるらしい気がしてならなかつた。今晩あたり寝苦しからうなどゝ思ひながら、ひつそりとした村の田を見に出たことであつた。その時から又、凡十年の月日が立つて居る。若々しくばかり思つて事へて来た先生も、ことしは、ちやうど人生の暦一ぱいの年に達せられた。と言ふことは、まだどう考へても、しつくりと胸に来ない。初版のまゝの表紙をかけて見ると、少し茶つぽい赤みの調子が、心祝ひの色あひを出してくれてゐるやうな気がする。

「唯、鏡石子は、年僅に二十四五、自分も之に十歳長ずるのみ」とあつた佐々木喜善さんも、早ことし三回忌の仏になつてしまはれた。

「遠野物語」後《ご》、二十年の間に、故人の書き溜めた採訪記は、ずゐぶんのかさに上つた。先生はもう、再版の興味などは、持つて居られなかつた。でもその間に、「広遠野物語」出版の計画に燃えた岡村千秋さんなどがあつて、昭和の初年には、公表したもの、未発表の分一切、先生の手もとに届けてあつたやうである。

念者の先生だから、楽しみ為事に書き直し〳〵して行かれて、稍半に達した頃、其中に包含せられて居た物が、「聴耳草紙」の形で、世間に出てしまつたので、此は永久日の目を見ない事になるものと、とあきらめて居た。

去年以来、せめてその計画の一部だけでも、実現して見たい、と言ふ志を起すものがあつて、待ち望んだ人々に喜んで頂く方に向いて来た訣である。だが何しろ、師匠の作物と言へば、過去の謙徳に育てられた者は、誰しもちよつと、手出しの出来かねるものである。此は専ら、若役に属するものと言ふ事から、一等骨惜しみをしない鈴木脩一さんに、編輯為事を引きうけて貰つた次第である。で、その後新しく著手した為事は、かの残りの半分に当る未整理の部分である。

私などは、まことに悠々と、高みで見物して居て、出来あがつた今頃、そろ〳〵おりて来て、こんな後記を書いて居るのだから、真実、先生に申し訣もなし、脩一さんの努力に対してもちよつと相すまぬ気がする。胸に浮んで来るのは、あの蟇猿餅とりの猿の姿である。手が長く、脚のはだかつた、あの山の横著者になつた気がする。

だが、先生の最記念すべき書物に、こんな事でも書して頂けるのは、弟子としては、本懐至極、身に余る喜びである。

元来、先生の聞き書は、私どもが曾て想像して来たよりも遙かに苦労がかけられて居るので、初稿本の後、又再稿本が出来て居たのである。印本「遠野物語」は、此が台本になつた訣だ。蟻地獄の様な書痴の人々の為に、書いて置く事は、其初・再両稿本の外に、遠野物語の最整うた校正刷り一揃ひ、すべて三部、嘗て先生の手もとに保存せられて居た。其が、悉く譲られて、池上隆祐さんの蔵書となつて居る事である。今度の本に、写真版となつたのは、其二部の稿本の中から、選んだものなのだ。

遠野物語前記に見えた、高雅な孤独を感ぜしめる反語は、二十何年前、私どもを極度に寂しがらしたものである。其民俗学の世界にも、先生一代の中に、花咲く春が来て、赤い頭巾を著て、扇ひろげて立つて居られる先生の姿を見る時が、こゝに廻り合せて来たのである。此豊けさと共に心は澄みわたるものゝ声を聞く。それは早池峰おろしの微風に乗るそよめきの様でもある。ざしきわらし・おしらさまから、猿のふつたち・おいぬのふつたちに到るまで、幽かにさゝやき合つてゐるのであらう。我が国の「心」と「土」とに、最即《そく》した斯学問の長者の為に、喜び交す響きに違ひない。寒戸《さむと》の婆も、この風に馭して来るであらう。故人鏡石子も、今日ごろはひそかに還つて、私どもの歓喜に、声合せてゐるのでないかと思ふ。

昭和十年盆の月夜

折口信夫

三礼

解説

谷川健一

本郷弥生町や大森が日本考古学にとって発生の地であるという以上に、岩手県遠野は日本民俗学のふるさとと呼ぶことができる。それは遠野をおとずれるものが、『遠野物語』をその場においてよみがえらせ、追体験できるからである。『遠野物語』の中の一木一草は架空のものではない。「我が九百年前の先輩今昔物語の如きは其当時に在りて既に今は昔の話なりしに反し此は是目前の出来事なり」(序)と柳田国男が自負するように、遠野の中に『物語』をたしかめることはかつて可能であり、今もその痕跡をたどることとくらいはむずかしくないのである。それは現在のパレスチナと聖書の中の物語との関係に似ている。

しかしそれだけではない、物語の素材を提供した佐々木「鏡石子は年僅に二十四五自分も之に十歳長ずるのみ」(序)と柳田が述べているように、柳田は壮気みなぎる年頃であり、その文章は「自分も亦一字一句をも加減せず感じたるまゝを書きたり」としながら、清新の気は文中に充溢した。ときあたかも明治四十年代の初頭にあたり、全国の山村は自給自足の態勢がようやくくずれていく段階にあった。その共同体の崩壊と分解とを眼のあたりにしながら、かつての農政学者柳田は、そこに昔ながらの山村の存在を知って、いちじるしい興味をおぼえずにはすまなかった。それが西にあっては日向椎葉の『後狩詞記』の記述であり、東にあっては陸中遠野の物語の編述となって結実した。こうして日本民俗学にとって最初の記念碑が打ち建てられた。

柳田は金石に鐫りつけるように、するどく、かたく、ほそい文体を使用した。それは「私」をまじえず対象そのものに語らしめるという方法であり、それによって対象を永遠に保存し、現存せしめようと考えたのである。しかし、それゆえに、『物語』の序文ではほしいままに感情を吐露した。

笛の調子高く歌は低くして側にあれども聞き難し。日は傾きて風吹き酔ひて人呼ぶ者の声も淋しく女は笑ひ児は走れども猶旅愁を奈何ともする能はざりき。盂蘭盆に新しき仏ある家は紅白の旗を高く揚げて魂を招く風あり。峠の馬上に於て東西を指点するに此旗十数所あり。村人の永住の地を去らんとする者とかりそめに入り込みたる旅人と又かの悠々たる霊山とを黄昏は徐に来りて包容し尽したり。

『遠野物語』の序文は名文とされている。しかも彼はその序の中で『物語』自体にたいする批評を忘れてはいない。

国内の山村にして遠野より更に物深き所には又無数の山神山人の伝説あるべし。願はくは之を語りて平地人を戦慄せしめよ。此書の如きは陳勝呉広のみ。

ここにおいて『物語』は一見素朴な体裁をとりながら、読者はその背後にある柳田の強烈な客観精神、いわば二重の眼をいやおうなしに感じざるを得ない仕組になっている。

柳田は一個の遠野を語ることによって、多くの遠野をと、呼びかけているのである。このあくなき普遍精神が『遠野物語』という固有の物語を不朽にした。遠野は固有名詞であると同時に、普通名詞となった。それが素材の提供者であった佐々木鏡石（喜善）と柳田国男との決定的な差異であった。したがって遠野が日本民俗学のふるさとというとき、二重の意味がこめられている。柳田が遠野というとき、それは増殖する遠野、深化する遠野である。はたして柳田はみずからの呼びかけにみずから答えたもののごとく、後年『山の人生』を世に送った。そこには「平地人を戦慄せしめ」る幾多の物語がこめられている。

そしてまた『遠野物語』は忠実な記録でありながら、柳田の普遍的な魂によって文学にまで昇華することができたのである。日本民俗学の発足以来、多くの民俗誌や採訪記や聞き書が誕生したが、文学と呼んでよいものはほとんど柳田の著作があるのみであり、なかんずく『遠野物語』は陸離たる光彩を放っている。この書が刊行されたとき、当時盛行していた自然主義信奉の文学者田山花袋から「粗野を気取ったぜいたく」と批評されたというが、たしかに柳田は日本の近代文学にあき足らずに民俗学に足をふみ入れたのであった。彼が民俗学を創始する有力な動機の一つはここにあった。したがって、近代文学に対する「ぜいたく」な注文者であった柳田の文学精神を私たちは『遠野物語』にみることができるのである。すでに指摘されているところであるが、柳田の気質は宗教上の神秘主義と文学上の浪漫主義である。神秘主義といっても西欧流の一神教的なものでもなければ、禅宗のような不立文字の世界でも、また原始宗教のような呪術的宇宙でもない。自然の精霊もしくは祖霊との交感である。

柳田自身、幼年時代に神かくしにあったことを『山の人生』に述べている。

神に隠されるやうな子供には、何か其前から他の児童と、稍々ちがつた気質が有るか否か。是が将来の興味ある問題であるが、私は有ると思つて居る。さうして私自身なども、隠され易い方の子供であつたかと考へる。

と前置きして柳田は十歳かそこらの思い出を語る。長いが引用してみる。

母と弟二人と茸狩に行つたことがある。遠くから常に見て居る小山であつたが、山の向ふの谷に暗い淋しい池があつて、暫く其岸へ下りて休んだ。夕日になつてから再び茸をさがしながら、同じ山を越えて元登つた方の山の口へ来たと思つたら、どんな風にあるいたものか、又々同じ淋しい池の岸へ戻つて来てしまつたのである。其時も茫としたやうな気がしたが、えらい声で母親がどなるので忽ち普通の心持になつた。此時の私がもし一人であつたら、恐らくは亦一つの神隠し例を残したことゝ思つて居る。

是も自分の遭遇ではあるが、あまり小さい時の事だから他人の話の様な感じがする。四歳の春に弟が生れて、自然に母の愛情注意も元ほどで無く、其上に所謂虫気があつて機嫌の悪い子供であつたらしい。其年の秋のかゝりでは無かつたかと思ふ。小さな絵本を貰つて寝ながら看て居たが、頻りに母に向つて神戸には叔母さんが有るかと尋ねたさうである。実は無いのだけれども他の事に気を取られて、母はいゝ加減な返事をして居たものと見える。其内に昼寝をしてしまつたから安心をして目を放すと、暫くして往つて見たらもう居なかつた。但し心配をしたのは三時間か四時間で、未だ鉦太鼓の騒ぎには及ばぬうちに、幸ひに近所の農夫が連れて戻つてくれた。県道を南に向いて一人で行くのを見て、どこの児だらうかと謂つた人も二三人はあつたさうだが、正式に迷子として発見せられたのは、家から二十何町離れた松林の道傍であつた。折よく此辺の新開畠に来て働いて居た者の中に、隣の親爺が居た為に、直ぐに私だといふことが知れた。どこへ行くつもりかと尋ねたら、神戸の叔母さんの処へと答へたさうだが、自分の今幽かに記憶して居るのは、抱かれて戻つて来る途の一つ二つの光景だけで、其他は悉く後日に母や隣人から聴いた話である。

柳田はこれに類する体験を『故郷七十年』でものべている。利根川畔の布川にいたとき、というから柳田の十四歳の年であるが、彼は屋敷に祀ってある石の祠の扉をあけて正体をのぞいてみた。それはそこの家のおばあさんだった人を祀ってあるのだった。扉の中にはひとにぎりほどの大きさの、じつにうつくしい蝋石の珠がおいてあった。その球をみたとき、柳田は昂奮してしまって何ともいえない妙な気持になって、しゃがんだままよく晴れた青い空を見上げた。するとふしぎにも数十の星がみえる。そんな気分になっているときに、突然高い空でヒヨドリがピーッと鳴いて通った。そうしたらその拍子に身がギュッと引きしまって、初めて人心持がついた。あのときにヒヨドリが鳴かなかったら、そのまま気が変になっていたんじゃないか、と柳田は後年述懐している。

柳田の異常な幼時体験をながながと引用したのはほかでもない。『遠野物語』にこうしたたぐいの話がおびただしく掲載されているのは、柳田に異常心理への特別な関心があったとみるほかなく、それは彼の幼時体験に根ざしていると私は考えるからである。

自然との交感、宇宙との冥合は彼の幼時にすでに顕著な気質であったが、それは青年時代も引きつがれた。柳田が『文学界』に投稿した新体詩は恋情を主題にしたものがほとんど全部である。激越な感情をうたいあげるのではなく、恋愛の情を瞑想する風情をとっている。藤村の『若菜集』にほとばしるパトスはどこにもみられない。紗の幕を透かしてうたうことに終始している。性愛的な感情を露骨に表現することへの嫌悪は、彼の神秘的傾向と相俟って、柳田民俗学の性格を特徴づけることになった。

しかも柳田が幼時の神秘的体験を自分一個の異常心理に帰せず、これを共同幻覚として捉えようとしていることは注意しなければならない。つまり柳田は自己の体験を対象化してみる醒めた眼をもっていた。(補注13参照)

『遠野物語』はいわゆる昔話の集成ではないから一定の話の型があるわけでない。しかし柳田が佐々木の口述を忠実に筆記したとしても、その物語はすでに佐々木という文学青年を濾過している。ここにおいて柳田は佐々木の口述をより正確に、共同幻覚の産み出した物語に近づける努力をしなければならなかった。

『遠野物語』は一見素朴な体裁をとっている。おそらく柳田は『遠野古事記』の体裁に倣おうとしたものであったろう。しかし『遠野物語』の「後記」に折口信夫が「元来、先生の聞き書は、私どもが曾て想像して来たよりも遥かに苦労がかけられて居るので、初稿本の後、又再稿本が出来て居たのである。印本『遠野物語』は、此が台本になった訣だ」と述べているように、柳田は彼の望む描写に肉迫するために刻苦と彫心を惜しまかった。それは昭和十年の増補版に初稿の写真版が掲げてあるのでわかることであるが、私は有名な寒戸《さむと》の婆の話〈八〉にふれてみたい。

本文と重複するが、話の都合上全文を左に掲げる。

黄昏《たそがれ》に女や子供の家の外に出て居る者はよく神隠しにあふことは他《よそ》の国々と同じ。松崎村の寒戸《さむと》と云ふ所の民家にて、若き娘梨の樹の下に草履《ぞうり》を脱ぎ置きたるまゝ行方を知らずなり、三十年あまり過ぎたりしに、或日親類知音の人々其家に集りてありし処へ、極めて老いさらぼひて其女帰り来れり。如何にして帰つて来たかと問へば人々に逢ひたかりし故帰りしなり。さらば又行かんとて、再び跡を留めず行き失せたり。其日は風の烈しく吹く日なりき。されば遠野郷の人は、今でも風の騒がしき日には、けふはサムトの婆《ばば》が帰つて来さうな日なりと云ふ。

ところがこれと類似した話を佐々木喜善は『東奥異聞』(大正十五年刊)にのせている。両者を比較するためにその文章をあげておく。ノボトとサムトは同じ地名である。

岩手県上閉伊郡松崎村字ノボトに茂助と云ふ家がある。昔此の家の娘、秋頃でもあつたのか裏の梨の木の下に行き其処に草履を脱ぎ置きしまゝに行衛不明になつた。然し其の後幾年かの年月を経つてある大嵐の日に其の娘は一人のひどく奇怪な老婆となつて家人に遭ひにやつて来た。其の態姿は全く山婆々のやうで、肌には苔が生い指の爪は二三寸に伸びてをつた。さうして一夜泊りで行つたが其れからは毎年やつて来た。その度毎に大風雨あり一郷ひどく難渋するので、遂には村方からの掛会いとなり、何とかして其の老婆の来ないやうに封ずるやうにとの厳談であつた。そこで仕方なく茂助の家にては巫子山伏を頼んで、同郡青笹村と自分との村境に一の石塔を建てゝ、こゝより内には来るなと言ふて封じてしまつた。其の後は其の老婆は来なくなつた。其の石塔も大正初年の大洪水の時に流失して今は無いのである。

佐々木喜善がどのような話を柳田にしたかそれは知るべくもない。しかしこの二つの話を並べただけで、あらがねが柳田の胸中でいかに吹き分けられたかを見ることはむずかしくない。佐々木の文章では神隠しに会った女はあたかも大風をもたらす自然の精のごときものとして扱われているだけで、その残像を読者の眼にとどめることはない。

これに反して柳田の文章からは、若い娘が老婆になって帰ってくるまでの時間の空白が愛惜をもって読者の胸に迫る。大風が吹く日になると、山にむかって波立つ村人の気持が読者には手にとるようにわかる。柳田は佐々木宛の手紙（大正十年三月十八日）で「文章を極度ニ簡潔ニ成さることをすゝめます」と云っているが、『遠野物語』はその手本を示したものであった。

しかし『遠野物語』は佐々木喜善の努力を無視しては、けっして公平に論ずることはできない。彼はその著『東奥異聞』（大正十五年刊）の末尾に次の文章を載せている。

一昨年の冬、村の老嫗と親しい知り合いとなつたお蔭で、かなり多くの昔話を聴くことができた（中略）。私は老嫗の家に、一月の下旬から二月の初めまでざつと五十余日の間殆ど毎日のように熱心に通つた。深雪も踏分け、吹雪の夜も往つた。村の人達には今日も馴染婆様の処に往くかと言つて笑はれた。或日などは早朝から夜の十二時過ぎまでも其人と炉傍に対向つて居たことさへあつた。何しろ外はあの大吹雪なので、少しの隙間からでもぴゆうぴゆうと粉雪が家の内に吹込んで、見る間に子供等の悪戯のやうな細長い白い山脈が出来た。雨戸をぴしぴしと締切って居るので、室内が薄暗く、差向ひの老媼の顔さへやつとぼんやりと見へる程度であつた。それに寒いから炉には生木をどん／＼焚いた。この火明りが昼間ながら丁度夜更のやうな気持ちをさせた。おまけに木が雪で凍つているのでぶーぶーと燻つた。煙くつて眼が開かれぬ程であつた。老媼は赤たゞれした眼に涙を止めどもなく流し、私も袖で顔を蔽い蔽い噺を聴いた。老媼は麻のニリを指の先きと口とで巧に細く裂き分けて、長い長い一筋の白子糸をつくり、それを苧籠《おむけ》に手繰り入れつゝ物語つた。さうして話に興が乗つて来ると、その苧籠をばくるりと己が背後に廻してやつた。

これと同様なことを佐々木は『老媼夜譚』（昭和二年刊）の序文にも書いている。この老媼は『遠野物語』〈七〇〉に出てくる土淵村山口の辷石《はねいし》たにえという人物で、「どうせおらが死ねばダンノハナさ持つて行つたつて誰も聴いてくれ申《し》さめから」といって、一七〇種あまりの話をひとりで佐々木喜善に教えたのであった。このおどろくべき記憶の持主は、まさしく遠野の風土が生んだものであったが、それに興味をよせて、日夜通った佐々木の執念も遠野の風土をはなれては考えられないのであった。当時、佐々木は泉鏡花を崇拝して鏡石と号する文学青年であった。柳田と最初会ったのは明治四十一年の秋頃と推定される。そして柳田は初版序文の冒頭に書き記したように、四十二年の二月頃から佐々木の話を書きとめ、八月の二十三日から三十一日まで東北旅行をこころみた折、柳田ははじめて遠野をおとずれた。そこで彼は『遠野古事記』をみた。『遠野物語』は四十三年六月、三百五十部が出版された。

柳田の佐々木宛書簡をみると「遠野物語 第二の 原稿御作中のよし 一日も早く拝見仕度まち居

候」（明治四十三年十二月四日付）、「遠野談追々新増し愉快に存候　貴稿続編ハ是非筆を取り給ふべく候　遠野物語刊行後之に伴ひて記録しおくべきこと小生の方にても殖え申候ニ付行々は貴兄と協力して広遠野物語とでも題すべき袖珍ポイント字の美しき冊子を作り置度存居候」（四十四年三月十九日付）、「水野君より勧業銀行の雑誌をくれられしにより御熱心に広遠野譚を御あつめのことを知り候」（四十四年四月二十三日付）、「遠野譚の増補ハ早く御まとめ被下度　跡から出た分ハ第三版に出し可申故出来るなら来年早々位に世に公にせぬとあの面白味を人が忘れ可申」（四十四年八月九日付）と柳田は矢つぎ早やに佐々木を激励し催促している。それが「御送付被下候原稿ハ一旦雑誌にのせて共有物といたし置候　遠野物語の続は中〻近きうちニハ出さうにもなき故なり」（大正二年五月二十三日付）という心境に推移した。そしてさらに「考ふるに貴兄ハ今岐路に在り貴君を現はす為ニ此文章で突進せらるゝか柳田が趣味にまけて化せらるゝかの二つより一を択び給へ、自分の希望を言へば後者なることは勿論也　然すればやはり瘤取の如く全然貴意に反するものとなるべきか。名前を君の名にするは些かも異存なきも彼の如くかはつてハあまり張合なからんかと考出し今一度御思案を乞ひ候」（大正五年十月二十八日付）となるのである。

ここには一旦文芸の道に足を踏み入れ、そこの世界に飽き足らずして民俗学の世界を目指した柳田の、文学青年佐々木鏡石にたいする思いやりにみちた苦言がある。それは『聴耳草紙』に序文をよせた柳田の次の文章が裏書する。

佐々木君も初めは、多くの東北人のやうに、夢の多い鋭敏といふ程度まで感覚の発達した人として当然あまり下品な部分を切り捨てたり、我意に従って取捨を行なつたりする傾向の見えた人であつた。それがほとんど自分の性癖を抑へきつて、僅かばかりしかない将来の研究者のためにこういふ客観の記録を残す気になつたのは、決して自然の傾向ではなく、大変な努力の結果である。これまで普通に郷里を語ろうとしていた者のしばしば陥り易い文飾というものを、殊にこの方面に趣味の発達した人が、己をむなしゆうして捨て去つたといふ事は、かなり大きな努力であつたと思はれる。

これによって佐々木が昔話の素朴な収集にあきたらず、それに空想をまじえ文芸の趣味を加えようとしたことはほぼあきらかであるが、今日でも共同幻覚の産物である昔話に、個人の恣意を接木することをもって、芸術的により完成した世界を目指そうとする誤った試みはあとをたたないのである。

しかし、「再版覚書」にみるように、佐々木と協力して『広遠野譚』を出そうとする柳田の意図は、佐々木が『聴耳草紙』を刊行したことによって中絶した。したがって、「拾遺」は佐々木の提出した資料を柳田が書き改めたものが約半分、のこりは鈴木脩一が柳田の方針の下に删定整理したものである。『拾遺』がいくぶん未完成の観を呈し、文体も文語体から口語体へと変っているのは、そうしたやむを得ない事情をふまえてのことであった。

ここにおいて私は一節を例に『遠野物語』そのものについて言及してみたい。『拾遺』の〈一三八〉〈一三九〉〈一四〇〉には鮭にまつわるふしぎな話がかかげてある。

遠野の町に宮という家がある。土地で最も古い家だと伝えられている。この家の元祖は今の気仙口を越えて、鮭に乗って入って来たそうだが、その当時はまだ遠野郷は一円に広い湖水であったという。その鮭に乗って来た人は、今の物見山の岡続き、鷲崎という山端《やまばた》に住んでいたと聴いている。その頃はこの鷲崎に二戸愛宕山に一戸、その他若干の人がいたばかりであったともいっている。

宮の家が鷲崎に住んでいた頃、愛宕山には今の倉堀家の先祖が住んでいた。ある日倉堀の方の者が御器《ごき》洗場《あらいば》に出ていると、鮭の皮が流れて来た。これは鷲崎に何か変事があるに相違ないと言って、さっそく船を仕立てて出かけその危難を救った。そんな事からこの宮家では、後に永く鮭の魚は決して食わなかった。

大昔、一面に湖水であった遠野盆地に、鮭の背にのった人がやってきてそれが草分けの家となる、とは想像力を刺戟する話であるが、こうした例が他地方にもなくはない。上野英信氏によると、九州の遠賀川をかなりさかのぼった嘉穂市の大隈には鮭大明神という額のかかった神社があり、かつては社の棟札に「竜宮使」と記されていたという。鮭が無事にここまでのぼってきたらその年はかならず豊穣であり、もし途中でこれを捕えて食べたりすると、かならず災難に会うと、縁起に述べられている。この海神の使者である鮭がすがたをみせなくなって半世紀以上経過しているが、鮭大明神の氏子一同は、いまも鮭を口にしないという掟をきびしく守っている。老人も若者もひとしくそうである。

ところで、『拾遺』〈三三〉には、橋野の沢の不動の祭の日に海から橋野川をさかのぼって参詣にやってきた鮫の話が載っている。志摩半島の伊雑《いぞう》宮でおこなわれる御田植祭には、七本鮫が参詣に的矢湾をさかのぼってくるという伝承がある。そこで伊雑宮の所在地の磯部《いそべ》ではまえには鮫の肉を口にしなかった。こうした話が古くからあったことは、『肥前国風土記』に次の記事が見付かることで確認される。「佐嘉川（今の嘉瀬川）の川上に石神《いしかみ》があって、そこに毎年、海の神であるワニが川をさかのぼってやってきた。この魚を畏敬すると禍がなく、捕って食べると死ぬことにもなりかねなかった」ここでいうワニは鮫のことである。出雲ではいまでも鮫もワニと呼んでいる。

これは日本本土だけではない。沖縄には先島の黒島に多良間真牛の話がのこっている。この真牛という男は、漂流し無人島に着いたが、一丈余の黄色な大鮫の背にのって帰島することができた。そこでその子孫は鮫の肉をたべないといわれている。また『宮古島旧記』によると、宮古の統一をなしとげた仲宗根豊見親は、沖縄からの帰りがけ逆風に会って八重山島に漂着したとき、サメに助けられて帰島することができた。そこで仲宗根豊見親の子孫は今でもサメを食わないという。

こうした事例をみれば、遠野の草分けの家が鮭に乗ってきたという伝承は、かならずしも遠野にかぎったことでなく、南島にまでひろがる説話のヴァリエーションにすぎないことが分る。ここにおいて、私たちは『遠野物語』を遠野だけに固有な物語に帰することのあやまりを知る。鮭も鮫も海神の使者であり、その神秘的ともみえる回遊本能への畏敬を人びとは古くからもっていたのであった。

それと同時に、鮭のすがたをみないところに鮭の話が生まれない事実をもって、『物語』のもっとも素朴な前提とみなすことはゆるされねばならない。つまり鮭が川を遡行する南限とされた遠賀川までには、鮭の伝承があり、それより南は鮫にかわっている。一方、鮫の伝承は遠野にも入りこんでいる。こうして普遍的な伝承の上にかすかすに落ちる固有性の影が『遠野物語』のきめをこまかくしている。しかもこの『物語』の特色はそれにとどまらない。昔話ではその中の人物は共同幻覚の所産として類型的な相貌をおびる。これにたいして『遠野物語』の人物の輪廓は意外とするどいのである。まえにのべた寒戸の婆がそうである。また鮭の話で、鮭がのぼってくるのでなく、鮭に助けられ、その背に乗ってくるのでもなく、みずからの意志で鮭の背にのってきたとして、まるで鮭の王を思わせるのがそうである。筆を極度に惜しんだその人物像のあざやかさは、冗漫で恣意的な民話作家のよくするところではない。昔話とその聴き手との間には一定の距離があるから、昔話は近景の詳細ではなくて遠景の鮮明さを求めねばならぬ。葉肉は腐っても葉脈はのこる。木の葉の化石がそうであるように、昔話の筋とは近代小説の筋ではなく、のこった葉脈を指すのである。おそらく柳田はこの間の消息に通じていた。

しかし『遠野物語』の人物像が鮮明であるというのは、柳田の力量によるものばかりではあるまい。やはり話の背景となる遠野の風土にかかわりがあると私は考える。

佐々木があげているのに次の話がある。

遠野の町に正直な男がゐて、物見山のふもとの用堰のほとりを田の水を見ながら歩いていると、キチキチキチキチと云ふ妙な音がきこえる。はじめは虫の鳴く声かと思つてゐたが、それがあまりに変つて居るので、その物音を探して、堰に架つた橋の所まで行つて見ると、その橋の下に人声があつて、此所だ此所だと云つた。で、そこをのぞいて見ると、小さな一個の人形が居つて、声を出して居るのだつた。あまりめづらしいことなので、拾って家へ持ち帰り、仏壇の中に入れて置いた。ところが、その人形を拾ってからは、男の性格ががらりと変つてしまつて、盗みをしたくて仕様がなくなつた。夜中など方々へ行つて泥棒をして居たが、その人形をふところにした夜などは、どんな盗みも思ふまゝであつた。だが、毎晩のやうに遠野の町で盗難に会ひ、その男が得体の知れない財産をふやしていくので、嫌疑がかゝつて役所につれてゆかれた。そして男は罪状を告白した。拾つた人形から唆かされたと答へた。人形は焼き捨てられた。するとその男はまたもとの正直者に立ちかへつた。

(『東北の土俗』所収)

この人形はどろぼうの神さまなのであった。この話は私が今年(七二年)に訪れたとき遠野在のイタコの口からも聞いたもので、遠野では有名な話なのである。遠野では神も取りすましてはいない。善悪を問わず人間生活の中に入りこんでいる。オクナイサマは、寒中、首筋に荒縄をまきつけられ、井戸の中に入れられては引き上げられ、水に浸けられては引き上げられぬとよろこばない。木の棒で足腰をうんと叩かれぬと気に召さない神、子供好きで、しばしば雪ぞりにされ、すっかり背中をすりへらされないと満足しない神もいる。オシラサマ、オクナイサマ、カクラサマ、ザシキワラシ、またそれをつかうイタコや飯綱使いの話など、きわめて人間くさい神と人間、精霊と人間の交渉は『遠野物語』の主要な柱の一つである。

もう一つの柱は山人と村人との交渉である。柳田は佐々木と知り合った明治四十二年には九州の日向椎葉村の旅行の所産である『後狩詞記』を自家出版している。そして『遠野物語』を刊行した四十三年十月と四十四年には「山神とヲコゼ」と題する文章を、四十四年と四十五年には「『イタコ』及び『サンカ』」を『人類学雑誌』などに発表し、大正二年と六年の雑誌『郷土研究』には「山人外伝資料」を掲載している。それは冒頭に述べたように大正十四年の『山の人生』に結実するのである。柳田は佐々木宛の手紙の中でも「此頃非常に事件多けれども少閑をもつて『山人』の話を集めをり候　御話の中に此種あらば一日もはやくきゝ度ものに候」（明治四十三年十月二十六日付）、「十二日から十五日迄甲斐より相模へ流出つる道志川の谿谷を下り旅行をこゝろみ今帰宅した所に候　此山には山男居らぬやうに候」（明治四十四年五月十六日付）、「川魚を捕り籠《カゴ》サヽラ箒の類を作りて売り又箕《ミ》を直すを業とし一所不住ニて布の天幕を作り家族共ヽ諸所を移住しあるくもの御地方ニてハ『テンバ』又は『テンボ』、『テンマ』と申かと存候　遠野附近にも居るかも知れず　伊能先生が早池峯山中に穴居せし者と言ハれしハ是なるべく相馬附近ニて今も年々山腹の穴の中に来て住むよしに候　御地にても御聞会被下度候」（四十四年八月九日）と山人にたいする関心をつよく表明している。椎葉山中の狩の故実と遠野の物語は彼の採集の大きな刺戟になったことが想像される。

もう一つの柱は他界と村人との交渉である。『遠野物語』をよんだものは、

昔は六十を超えたる老人はすべて此蓮台野（解説者注―デンデラ野のこと）へ追い遣るの習ありき。老人は徒《いたずら》に死んで了《しま》ふこともならぬ故に、日中は里へ下り農作して口を糊《ぬら》したり。その為に今も山口土淵辺にては朝《あした》に野らに出づるをハカダチと云ひ、夕方野らより帰ることをハカアガリと云ふと云へり。（一一一）

村中に死ぬ人がある時は、あらかじめこの家にシルマシがあるという。すなわち死ぬのが男ならば、デンデラ野を夜なかに馬を引いて山歌を歌ったり、または馬の鳴輪の音をさせて通る。女ならば平生歌っていた歌を小声で吟じたり、啜泣きをしたり、あるいは高声に話をしたりなどしてここを通り過ぎ、やがてその声は戦争場《いくさば》の辺まで行ってやむ。

『拾遺』〈二六六〉

とかある文章を忘れることはできないであろう。

このデンデラ野は土淵村では佐々木喜善の生家のすぐ近くにあって、今は畑になっている。おそらく佐々木の意識にそのデンデラ野は朝となく夕となく去来せざるを得ないものであったが、他界の近さはおどろくに足りる。老人を捨てたといわれるデンデラ野で、云わば生きながら死んだ人たちの生活が見られるということは、当時の村人が現在の人たちには想像もつかない異様な名状しがたい光景と、毎日顔を合せて生活したことを意味する。

もう一つの『遠野物語』の柱は村人と獣たち、つまり人獣の交渉である。たとえば〈三六〉、

猿の経立《ふつたち》、御犬《おいぬ》の経立は恐ろしきものなり。御犬とは狼のことなり。山口の村に近き二《ふた》ツ石山《いしやま》は岩山なり。ある雨の日、小学校より帰る子ども此山を見るに、処々の岩の上に御犬うづくまりてあり。やがて首を下より押上ぐるやうにしてかはる〴〵吠えたり。正面より見れば生れ立ての馬の子ほどに見ゆ。後から見れば存外小さしと云へり。御犬のうなる声ほど物凄く恐ろしきものは無し。

という精細な観察がある。またたとえば、『拾遺』〈一九七〉に、

佐々木君の友人の一人が遠野の中学校の生徒の時、春の日の午後に町へ出て牛肉を買い、竹の皮包みを下げて鍋倉山の麓、中学校の裏手の細道に来かかると、路傍に可愛い一疋の小兎がぴょんぴょんと跳ねていた。不思議に思って立止まって見ると、しきりに自分の下げている包みへ手を伸ばすので、まずその包みをしかと懐へ入れてから兎を見ていた。すると兎はやがて後足で立上がり、またいつの間にか小娘のする赤い前垂をしめ、白い手拭をかぶって踊を踊っている。それがあたりの樹の枝の上に乗っているように見えたり、またそうかと思うとすぐ眼の前にいる様に見えたりしたそうである。そうしてしまいには猫のようになって、段々と遠くに行って姿が消えてしまった。これも狐であったろうと言っている。

という話がのっている。これは対象が刻々に変化していくという表現になっているが、むしろその対象を見る者の一種の入眠状態にあった意識の変化を示しているものである。赤い前垂をしめた兎から猫のように朦朧たるかっこうにかわっていくということは、意識が催眠状態の中で鮮やかにかがやき出しやがて衰頽していく過程を示しているとおもわれる。

文中に出てくる鍋倉山は鍋倉城址のあるところで市の中心部からわずかの距離にあるが、私は遠野を訪れたときに菊池幹さんから、興味ある話を聞いた。

遠野市役所では昨年暮の忘年会を目抜き通りの酒亭でおこなった。にもかかわらず宴会場を出たとたんに、市役所の小使さんが化されて、鍋倉城址のある山の方にのぼっていった。あとで正気づいた小使さんが鍋倉山の上から叫ぶと、ふもとの方から心配げに答える人たちがいて、やっ

と元に戻ることができた。あとで小使さんが自分の迷いこんだ坂道をもう一度たどってみたら雪の上の自分の足跡のまわりに、狐の足跡が点々とまつわりついていたという話であった。こうした証拠があっては狐の仕業にまちがいないと、遠野の人たちは信じている様子であった。

遠野では旧藩時代には窓税が取られるというので、ふつうの農家はまどを開けなかったという。ただでさえ暗い家のなかは雪でも降れば、夕暮のような状態を呈したことは、前記の佐々木の文章でもうかがわれるが、神や精霊や死人や狐やザシキワラシなどが家の中に自在に出入したことは『遠野物語』の随所に指摘することができる。雪が音をたてて屋根をすべり落ち、柱が凍み割れ、炉の榾火が障子に物の影を描き出す。という環境の中で遠野の物語は祖母から孫へ、親から子へ語りつがれていったのであった。

しかし、遠野に『物語』がかくも残ったのはそこが辺鄙な山村であったから、というだけでは足りない。遠野が交通の要所であったということが大きな力をもっている、と私は考える。宝暦の頃に書かれた『遠野古事記』には、「八十四、五年前迄は……他郷他領の乞食も鉦打坊主も抜参宮の子供等も勧進に参り候。其頃、松前の夷か、田名部の夷か、惣躰毛の生えたる乞食夷小弓へ小矢を取り添へ度々参り候」とあるように、さまざまな人間が遠野に入りこんで、そのなかにはアイヌの乞食とおもわれるものもまじっていたのである。つまり、遠野の人たちと外部との交渉が、開かれた好奇心を刺激し、『物語』の柱のひとつになっていることを見のがすことはできない。

たとえば〈一〇六〉には

海岸の山田にては蜃気楼年々見ゆ。常に外国の景色なりと云ふ。見馴れぬ都のさまにし

て、路上の車馬しげく人の往来眼ざましきばかりなり。年毎に家の形など聊も違ふこと無し
と云へり。

とある。記録によると山田には寛永年間にもまた寛政年間にもオランダ人の乗った紅毛船が漂着した。また陸前北部には明治初年にハリストス正教が普及しはじめている。陸中や陸前の海岸部と関係の深かった遠野が、物語の中に一抹のエキゾチシズムをとり入れたのは、そうした事実が刺激になっていると想像される。

岩手県は四国全体とおなじ面積をもつとされているが、遠野はその岩手県下の市町村でも二番目に大きい。現在の遠野市は東京二十三区に匹敵するといわれる。その領域は柳田がおとずれたときとそのままである。そしてその四周はすべて峠をもつ山によって縁どられている。この四周があるために『物語』は遠野の盆地の中で生まれ育ち、またこの峠を越えて『物語』も外部と交流したのである。遠野盆地は、西は五輪峠をこえて江刺の岩谷堂へ、また小峠と五輪山との間をながれる猿ヶ石川の流れをたどってその下流の花巻につうじる。東は仙人峠をとおって釜石へ、笛吹峠と界木峠をこえて大槌へ、赤羽根峠をこえて気仙の盛《さかり》へつうじている。また北西は小峠をとおって、稗貫郡大迫から、紫波郡日詰にいたる遠野街道がある。このほか立丸峠をこえて小国へつうじている道もある。藩政時代の遠野町は、遠野南部氏一万二千五百石の城下町としてさかえたが、交通の要衝としても重要な交易地であった。寛永四年（一六二七）に八戸の一族南部直栄が遠野に移封されるまえに、すでに一日市町、六日町があった。延宝九年（一六八一）に町家の人口は五百人を下らなかったと想像される。町家と武家などの人口をあわせると四千人位のものだ

ったとおもわれる。それが百年後の安永九年(一七八〇)には町家、武家の人口をあわせて六千人近くにふえたが、明治維新ののち城下町としての遠野は没落し、ついで大正初年、軽便鉄道が開通すると、遠野は中継交易地としての地位をも失なうことになって、繁栄をほこり、出馬千頭入馬千頭とうたわれた一、六の市日は急速に衰えていったと『遠野町誌』はつたえている。しかし大正頃までは、遠野の馬方は馬に米を背負わせ、笛吹峠をこえて橋野まではこび、そこで大槌町からもってきた魚類と交換したという話を私は現地で聞いた。柳田国男が遠野を訪れた明治末年には、まだ昔ながらの習俗や交易地の名残りの風景は眼に触れることができたはずである。それは初版の序文に充分うかがわれる。

　私が今年の六月初めに遠野を訪れたときには、十五年まえに遠野の土をふんだときと、いささかちがっていた。まえには柳田が宿泊したという旅館がまだ残っていて、私も柳田が見たという部屋の窓から六角《ろっこ》牛《うし》のやわらかな山容をながめたものだった。歳月の波はこの北上山系の中の地方都市にも押しよせていて、その白壁のうつくしい旅館は見当らなかった。たずねると、取りこわしたのだという。南部の曲り屋といわれる鍵形の茅屋もほとんど見られなくなって、まえに会ったことのある土淵の佐々木喜善の未亡人はすでに他界していた。そして佐々木家のうしろにあるデンデラ野は畑となって見分けがつかなくなり、松崎部落の橋のたもとにあるサムト(登戸《のぼと》)の家並みも道路ぞいにほこりをかぶっていた。しかし、私が菊池幹氏に案内されて同行の島亨氏とのぼった物見山の風景はすばらしかった。物見山は九一七メートルというたかい山だが、遠野町の南部にあって鍋倉城址のある鍋倉山とつづいている。山頂付近は全山山つつじで蔽われていた。山つつじは山の女神の花といわれている。

旧藩時代に斥候《ものみ》がながめた山にふさわしく、山頂からは遠野の郷が一望に見渡せる。菊池幹氏の指呼する『遠野物語』の地名は、空気が澄んでいるために細部までよくみえる。そこには早池峯や六角牛を背景とした盆地の左手を猿ヶ石川が蛇行しており、いくつかの街道が山あいに消えていた。いわば葉肉は腐れおちても葉脈はのこる。柳田国男が訪れ、そのあと折口信夫が訪れたときと今また時代は幾変遷したが、私は『遠野物語』があいもかわらず生きていることをひしと感じた。

補注

島　亨

1　上閉伊郡＝閉伊の名は、続日本紀霊亀元年（七一五）の条の「閉村」、続日本後紀弘仁二年（八一一）の条の「弊伊村」などの文例が最も古いものであろう。しかし、ここでいう「閉村」は今日の閉伊川流域を中心とする海道地方（宮古市が河口）を指したと思われ、遠野盆地一帯の上閉伊郡は、「閉村」に対し区別されて、続日本後紀では「遠閉伊」と呼ばれている。従って、遠野郷一帯は古代に「遠閉伊」と呼ばれたと考えてよい。この「遠閉伊」の語は、音の転訛によって「拾戸（トオヘ）」とも記されるにいたった（遠野南部氏文書・寛永四年の知行印紙ほか）。なお「閉伊」の語源は、『方言誌』によれば、アイヌ語のペッ（Pet）＝河川の意に由来するとされ、閉伊川流域を意味する地名より出たという。「遠閉伊」は、遠がアイヌ語のトー（Tō）＝湖であるから、湖水の意味であろうともいう。

2　遠野保＝遠野南部氏文書・建武元年（一三三四）の国宣に「遠野保」とあり、これは「遠野」の名が顕われる文書の最古のものという（『上閉伊郡志』）。保は中世の国衙《こくが》領の一種で、未懇地、荒廃地を開発して開発者を保司とし、土地を○○保と呼んだ。『方言誌』では、アイヌ語でTō（湖）Nup（丘原）の義と解してトウヌップ→遠野保→遠野の転訛を考え、「蓋し遠野盆地の自然の地勢上往古東夷の占居時代に一大湖水を形づくりしは事実なるべし。釧路国釧路郡釧路町に属する天寧の北約二里の山駅にて釧路川左方に遠野の地名あり」としている。遠野盆地がかつて湖水であったという伝承は、『拾遺』〈一三八〉にも記されている。

3　南部家一万石＝遠野南部氏は、寛永四年（一六二七）三月、南部家の一門で八戸にあった南部弥六郎直栄が藩主南部利直の委任により、遠野に移治したのにはじまる。遠野南部氏は、南部藩の附庸陪臣でありながら、特殊な委任統治の全権をまかせられ、幕府においても特制としてこれを認めた。石高は一万二千五百石。

4　七内八崎＝水内、栃内、西内、来内、瀬内、馬木の内、佐比内の七内に、須崎、柏崎、山崎、野崎、林崎、矢崎、鶯崎、躺崎の八崎をいう。

5　七七十里＝上閉伊郡大槌方面、稗貫郡花巻方面、紫波貫郡山方面、気仙郡盛方面、高田郡二方面、江刺郡岩谷堂方面の七方面、七十里の間をいう（『上閉伊郡志』）。

6　伊豆権現＝柳田国男『石神問答』に「…神体は海上出現の円鏡なりと云ひ三韓を経て渡来せし異国の神なりとも申候て種々奇怪の説を為せしやうに候　東鑑を見ても知らるゝ如く箱根権現と共に鎌倉幕府の崇敬厚かりし社に候へば頼朝奥州征伐の頃などより始りて段々に御地方に伝播せしものかも知れず候」とある。なお、『上郷村誌』によれば、伊豆権現は「田村麿将軍が征夷の時代拓植の一手段として遣わされた婦人である」という。

7　山人＝柳田は『遠野物語』（明治四十三年）から『山人外伝資料』、『山の人生』（大正十四年）にいたる民俗学研究の初期において、山人の追求に最も関心を抱いた。これらで柳田は、村里の生活空間を越えた異境に対する幻想としてのみでなく、全く別個の生活様式を持ち続けた先住民の系譜の中に、山人の存在やその記憶の伝承を見いだそうとしている（これらについては前記著作と共に、特に柳田と南方熊楠の間になされた往復書簡による論争をも参照されたい。南方は柳田の先住民説に批判的で、柳田や佐々木喜善のいう山人などは普通の山間生活者にすぎず、真の山男とは猴類にして二手二足の原始人類ともいうべきものとした）。後の柳田は、初期の先住民説にあまり触れず、むしろ、日本人の信仰、生活心意の祖形を求めて、祖霊の留まる場所としての山を考え、神（祖霊）と人とを結ぶ巫女などの神人の姿が変容を遂げ、山姥などの山人伝承となったとみている（『先祖の話』ほか参照）。今日の民俗学では、初期の柳田が提出した先住民説は十分に論究されぬまま、あまり問題とされていない。

なお、吉本隆明『共同幻想論』は、これらの先住民説、祖霊信仰＝高所信仰等の視点を捨象して（カッコに入れて）、村里の人々の心意の内にある山人の存在の意味のみを純粋抽出しようと試みたもので、共同体における禁忌と黙契、恐怖の共同性という視点が提示されている。

8　**笛吹峠**＝『拾遺』（二）に峠の地名由来伝説がある。すぐ北の境木峠と共に、大槌・釜石などの浜にぬける街道で、大正末まで遠野からは米、浜からは海産物が馬に積まれて運ばれた。積まれた米と海産物は、峠をくだった部落の馬次場で、遠野と浜からの荷駄が出会い、交換された。笛吹峠では大口、境木峠では和山が馬次場であった。遠野町より笛吹峠を経て栗橋村から鵜住居村にいたるまでを鵜住居街道という。

9　**境木峠**＝土淵より境木峠、和山峠をこえて大槌にいたる街道を大槌往還（大槌街道）といった。境木峠の名は、杖立峠、榎峠などと同様に、境の神の依代として立木、杖、折柴、石積みなどを目じるしとする信仰によるのであろう。

10　**長者**＝伝説では長者の尋常を絶した栄耀栄華やその没落が語られ、昔話では長者となった由来などが多く語られるとされるが、伝説や昔話、さらには伝承の尾をひいたうわさ話、経験譚などをも合わせて民譚とすれば、このような分類以前の生きた民譚のうちにこそ、常民の心意がどのような構造をもってきたかをさぐることができる。『遠野物語』は、何よりも現在的に生まれ生きつつある民譚の世界である。

11　**糠前**＝柳田『木思石語』に「大抵は昔一人のえらい長者があり、其家の飯米を搗いた籾殻が、棄てゝ此通りの塚になったと伝説する。稲はつい近頃まで籾のままで貯蔵され、入用に臨んで搗いて其粡糠（あらぬか）を塚の形に積んで置く習ひがあった。それが大きくていつ迄も処分せられずにあったといふことは、即ち祭とか大集会とか、過去の大事件の記念であったに相違ない」とある。すでに播磨風土記に糠岡の話がある。

なお、『方言誌』では、糠前をアイヌ語で、Nok-anu（卵を生む）Moi（平地）の意としている。

12　**神隠し**＝柳田『山の人生』では「神隠しと称する日本の社会の奇現象は、余りにも数が多く、其中には明白に自身の気の狂ひから、何と無く山に飛込んだ者も少なくないのですが、原因の明瞭になったものは曾て無いので、しかも多くは還って来ず、一方には年を隔てゝ山中で行逢ふたといふ話が、決して珍しくは無い」として、先住民である山人が「里に降って若い男女を誘ふことも、稀では無かったやうに考へます」と書いている。歳月を経て風の吹く夜に帰ってきたサムトの婆の如き事例が『山の人生』『妖怪談義』に多く紹介されている。

13　**一同ことごとく色を失ひ**＝柳田はのちにこのような村人が同時に何者ともしれぬ声を聴いたり見たりする体験を「共同幻覚」という言葉で考えた。『口承文芸史考』の中の「夢と文芸」（昭和十三年）に次のように書かれている。「夢の神秘の最も究め難い部分は、一家一門の同じ悩みを抱いた人々が、時と処を異にして同じ夢を見、それを語り合って愈々其信仰を固めるといふ場合である。是は近世に入って一段と稀有の例になり、僅かに文筆の間に稍々おぼつかない記録を留むるのみであるが、現実には却って之に似た遭遇が多い。自分は夙くから是を共同幻覚と呼んで居る。たとへば荒海の船の中で、又は深山の小屋に宿して、起きて数人の者が同じ音楽や笑ひ声を聴き、又はあやかしの火を視ることがある。それを目耳の迷ひだと言はうとしても、我も人も共にだから容易にはさうかなァと言はない。似かよった境涯に生きて居ると、同じやうな心の動きが起るものか。もしくは甲の印象は鮮明で強く、乙丙は弱くして漠然たる、稍々近い感じを受けて居るに過ぎぬ場合でも、一人が言ひ出すと自然に其気にもなり、又段々にさう思ふやうになるのか、是は遠からず実験して見る人があるであらう。夢が文芸に移って行く経路を考へると、或ひは後の方の想像が当たって居るのではないかと思はれる」と。ここで柳田のいう共同幻覚とは、同時に同じ場所で多数がみる幻覚に限定されているようだが、『拾遺』〈一五四〉のように遠く離れた家族同士が共同の夢や幻覚を見る場合についても、他の著書ではこれを共同幻覚として解している（『明治大正史―世相篇―』の「新色音論」参照）。また、前記引用文に次いで「夢も本来共有の物であった」「我々の共同の夢は発達したのである」とあるように、柳田は夢や幻覚が共同のものとして伝承されるというところに「共同幻覚」の果たす重要な意味を与えてもいたのであった。もし「似かよった境涯に生きる」という共同体的時空にまで、同時・同所という現実的規定を抽象し拡延するならば、「共同幻覚」という概念は、普遍的な観念の伝承の構造の問題にまで立ち入ることとなる。

14 館＝遠野にはこのような古館址が盆地を見下ろす山の鼻に数多く存する。土淵にある八幡沢館址は八幡太郎義家の臣大非實氏の居館であったとされ、足洗川をはさんで、安倍貞任一族の居館であったという阿倍屋敷址と対している（この二つの居館址は、義家と貞任の対陣した址ともいう）。さらに、源頼朝の平泉藤原氏討伐後、功によって遠野を領した阿曽沼氏とその家臣の居館とされるものは阿曽沼館、松崎館など二十数館址を数える。

このような砦館とともに、遠野地方にはアイヌ語のチャシにあたるものと思われる址が少なくない。『上閉伊郡志』に「チャシとは今の蝦夷語にて砦又は館を意味する名詞にして現に北海道及び陸奥国地方に多く存在す其の特徴は低地に突き出したる高丘の鼻の上部を土堤にて繞らし土堤下の外側に空濠を造るものとす　此の土堤の内部には竪穴の有るものと無きものとの二様あり本郡内に在多数の古館址中には往々築修の由来明ならず且之を日本的城址と認めんよりは寧ろチャシの特徴を存すと見るべきものあり」とあるのが、これである。青笹の茶臼館、土淵の五日市館などは、もとチャシであったものに修理を加え、後の居館としたものではないかといわれている。

なお、北海道では確認されたもの、文献に残るものを合わせて百十五カ所のチャシが全域に分布しており、また、チャシと構造の類似する砦址が、海を越えてシベリア方面の遺跡にも存することが注目されている。

15 オクナイサマ・オシラサマ＝オクナイサマ・オコナイサマ（山形に多い）、オシラサマ（岩手・青森・秋田）、トウデサマ・オトウサマ（宮城）、オシンメサマ（福島）などいずれも一般にはオシラ神信仰とまとめてよんでいる。オシラサマの神体はほとんどが桑の木で（遠野には石や鉄製のものもあったという）、径一寸、長さ五、六寸から一尺前後の棒状に作られ、棒の上端に何の彫刻もないもの、人の顔などの描いてあるもの、馬頭・姫頭・鶏頭・烏帽子頭・丸頭・四角頭などが上端に彫刻されているもの、などがある。これに、オセンダクと称して美しい模様のついた布帛を年々の祭日や臨時の願掛けごとに着せ加えるので、数百枚の神衣をまとうものもあるという。この神衣の被せ方によって、包頭型（布を頭から包む）、貫頭衣型（貫頭衣のように布に頭を通す）、露頭型（まったく頭を外に出してしまったもの）などの種類があり、通常は、こうした神体二つを一組として、男女一対のようにもいわれている。このようなオシラ神信仰の内実がどのようなものかについては、〈六九〉〈七〇〉、『拾遺』〈七四〉～〈八六〉などにもあらわれている（詳しくは、柳田『巫女考』『大白神考』、今野円輔『馬娘婚姻譚』参照）。なお、オシラサマ、オクナイサマなどの呼称のちがいは、同様の信仰を地域的に異なった名で呼んでいる面が強いが、遠野地方のように、オシラサマとオクナイサマの名が双方存在し、両者に微妙な差異が存することもある。『拾遺』〈七四〉にもあるとおり、オクナイサマはオシラサマと同じ形の神体の場合の他、掛軸などのものもあり、隠し念仏信仰ともかかわって樺仏などと呼ばれるものともなる（補注31参照）。オクナイサマ―オコナイサマは屋内様―行ない様と二つの意に解され得る。

オシラ神信仰の起源については、明瞭でない。柳田は、オシラサマをシラ神ともいうところから、はじめ、白山権現、白山信仰の流れを考えクグツや白比丘尼、白太夫、白拍子などの白の言葉に着目した。ネフスキイもまた柳田の意図に添うて事例の探査を試みたが、同時に喜田貞吉や伊能嘉矩の主張したアイヌ系統の神説（オホシマカムイ、シラツキカムイなどのアイヌの神との類似）にも関心を抱き、さらに、シベリアのシャーマンの用いる手鼓の把手の人形などに着目した。また、南方熊楠は、イタコの語るオシラ祭文が晋の干宝の『捜神記』中にある物語と酷似し、養蚕の起源説話をなすところから、オシラ神は養蚕神との説をなした。石田英一郎はこれらを拡大して、「桑原考―養蚕をめぐる文化伝播史の一部―」を書いている。オシラ神信仰については、以上のような種々の説があらわれたが、柳田はつまるところ、比較民族学的な観点を一応は念頭におきながらも、日本の民俗信仰の基底に共通したものの一つのあらわれとして理解しようと試みている。『大白神考』において、杓子の呪法に言究していわゆるシャグチ（社宮地・赤口・左口・御左口・石神）との関連を求めたり、ヨンドリ棒、人形舞わしなどの採り物を論じているのはこうした観点に拠っている。この採り物が次第に遊行巫女らの扱うものともなったというのである。これに対し、折口信夫は、おしら様はおひら様であり、「ひな」の音韻変化によると考えた。ひなは人形（ひとがた）であり、おひら様は熊野明神の巫女が持って歩いた神体であったろうという（『偶人信仰の民俗化並びに伝説化せる道』参照）。

16　大同＝大同は年号から来たらしく、延暦二十年坂上田村麻呂が征夷大将軍として東征した頃から、この地方ははじめて歴史時代に入るため、村の草分けの家を大同と呼んだり、早池峯山の開創など、歴史の起りを大同元年あるいは二年などとすることが多い。土淵村の山口および飯豊には大同と呼ばれる家があり、大洞（おおぼら）の苗字を持っている。

17　枕を返す＝『遠野物語』には、家の神的なものとして、オシラサマ、オコナイサマのほかにゴンゲサマなどがあり、ザシキワラシや蔵ボッコなども同種の精霊として含めれば、これらは互いに似通った話を持っていて、その性格は流通しあっている。さらに、野外や路傍にあるカクラサマと地蔵、地蔵とオシラサマの話などにも流通しあった話が多い。とかく禍をもたらしがちなイツナとオシラサマの間にも相似た話がある。

18　コンセサマ＝古くから男根は農神としての威力を持ったが、サエノカミ（道祖神）のように本来村境にあって災禍が村内に侵入するのを塞ぐ神にも男根や男女和合像が祀られるのは、このような性神の威力の転換を示している。コンセイサマ、道祖神いずれも縁結び、子授け、出産などの祈願にも祀られる。

19　オコマサマ＝現在は駒形神社とも呼ばれている。附馬牛村荒川の駒形神社が最も名高く「荒川のお駒さま」として、旧暦一月十六日と四月八日の例祭には近郷ばかりか遠く和賀・江刺方面からも多数の参詣者がある。蒼前駒形明神（関東などでは勝善神）を祀るというが神体は男根であって、遠野では「好い馬ができるようにと石や木製の男根をオコマサマに捧げる」という。オコマサマとコンセイサマは相通じているわけで、『石神問答』には佐々木繁（喜善）より柳田への手紙中に次のように書かれている。「遠野地方にてソウゼンと申すは大抵は馬の神にて其神体は重に石神即ち男性の生殖器形の石なる由にて候　遠野町のソウゼンは馬の形なれども　駒木村其他のは右の石神なる由にて候　先日も伊能先生と其話を致しどうして石神と馬の神とを一緒に致せしか　或は此地馬の生産多ければの故かなど話し候が　如何の物にて可有之哉　他地方にもかゝる例多く候ものにや　オコマ様と云ふのは遠野十二ヶ郷第一の生殖器の形の神にて　石又は木の神体累々と社殿に満ちをり候　只今は之をも駒形神社と称しをり候へども　勿論これは近代社格を定めらるゝ必要より新に附したる名に候べく候　兎に角馬の神と此形の神との関係は注意すべきことゝ存じ候まゝ申上候」と。なお、東北で最も高名な駒形神社は、水沢市に近い峻嶺駒ヶ岳の頂上にあって、かつて国幣小社に列せられた。

20　ザシキワラシ＝佐々木喜善によれば、ザシキワラシには三種あり、「Chobirako　これは最も小さく最も美しい神だそうです。そしてやはり夫婦二体であるとのこと。　Notabariko　これはチョウビラコよりは稍稍体が大きく常に這うて居る神のよし　Usutsukiko　これはおもに夜中に出で　臼を舂く時のやうにはねてあるく者らしく候」（『石神問答』）などとある。ザシキボッコなども呼び、蔵ボッコ・蔵ワラシなども同様のものである。さらには心得童子、念仏童子との関連も考えられる（柳田『妖怪談義』、佐々木喜善『奥州のザシキワラシの話』参照）。

21　稲荷＝伏見稲荷大社をはじめ稲荷社は全国に三万余といわれ、個人の邸内祠を加えれば数しれぬほど全国にその信仰は普及している。また、稲荷神の神使としていつしかキツネが祀られ、密教と習合しては荼枳尼天（ダキニテン）を祀ることともなって、民間信仰の中では、キツネやダキニの信仰が主座を占めることともなっている。遠野の町家の邸内には稲荷の神が多く、神社も少なくない。

22　早池峯＝山頂に開慶水と呼ばれる小神池があり、その水は清くどんな炎天にも涸れず、どんな長雨にも溢れないが、不浄を忌むので手を入れたり人の姿をうつしたりするとたちまち水が涸れてしまうと伝え、その涸渇湧出が早いため早池ともいい、そこから早池峯の名が由来したとも伝える（『遠野風土草』）。

早池峯、六角牛、石上の遠野三山伝説が〈二〉にあったが、この他、岩手の三山伝説といわれる伝説がある。遠野の口碑では、岩手山は男山で姫神山を本妻とし、早池峯山を妾としていた。姫神山はこれをねたんだため、岩手山はこれを怒って夫婦の仲を絶ってしまった。姫上山はたいそう怨んで、麻をつむいだ丸緒（ヘソ）を投げつけた。この投げられた丸緒が数々の小塚となったので、この小塚を丸緒盛（ヘソモリ）というそうである（盛岡地方の口碑では、岩手山、早池峯山が男山で姫神山が女山とされ、姫神山を争う話となっている）。

早池峯山は、「お新山さま」とも呼ばれるように、古くから神山として信仰され、のち、修験系の山として遠野御坂、門馬御坂、江繋御坂、稗貫御坂と四方よりの登頂路が出来、四御坂それぞれに社寺僧房が建てられ、早池峯修験として栄えたという（森口雄稔「早池峯山信仰と修験と神楽」―『あしなか』一二三号参照）。

早池峯山信仰の起源については、『遠野町誌』に次のように書かれている。「宮本家系図、妙泉寺由緒によると、大同元年三月八日、来内村の始角藤蔵という猟師が早池峯山に猟に行き、途中で風雪に会い、難を避けて山嶺の一岩窟に宿った。所が五更に及んで不思議の奇瑞あり、十一面観音の尊容を眼のあたり拝した。よって藤蔵は下山の後、居宅の側に一草堂を造り、三十苅の御供田を寄進して朝夕の礼拝を続け、同年夏雪融けをまって再び登山始めて御供を捧げて一宮を建造したと伝えられる」「藤蔵の長子兵庫の時、斉衡年中、慈覚大師奥州巡錫の途次当地に来り、さきの奇瑞に深く感動して、同伴の長弟に随身の正観音を与えて住持せしめる事とし一宇の宮寺を草創して早池峯山妙泉寺、院号を持福院、坊号を大黒坊と称した」「大迫に於ては、大同二年（八〇七）、田中兵部の創始に始り、後四百年程経て快賢と称する聖が弘法の為奥州を巡錫して大迫郷に来り河原坊を建て、更に新山宮、大宮、本宮等を建立したが、何時しか廃絶に帰してしまった。次いで正安二年越後国出身の円性阿闍梨なるもの諸国行脚の際、この神社に参詣し、天下に稀なる霊地であるを見て河原坊の遺範を嶽に再興、一宇を建立して新山宮と称し十一面観音を勧請して早池峯大権現と崇めた。更に一寺を造り妙泉寺と名付け自ら早池峯山大権現別当妙泉寺円性と称したという」「以上、二つの所伝は江戸時代、両妙泉寺の本末争いが激化した時、各々自方に有利に由緒を解釈した為、かなり混乱したもののようで文字通り信頼出来ない。早創説話は白山早創説話の模倣で、白山の平泉寺に対する早池峯山と妙泉寺で、霊泉、七不思議等全く同一の着想である。近時、北上市で発掘された白山寺の遺跡に見るように、平安末期平泉を中心に、当地方に白山信仰（山嶽仏教）がかなり行われていたが、延暦寺に対する白山を、平泉と早池峯山に擬して、天台の僧によって妙泉寺が草創されたと考えられる。時期は平安末期であろう。尚早池峯山信仰は次のように発展したようである。即ち原始信仰―初期仏教的信仰との結合（始角藤蔵説話の成立）―天台宗及び白山信仰の導入（妙泉寺草創、始角藤蔵説話と白山伝説とを結合した田中兵部説話を構成）―真言宗に変る」

早池峰山信仰にはまた、伊豆権現の信仰の流れがあることは先述の通りで、始角藤蔵や田中兵部を山師と考え、金山（かなやま）の信仰があったとする説もある。引用文中、白山の平泉寺（へいせんじ）といわれているのは、加賀・越前の国境にまたがる白山への登拝路にある宮寺のことで、越前永平寺よりさらに山奥に入ったところに苔寺として名高い平泉寺がある。他、湧泉寺などの寺名も白山修験にあり、奥州藤原氏の拠った平泉の地名も、秀衡が篤く白山を信仰したことと関わって来る。なお、早池峰山の石鳥谷から大迫に入るクグツ坂の由来に「クグツは神子でイタコともいい、木で白山神を作り子供を祝う」とあるという。白山信仰とオシラ神信仰の関連もあながち捨てきれない。遠野町より松崎、附馬牛を経て大出より早池峰の登頂路（遠野御坂）にいたる道を早池峰山道という。

23　鶏頭山＝現在、鶏頭山と呼ばれているのは、早池峰山頂より西に広がる尾根にある山名で山頂から中岳を経て鶏頭山に至り、大迫町岳部落（岳の神楽として名高い）に下る尾根道にあたっている。『遠野物語』の行文にいう鶏頭山は、前薬師ともいうとあるとおり、遠野、附馬牛より見て早池峰山の前面に、早池峰をおおうようにそそり立つ薬師岳を指している。鶏頭山の名は、山頂の巨岩が鶏冠のようにみえることによっているといわれる。

24　異人＝『遠野古事記』（宝暦十三年・一七六三）に「八十四五年前の頃松前の夷か田名部の夷か総体毛の生たる乞食夷小弓へ小矢を取添度々参り候を幼少の時見候て殊の外怖敷存じそれ夷が来たと云を聞てはねたれみ啼を止め部屋の隅え逃げ隠れ居候由予が母咄し候を承り候」とあり、これを『蝦夷年代記』の「津軽南部の地には近頃に至るまで蝦夷人の住せし証をここに挙げおくに寛文五年巳七月十五日田名部夷三人御目見に罷上り候由にて熊皮一枚代官を以て差上右三人の夷御城へ呼ばせられ御居間に於て御目見仕…」と対比せしめる時、寛文の末年頃には、陸奥の田名部辺に夷人がおり時に遠野地方にまで出現したこともあったことがうかがわれる。また、『遠野風土草』によれば、「明治初期まで稀ではあるが、アイヌ人が来たことがあると古老が伝えている」ともいう。異人という言葉の中に、このような乞食夷などといわれる異族の人々の影もかいまみる必要があろう。〈八四〉〈八五〉に西洋人と白子のことなどあるも、これに関わって来よう。

25　佐々木君＝明治十九年土淵村に生まれる。上京して鏡石の名で文学に志したが、柳田を知って『遠野物語』の口述者となり、帰郷後、土淵村長などを勤めながら、民俗学研究にいそしんだ。昭和八年没。『奥州のザシキワラシの話』『江刺郡昔話』『東奥異聞』『老媼夜譚』『聴耳草紙』『農民俚譚』『上閉伊昔話集』などの著作がある。

26　仙人峠＝遠野より上郷村を経て仙人峠越えにより甲子村から釜石にいたる街道すじとなっている。これを釜石街道という。遠野より他地方にいたる街道には、既述の大槌街道（境木峠・和山峠）、鵜住居街道（笛吹峠それに釜石街道のほか、小国街道（立丸峠）、人首街道（五輪峠）、盛街道（赤羽根峠）、高田街道（蕨峠）などがある。

27　河童＝河童の属性は多様で、種々の伝承と結びついて展開しているが（石田英一郎『河童駒引考』参照、石田の論考の土台には柳田『山島民譚集』がある）、本来母子神信仰にもとずく小さ子神の思想と関わる水神少童であったと思われ、水神祭の依代として人形を水に流す信仰なども関連があったとされる。〈五五〉〈五六〉は、いわゆる異類婚姻譚の一つである河童聟入りの話に属するものだが、〈五五〉の松崎村の川端の家は二代にわたり河童の子を孕んだといい、また豪家であったということからすると、家筋を階層的にえらびとる指向性を伝承が持っていたことと関わっており、これは、イヅナが憑く場合などと共通している。また、〈五八〉

の話は河童駒引譚に属するものである。

28 安倍氏＝「現在も安倍家に刀剣・轡・鎗等の古物があると伝えられている。屋敷の東北にある稲荷社は約三百余年前安倍氏に養子になった人が甲斐の国より遷宮し氏神としたもので、近郷にも最古の社と云われ旧二月十五日の祭日の舞ダンビラケューは近郷に名高きものであったといわれるが、現在は行なわれていない」（『土淵村誌』）。

29 魔法＝柳田国男がこの魔法の語にどのような意をこめたか定かではないが、〈七一〉の隠し念仏の話のところにもこの語をあてていることからすると、割合に不明瞭に名指した言葉とも思われる。蛇を現じたりする法力は修験の行者にもあり、また広く民間の見者にもこのような魔法が前代にあったろうことは、道きりのような呪的厄除行為とも関わって当然のことであろう。おひでがここで語る物語がオシラ祭文と思われるものだけに、巫女の呪的行為との関わりもあろう。なお、オシラ神信仰と隠し念仏との関係については補注31参照。

30 昔ある処に…＝通常、殺された馬の首や皮が娘とともに天に昇り、その夜、天から白い虫と黒い虫が降ってきて山桑の枝にとまりその葉をたべた、これがカイコで、カイコは馬と娘の生まれかわりである、といった意の話が終りについていることが多い。ここからオシラ神信仰は蚕の神の信仰に由来するとの説が出て来ることとなるが、関東の養蚕信仰においては、常陸の蚕影神社縁起のようにオシラ神信仰とはあまり関係がなく、またイタコの祭文とも別系統と思われる蚕神由来譚を持っていることに留意すべきであろう。蚕影神社縁起の系統では、天竺などの海の彼方から継母の難を逃れて桑のうつぼ舟に乗った姫が漂着し、死んでその屍から蚕がわいたといった南方系の熊野説話（『神道集』「熊野の本地」参照）とオオゲツヒメ型神話の合体がみられるのに対し、この馬娘婚姻譚では『捜神記』の如きむしろ北方系の説話との関連が指摘されるのである。なお、『拾遺』〈七七〉にみられる説話は、関東のうつぼ舟型の要素をも導入している点で注目される（今野円輔『馬娘婚姻譚』、石田英一郎「桑原考」参照）。

31 世の常の念仏者とは様かはり…＝この段に「其人の数も多からず」とあるが、隠し念仏信仰が、遠野地方の信仰風土にかつて大きな影響力を持っていたことは疑いない。『遠野物語』の風土の背景の一つとして隠し念仏の存することを重視すべきであろう。

佐々木喜善「奥州地方に於ける特種信仰―隠念仏に就て―」（『史学』第十巻第二号別刷）は、遠野一帯の明治・大正頃の隠し念仏の姿をまざまざと浮かび上がらせてくれる貴重な文である。以下に特に佐々木の見聞によった部分を引用しておこう。

「…自分の生れた村（注・土淵村のこと）にしても、僅か五百軒ばかりの一盆地であるに係らず、其尽くと云ってもよい程度に皆此宗派の信者であった。例外は檀那寺が二軒、山伏修験の家が二軒、此四軒ばかりであった。其同行（此宗派では信者を斯く云ふ）は村中凡二千五六百人位と見るとして其中智識と呼ばれる導師は各部落に一人か二人の割合にあった。これは前述の如く自分の小さい村の情況であって、他の奥州の諸地方のことは推知せられるであらう」「私の少年の時分の記憶によると、師走であったか二月下りであったか、とにかく非常な大吹雪の日に、此隠念仏の一団が羅紗のマントや古風な引巻などを着て、吹立つ雪の雲の中に見え隠れしつつ村の道を行く其状態であった。私達はそれを障子の隙穴から覗いて見て祖母と二人で隠念仏の先生達が来たから、晩には智識様の家に御説教があるだらうと語合った。其様に此宗派の導師達は年に一二回づゝは村に回って来るのであった。これは私の村が属してゐる岩手県膽沢郡佐倉川村の渋谷地家の人々であった。大正十年三月現在の調査に拠ると、此渋谷地家に附属している地方は、岩手県下での膽沢、江刺、和賀、稗貫、上閉伊、下閉伊の諸地方で、智識は四百余人、信者五万余人と称して居た（此宗派の大先立の談）。此外に岩手郡、紫波郡、下閉伊郡の奥地地方に繩張をもつ盛岡派と云ふのがあり、又紫波郡八重畠派と云ふのがあり、宮城県栗原郡に一派ありて、栗原、本吉地方から東西磐井郡地方に勢力範囲を持ち、其間に上幅派、岩崎派等が介在して広汎なる此地方全体に其宗派の網を張った。渋谷地家、御本家の老先生は、私の逢った大正十年三月には既に七十位の人であった。此老人の談によれば、奥州地方の総本家は福島県東山の大網と云ふ所にある。そして気仙郡、それから九戸、二戸、三戸の諸郡地方には無いやうであると云って居た。ところが此五万の信者に生仏と崇められる老先生が、自分の宗派が如何に強固に活きて活動してゐたかを御存じなかった」「大正九年十二月某日であったが、宵から大風雨が起り、平素ならば一寸先き戸外等には出られぬ夜であった。其者兼て入信を申込んで居たけれども、智識其他が何の彼のと言を左右にして殆ど三年許りと云ふものは其導入を肯んじなかった。貴下は今流行の人であるから、古臭い御内法等に入るよりも耶蘇教へでも入った方がよくは無いかなど茶化し去る。色々言訳しても只笑って相手にしなかった。そこで其者が隣家の御脇役（智識の下に居る者）の友人に、自分も他の皆の村人の様に昔から伝って、祖父祖母も其教の中に生きた宗教に入りたいばかりで、其他に何等の野心も欲も無いからと云ふ様な事を、逢ふ度毎に言ふと、三年の間に成程此男も一心真向に念仏を求め、其念仏に入信させる資格が出来たと思ったものか、前云ふ大嵐の夜の真夜中に、其友人に不意に呼起されて、これから直ぐに智識の家へ往かうと云ふ。仕度をして其家に行くと、家人は皆寝沈まって智識たった一人の外誰も他人が起きて居なかった。智識の老人と友人の御脇役、其から自分と娘だけであった。娘は当時九歳ばかりの子供で、何も知らぬ頑是ない者で可愛想ではあったが、自分の信仰の真実さを彼等に示す為に道連をさせたのであった。先立の二人と共に、自分達も手を洗清めて、奥座敷の仏間に通された。煤で真黒くなった仏間にはよく樺皮仏で見る阿弥陀如来の絵図が懸けてあり、其稚拙な絵の後光の線の金泥とが、真黒い画面に蠟燭の火の明りで異様に光ってゐた。其掛軸を正面中心として、智識は左座に御脇は右座に座って、正面の間には自分等は座らせられて、智識の言葉によって礼拝をした。智識は曰ふ、南無とは助け給へと云ふ事なり、其でお前達は一生懸命に、助け給へ、助け給へと唱へよ云々と、其が済むと今度は御脇は一生懸命に、ナンマイダァ、ナンマイダァと唱へろと云ふ。其には両手を作法通りに組合せ、それで緊く腹部をおさへつけつゝ、殆ど畳に額を押しつけるばかりにして唱文するのである。其事稍一時余りもあって、智識より助けたと云ふ声がかゝれば、御脇が側にありて自分等を引越し、更にナンマイダァと長促音に強く唱へさせて大口を開かせ、蠟燭の火で口中を照して見て、再び、助かったり首尾能く往生し仏身となりましたと云った。ところが稚い娘の方はなかなか其仏身になれないので、其を二三回繰返させられた。其間智識御脇も一生懸命に念仏を唱へて手伝ってくれるのであった（此は渋谷地派の智識の行った岩手県上閉伊郡土淵村山間部地方の一形式である）」。凍てついた東北地方の冬の夜の闇の深さを想わせる文章である。後段の話は、渋谷地派の行なったお取り上げという入信の礼式であるが、お取り上げの秘法はそのまま即身成仏の救済を与えるものであったことに留意したい。

さらに佐々木喜善はこの論文で、秘事法門の本尊である黒仏とオシラ神・オクナイサマとの関連について、興味ある考察を加えている。「此宗派の御本家と謂はれる家には必ず黒仏とか、又は黒仏の御本尊とか謂ふ秘仏を持って居なければならなかった」「伝説に拠ると、此黒仏と云ふのは、親鸞聖人の御手作になったもので八体あったと云ふ。其内一体は比叡山に在って甘酒買の黒本尊と謂ふのだそうである。斯う奥州の隠念仏の徒は云って居る。一体は京都の鍵屋某方と云ふに在り、一体は岩城白河在の東山大網の御本家に在り、一体は膽沢の渋谷地家に伝はり、一体は盛岡の本誓寺に在ると、先づ之だけの事は分ったと云って居る。……」「渋谷地家の黒仏は丈五六寸の座像で、腰が蜂の如く細く胸にて合掌真黒い像であった。此御本尊は如何謂ふ径路に由って渋谷地家に納まったかの伝説は忘れられて居るが、とにかく此家には昔からあった。前に云った二代目勘六が、キリシタンの疑を蒙って国法に問はれた時、同時に前記山崎杢右衛門も、仙台の町端七木田の処刑場にて逆磔に架けられた。其日（渋谷地家の老師は宝暦十年五月二十五日と記憶して居た）故里の山崎家では、御本尊の前に皆寄集まって、一心に拝んで居ると、燈明の蠟燭の火がぱっと消えた。不思議に思って燈火を點けて見ると、御本尊の胸に颯と血潮が飛びかかって居た。丁度其時主人杢右衛門は胸を貫殺されたのであった。……」「此外の黒仏は伝説の如く八体あらば此外に何処に在るものか、……若し他に、奥州の何処かにあるだらうと云ふ想像の下に資料を蒐集して見ると偶々青森県三戸郡五戸町に黒地蔵と称する仏体があった。其仏像は決して他の所謂地蔵尊の像ではなく、丈凡そ七八寸の座像であって、胸部に合掌した腰細の真黒いものである。即ち渋谷地家の黒本尊と殆ど同一のものであるから、伝説の如く八体あるとすれば、必ず其中の一体である事は疑無いやうにも想像される」「又黒本尊と云ふが、同郡八戸市の近在にもあった。此方は丈二尺計りの木像立姿で、何でも栃木のやうに見える像だと云はれて居る」「単に黒本尊と云ふ事なら、他地方にも往々あった様である。例へば秋田県の田沢湖にそそぐ田沢村玉川の上流、此川に添ふた岩崖の或断面に等身大よりも稍大きいと思はれる仏像が彫刻されて在り、之を土地方では黒本尊と称へて崇拝盛であった。此辺、大原、良忍上人が初めて天台念仏を弘法された土地である云々と藤原相之助氏の談で聴いた」「此だけの貧しい資料にしても、秘事念仏の浄土、一向、真宗の念仏以外に古い姿の物があった事が分る。奥州の山野に古く弘まった天台真言の念仏の到来した信仰の対象物が如何なるものであったか、勿論今日正確には分らぬであらうけれども、多くは現在僅に残存せる古い家の樺皮仏、或はオクナイ様、さうして此黒仏等も其一部では無かったか、樺皮、オクナイは勿論念仏の一変形信仰であることは疑はれるとしても、真宗念仏とは全く別途の経路と発生とをとって、各々の道々を歩いて居たことだけは略想像出来るやうである」「此宗唯一のマンダラである所の六字の名号、或は彩光を放った阿弥陀仏、聖徳太子出盧之図、其他守屋ノ大臣の戦争図等は、三陸地方では樺皮仏とも十月仏とも云ってオシラ神（仏）に属した物の一の分布がある。又之をオクナイ様とも称して居る。此物は昔未だ土地に寺院も僧侶も無かった時代、葬式の時に棺の真先に此を竿に懸けて捧持ち墓場へ往き、其所では木の枝等に懸けて念仏唱へて葬をしたと謂ひつたふ。村部落の草分の旧家には必ずあった。尚此樺皮は何に使用した物か木皮で造った筥の中に広く折って一杯蔵って在ったのを見たこともある（村の大同の家にて）。そして其筥には例の諸種のマンダラ類が一緒に入ってあった。之は此家は勿論オシラ仏或はオクナイ様に附属した品物であった。又一方此樺皮仏、即掛軸様の六字の名号等に絡まる伝承は、大凡同様のアラタカな話が附纏ふて居た。一に其例を挙げるまでも無く奥羽諸所に多い童形神の農業手伝、火事避難、盗賊捕虜、其他吉凶の前兆に現はれる話は吾等は聴倦きて居る。然しながら聴棄てにならぬ問題は此等の事項の大凡は尽く此樺皮仏、或はオクナイ神にくっつき、或は変形であった事が分る。ザシキワラシの所作にせよ、其他の家付きの神々の児戯に均しい所作は其筥の中に又此六字の名称の煤けた樺皮仏に終ってゐた。そして其は一方に又隠念仏の徒のタノム目的の最至最尊の対象物であった。此所に於て私達は彼の童形神或は神と呼ばれぬまでも堕落し了へた、然し其元は慥かに神であったであらう所のザシキワラシまでも思及ぼさなくてはならぬのである」「自分の考へるところに依れば、とにかく奥州中部だけの感覚を云ふと、古くから一種の童子魂魄信仰が存して居た。北方から或は朝鮮からかの渡来信仰か否かは別問題として、其に類した信仰なり対象物等が存して居たのに、古く天台真言或は一向其他の念仏宗が入り来りて、混線変形して一方は原形を止めて僅かに別途をとって民家に隠れ、一方は親鸞、蓮如と呼合せをして見たが、矢張り原形の因縁が纏着き、それから全く脱出し切れなくて、行事を秘密にした因縁の纏着、悪縁の絆であった。謂ひかへれば一方は原形を濃厚に保存しつゝ昔話と伝説を多く背負ってオシラ神に、オクナイ神に、ザシキワラシになって古い姿に停滞し、一方は仏法と云ふ新思想と仰合結着をして見たが、どうもお里が悪い為に世間並の交際が出来なかった」

これが佐々木喜善の隠し念仏信仰形成についての仮説であった。佐々木は森嘉兵衛「岩手県下に於ける隠念仏」を要約して、「階級と経済生活が不断におびやかされればされる程、他方に何等かの安心を求める意慮は尖鋭化され、内部的に秘密的傾向をとった。斯した情勢の中に投ぜられた隠念仏が急激な信仰を集めたのも、其内容が此世情に最も有意義に適合したからであった」との視点を認めつつ、なお、奥州地方に濃厚な民俗的要因よりする視点を提出したのである。なお、オシラサマのシラを白と解したとき、黒仏の黒との対比は興味深く、佐々木によれば、一向念仏の異端中に、御白薬とか御白とかいう奇怪な秘薬が存したともいう。

32 **カクラサマ**＝宮崎県東米良村や秋田県生保内にカクラマツリと呼ばれる祭りがあるが、前者は狩の神、後者は山の神の祭という。カクラは九州では多く山中の限られた場所、一区画をいうらしく、特に狩猟区域とするところもあるところから鹿倉あるいは狩倉の意かとされる。遠野の場合、〈七四〉に「以前は神々の旅をして休息したまふべき場所の名なりしが」とあることからすると、まず村人の共同性において定められた一定の場所の意がカクラにこめられており、次にこの一定の場所とは去来する神がある時期村里に安まる処であると解される。カクラを狩に関わる言葉とすれば、山中の共同の狩場や狩の神の祭場を里に下ろして塚を築き祀ったのがカクラサマであったと考えることも出来る。が、『遠野物語』にあらわれるカクラサマには狩の神あるいは山神的要素は少なく、むしろ地蔵や道祖神のように、道や境にあって子供とたわむれる路傍の神的性格をなしている。〈七二〉にいわゆる子供遊戯神としてのカクラサマの話があるが、この話は路傍の地蔵や観音、家々のオシラサマ・オクナイサマなどにも共通して多くみられるものである（佐々木喜善「子供遊戯神の話」—日本放送協会東北支部編『東北の土俗』収録—参照）。

33 **洞前**＝〈八〇〉〈八四〉に曲り家の間取りが図示されていて、この間取り図では、常居やザシキのある本屋の正面にも玄関があり縁側があるが、古くはこれはなかったもので、曲り屋の外側はわずかな窓のほか全て土壁でおおわれていたものという。曲り屋は今でも壁の部分が多く、室内は暗くて特に寝間はほとんど明りの入らない真暗な部屋が多いというから、まして縁側や入口の少なかった以前の民家の内部の暗さは、想像以上であったろう。『附馬牛村誌』に、「阿曽沼氏時代の末期（室町末）に於ける城下町遠野の武士の住宅でさえも、柱は地を掘って立て、大壁と称して土壁で柱を塗り籠め出入口には菰を吊して戸の代りにして僅かに雨露を凌ぐものもあったと云うことで、畳などは勿論無し、床板さえも無くて、萱を編んだ莚の縁の無いものを敷いたと云う」とあるのは、こうした前代の住居の貧しさを語っている。『津軽の民俗』所収の市原輝士の報告に、津軽では明治・大正頃まで床板のない土間のみの家で入口は垂れ菰のところが見られたともあり、『拾遺』〈二五七〉の話なども合わせ考えられる。ザシキワラシなどの跳梁する『遠野物語』の世界は、東北の冬の厳しさとともに、このような生活の姿を背景にせずしては考えられない。

34 **耶蘇教は密に行はれ**＝幕末以前の隠れキリシタンについて『附馬牛村誌』に次のように記されている。「昔、遠い国からの落人と伝える人達の中にはキリスト教に対する迫害を逃れての落人ではなかったかと思われるものがある。（附馬牛村）大洞を拓いて定着した人に菊池三左エ門、吉左エ門と云う兄弟がある。彼等は甲斐の国からの落人と云われるが、実は今の東磐井郡大原町から逃れて来たキリスト教徒であったことは確実な様である。その他、村内では家によって、葬式の時の一杯飯に立てる箸を普通二本揃えて立てるのを一本は横にして十字の形にするところがある。これはその先祖のキリスト信仰の遺風を、それとは知らずに受けついでいるものであると云われる。又片門松と云って、門松を一方だけ立てる家も村内処々にあるが、昔はその根に寄せて地上に他の一本を横たえて置いたと云われ、これも十字の形となる。『奥州切支丹誌』によれば、寛保(一七四一〜一七四三)の頃『…遠野町には正雲、木下理左ェ門、新田東膳の外に久左ェ門、その隣村東禅寺村に兵部等の信徒があった』ことが書かれてある」。ここにある片門松のことは〈二五〉にも書かれている。

35 **山神…**＝柳田『妖怪談義』中の「幻覚の実験」(昭和十一年)に次のように記されている。「信州では千国の源長寺が廃寺になった際に、村に日頃から馬鹿者扱ひにされて居た一人の少年が、八丁のはばといふ崖の端を遠く眺めて、『あれ羅漢さまが揃って泣いて居る』といった。それを村の衆は一人も見ることが出来なかったにも拘らず、さては御寺から外へ預けられる諸仏像が、こゝへ出て悲歎したまふかと解して、深い感動を受けて今に語り伝へて居る。或は又松尾の部落の山畑に、婿と二人で畑打をして居た一老翁は、不意に前方のヒシ(崖)の上に、見事なお曼陀羅の懸かったのを見て、『やれ有難や松ヶ尾の薬師』と叫んだ。その一言で婿は何物をも見なかったのだけれども、忽ちこの崖の端に今ある薬師堂が建立せられることになった。この二つの実例の前の方は、予め人心の動揺があって、不思議の信ぜられる素地を作って居たとも見られるが、後者に至っては中心人物の私無き実験談、それも至って端的に又簡単なものが、終に一般の確認を受けたのである。その根柢をなしたる社会的条件は、甚だしく幽玄なものであったと言はなければならない。奥羽の山間部落には路傍の山神石塔が多く、それが何れも曾てその地点に於て不思議を見た者の記念で、大抵は眼の光った、せいの高い、赭色をした裸の男が、山から降りて来るのに行逢ったといふ類の出来事だったといふことは、遠野物語の中にも書留めて置いたが、関東に無数にある馬頭観音の碑なども、もとは因縁のこれと最も近いものがあったらしいのである」と。幻覚がお堂や石碑を作るといった事象の内に、幻覚の伝承があり、幻覚の伝承とは個の幻覚が共同のものとして継承昇化される過程とすれば、幻覚の共同化、即ち共同的な幻想とも考えることが出来る。

36 **象坪**＝柳田は『石神問答』において、象坪に相似た音の地名として、象頭場、精進場、障子、草図、左右津、寒水(そうず)、僧都、惣石、庄塚、ショウヅカ(婆)…をあげて、障塚(サエの塚)の意ではないかなど伊能嘉矩に問うているが、これに対し佐々木繁が伊能に代って答えた書簡には「此地の象坪は山口即ち小生の村より少し隔たりたる山の麓にて候 そこに象坪の家と云ふのが一軒有之候 此家にも例のオクナイ様有之候…」などと答えている。

37 **雨風祭**＝雨風祭は本来、二百十日(陽暦九月一日頃)に行なわれる雨風鎮めの共同祈願(風祭・風日待・風神祭などという)のことであるが、二百十日前後の遠野では丁度萩刈りの鎌揃いの時期にあたるため、盆過ぎに早められたのだという(『土淵村誌』)。虫祭(虫送り)は害虫を村境に追いやるための共同祈願で全国的に旧暦五、六月に行なわれるものであるが、遠野の場合、風祭と虫祭(虫送り)がいっしょになっているきらいがある。『土淵村誌』などでは雨風祭を虫祭と同一視しているが、この段では区別されている。雨風祭の行事そのものは、陰陽の形を作ることを除いては、全国的な虫送りの行事と同じものである。

38 **ゴンゲサマ**＝「木で造られた獅子頭風の面で、神仏混交で祭祀を営まれて来た神社に必らず備わり、又神楽の組毎に一つずつ備わっていて、非常に強い御利益のある神聖なものとされている。一頃は『門しし』と云って、ゴンゲンサマを持って悪魔払いの門附けをして歩いたもので、子供達はゴンゲンサマに頭を嚙って貰うと悪い病気にかからないと云われた」(『附馬牛村誌』)。『拾遺』〈五八〉に「家つきの権現様」とあるのは、神楽の組をあずかる神楽舞いの家や旧家に置かれたゴンゲンサマであって、ゴンゲンサマにもオクナイサマの如き家の神的性格のものもあったことを示している。

39 **火伏せ**＝佐々木喜善「屋内の神の話」(『東北の土俗』所収)にも「床

の間に常に置く其の家の権限様（獅子頭）が、真赤な大口をあいて、今盛んに障子に火がついて燃えてゐるのを、食い消し食い消して居られた」という話が出ている。ゴンゲサマにこのような火伏せの利益があるというのは愛宕信仰と関わるものであろう。遠野町の西端、猿ヶ石川に面した愛宕神社は、「火防せの神様」として広く崇敬されており、各村々にも愛宕社が必ずといってよいほど置かれている。また、愛宕社の神体は獅子頭のゴンゲサマであることが多いという。

40　**ダンノハナ・蓮台野**＝この行文によれば、ダンノハナと蓮台野の相対する地名が六カ所にわたってみられることとなる。これが事実とすれば、ダンノハナと蓮台野との間には何らかの意味空間があったと考えられなければならない。しかし、この相関については柳田も他の人々も何一つ明確に触れてはいない。現在遠野でダンノハナ・蓮台野（デンデラ野）といえば、土淵村の字山口にあるものを指し他は忘却されつつある。山口のダンノハナは〈一一二〉にあるとおり山口の民居（佐々木喜善の生家などもある）の北側丘陵地の壇状になった館址の上を指し、壇状の斜面は明治以降山口部落の墓所となっている(それ以前は不明)。蓮台野はこれに対して民居の南方の山口川を越えた附近のわずかに高い畑地・野原となっている。蓮台野(デンデラ野)については、『拾遺』〈二六六〉〈二六八〉にもあるとおり、棄老伝説や死のシルマシのことが語られていて村人にとっての他界が空間的に措定されたものであることが知られるが、ダンノハナについては原注以上の意をさぐることが出来ない。ただ何らかの他界の観念を含み、蓮台野との間に双分的な意を持ったものと推定しうるのみである。なお、蓮台野に関する柳田の論述を引用すると、次のとおりである。

「高良山の石垣に八蓮の古伝あるに就きて想起すは諸国に蓮台野又は蓮台寺と云ふ地名多きことなり　西京にも伊豆にもあれど奥羽に殊に多し　今は三昧地と為れるもの多きは邑落に接近せる荒野なりし為にて　最初は仏教にて営みたる地鎮の祭場にてはあらざるか　洛西佐比の里が四民の埋葬地と定められしなど同じ例もあればかく思はるゝや　簠簋にも　庚午日神功皇后豊前宇佐郡蓮台野の辺にて始て玉幣帛を捧げ金奴杉を執り七日七夜天神地祇を祭礼したまひし日なりと見ゆ　八幡八蓮などの八は八面荒神と同じくもと八方神の思想に基けるに似たり　猶大字一覧に依れば　肥後飽託郡白坪村　筑前嘉穂郡鎮西村及近江犬上郡河瀬村に蓮台寺と云ふ大字あり　加賀能美郡蓮江村及越中蛎波郡南山見村に蓮代寺と云ふ大字あり」(『石神問答』)。

「岩手の方ではその死者の霊の行く処を、賽の川原とは言はずに、でんでら野と呼んで居た。この地名は少しづゝの発音差を以て、是も亦弘く全国に分布して居る、蓮台野と文字に書くのが、正しいやうに思はれて居るが果してさうかどうかはまだ決しられない。といふわけは是をたゞ三昧即ち埋葬地の意味にも、又石塔を建てゝ置く所謂詣り墓の意味にも謂ひ、共同墓地の入口に在る式場の石の台座のことをさう謂ふ者もあって、土地毎に色々である上に、更にこの岩手県の例のやうに、死者の登って行くといふ山中の高地をさすやうな例もあるからである。富士の北麓のある山村では、七つデンレイと称して七箇所の霊地が、村の南の高みにある距離を以て並んで居るといふ話を聴いた。それは少なくとも現在の埋葬地でも又石塔場でも無いやうである。或は年を重ねると共に、次々と霊の居場処が移って行くといふやうな考へ方が前からあって、それが又富士行者の信仰にも伝はって居るのではないかと思ふ」(『先祖の話』)。

41　**山姥**＝昔話に出て来る山姥と、伝説の中の山姥とでは大分性格が違っている。昔話で有名なのは、呪的逃走をモチーフとした「牛方山姥」や西洋の赤頭巾を思わせる「天道さん金の綱」、それに「食わず女房」などで、〈一一六〉の昔話は前二者に似て、類似の一形態と見なすことが出来る。〈一一七〉はいわゆる「瓜子織姫」型の昔話である（柳田『桃太郎の誕生』『日本の昔話』『昔話と文学』参照)。何れも凶暴な山姥でやたらに人を喰い、残虐に処罰せられたりしている。一方、伝説中では、山姥が年の市に買い物に出る、茨の種をまいて悪戯する、山中で布を織ったり深山で子を産み育て山の主とするなどという如く、山の神信仰と結びつき、山の神或は山神につかえる女性の面影を持っている。昔話の山姥は、このような聖なるものの妖怪化をつきつめたものとも解される（『妖怪談義』参照）。

42 **紅皿欠皿**＝「馬琴の『皿皿（べいべい）郷談』に久米の皿山の古歌を引いて、継娘・実娘の二人の同胞の争ひを説いた趣向は、シンデレラ姫物語の筋を引いた日本の昔話の復活であった。現在ある形は既にやゝ壊れてゐるけれども、やはり皿に塩と松の葉とを載せて出して、二人に歌を詠ませて見たことを語るものが多い。グリムの童話集に採録せられたAllere-iranch. 即ち仏国で『驢馬の皮』、英国で『猫の皮』の名を以て知らるゝ変装美女の説話が、これと深い関係を持つことは、コックス女史以下のすでに説く所であるが、我が国でもこれが『鉢かつぎ姫』の名の下に、御伽草子の中に保存せられてゐる外は、なほ『姥皮』などと称する昔話になって、今も民間に併行してゐる」と柳田の「辞書解説原稿」にある。紅皿欠皿は継子話の姉妹の名。継母が継娘の姉につらくあたり、妹の本子をかわいがる。長者や殿様が姉妹を気に入って差出せというと、本子の妹をやる。御殿の玄関に盆に皿をのせ、それに塩を積んで真中に竹と松が植えてあって、長者（殿様）はこれを歌に詠めというが、妹は詠めない。そこで継子の姉が呼ばれて立派に詠むことができて、長者（殿様）は姿は汚ないがその心を認めて奥方とする、という話である。この話は全国的に分布しており、糠福米福の話も同系である。

43 **獅子踊**＝鹿踊というように、元は鹿頭をつけたものであったと思われるが、現在は下閉伊郡田野畑村菅ノ窪の鹿踊を除いて獅子頭（権現）をかぶるものばかりとなっている（獅子頭に鹿の角や角様のものをつけることは多い）。二人立の獅子舞、三頭立のササラ獅子などに対し、鹿踊は八頭立、十二頭立の獅子が登場する。附馬牛の例では「鹿の数は十二頭を定数とし、これに種ふくべ一人、ふくべ振り十六人以上、太刀振り十人、太鼓四人、笛四人、世話方二人で以て一組」（『附馬牛村誌』）をなし、円陣や一列縦隊となって「門ほめ」「庭ほめ」「町ほめ」「御制札ほめ」「お城ほめ」「橋ほめ」「鳥居ほめ」「草入」「庭廻り」「脇立入羽」「つき入羽」「一度走入羽」「御入羽」「雌鹿狂」「案山子」などの舞を舞う。〈一一九〉に記されたものは、こうした舞の舞歌である。

鹿踊の歴史については、『遠野古事記』（宝暦十三年）に「此踊も往古より当所に有来ル踊ニは無之、何十年以前の事ニ候哉駒木村海上ノ覚助と云者熊野参詣ニ登候時、京都の町辻ニて獅子踊有て大勢群集の場え行懸致見物面白ク存其踊を習国元え帰り村の若者共え教え七月盆中遊日の慰ニ踊候を他村の者も段々見習聞習候……」とあるように、覚助の話は別として、鹿踊のはじめを江戸時代の初期にまでは遡ることができるようである。

獅子頭と鹿頭のかかわりについては、旧仙台藩領から移った四国旧宇和島藩の八ッ鹿踊が現在も鹿の頭をかぶること、寛政六年（一七九四）七月前後に菅江真澄が三本木・八戸周辺で写したとみられる鹿踊面の図に鹿の頭が見えることなどよりすると、当時は広く鹿の頭のものがあったことが想像される。おそらくは、伎楽・舞楽から出た二人立の獅子舞の全国的な分布の背景に来訪神の面影があったように、鹿頭の踊の背景にも鹿頭をつけた来訪神信仰の面影があって、全く獅子舞踊の刺激によったかあるいは鹿頭をつけた何らかの仮装舞踊の伝統があった上にかの先後は別として、こうしたことの錯合的影響のうちに鹿踊が形成されたものであろう。

万葉集巻十六の越中の国の歌四首の一つに「伊夜彦神のふもとに　今日らもが　鹿の伏すらむ　皮服着て　角附きながら」とあるのをもって、鹿に扮する職能的神人の存在したことを想定することもでき、また鹿の頭・角・血に対する特殊な信仰の存在などからも、鹿踊の歴史民俗的背景を遡源する要があろう。（森口多里『岩手の民俗』『岩手県民俗芸能誌』参照。）

鹿の民俗的信仰に関する研究としては、諏訪信仰や鹿島信仰の諸研究書、早川孝太郎『農と祭』、千葉徳爾『狩猟伝承』、中村五郎「本邦歴史時代の鹿角杖について」物質文化14号、林謙作「宮城県浅部貝塚出土のシカ・イノシシ遺体」物質文化15号など参照）

44　**てんにんこう（天人児）**＝天女が羽衣を発見して天に帰る単純型の羽衣伝説が伝説として全国的に分布する他、羽衣を隠された天女が男と結婚し子を生み、のち羽衣のありかを知りこれを得て天に帰ると、夫もこれを追って天に昇り再会するといった複合型の昔話が中国地方以西、特に琉球弧に多く分布する。同類の話は東アジア一帯にも広く分布し、また、ヨーロッパでは有名な白鳥処女の説話として知られている（石原綏代「南西諸島の天人女房譚」参照）。

45　**矢立松**＝矢立松・矢立杉・矢立ての槻、あるいは矢止め松、矢当り松などという伝説の樹木は広く存する。例えば、宮城県名取郡に藤原秀衡が京へ登る途中、道ばたの古杉を射てかどでを祝った。この杉は矢立杉として明暦の頃まであったが、船材にするため伐ったところ、たくさんの鏃が出た…などとある（柳田『信州随筆』中の「矢立の木」参照）。

46　**姥石**＝越中立山・加賀白山・津軽白山などの姥石はよく知られている。柳田は姥石とともに虎ケ石（虎子石）と呼ばれる石に着目し、トラ・トウロ・トランなどの語を巫女の古語と解して、「越中立山の結界に石を止めた止宇呂の尼、加賀の白山に石を遺した融の婆は、或は諸国に行脚して石の話を分布した虎御前と関係があるのではあるまいか。即ち今日となっては意味も不明なトラ又はトウロと云ふ語は、此種の石の傍で修法をする巫女の称呼では無かったらうか」と述べ、本来、姥石は女人禁制の結界を表わしたものというのみではなく、霊山登頂路の結界石に対する姥比丘尼の行法があったものと考えている。（柳田『妹の力』中の「老女化石譚」参照）。

47　**「阿古耶の松」の説話**＝奥州信夫の郡司藤原の豊光に阿古耶姫という娘がいた。ある晩、緑の衣に黒い袴をはいた少年が枕もとに立って、われは十八公の長で千歳山に住んでいるが、近日、斧の禍をうける、ついてはあなたの引導に預りたいと涙ながらにのべて消えた。そのころ、名取橋の修理に、千歳山の老松が伐られることになったが、どうしても動かない。これを聞いて姫は、先日の夢を思い出し、山の上へ行って言葉をかけるとやすやすと動いた。あとに若松を植えて、菩提を弔った。年経て老樹となって、阿古耶の松と名をうたわれた。

48　**母也（ぼなり）**＝柳田『妹の力』中の「玉依彦の問題」に次のようにある。「田植唄のヲナリ人・ヲナリ様も、ナリ（業）に御の字を冠らせたものでは無くて、或は釆女や『うなゐ』と関係のある語ではないかと私には感じられて居た。さうして其起りを知りたいものだと念じて居た際に、ちやうど沖縄に渡って始めて是が姉妹を意味する語であったことを学んだのである。大正十年の一月は此為にも永く記念せられる。沖縄のウナリはワ行であった。従って先島の方へ行くと、是がバ行に変ってボナリともブナリともなって居る。それで又心づくのは、宮城・岩手の二県に幾つかあるボナリ石を、文書には巫女石とも書いて居ることである。或は石が唸ったからボナリといふ名が生じたとも説明するが、遠野の町近くに在るのは石で無く、巫女の母と娘が淵に沈められて人柱になったといふ口碑を存し、文字も母也明神など書いて居る。即ち琉球とは最も遠い東北の田舎でも、オナリは尚祭祀に参与する女性だったのである」と。「玉依彦の問題」は、伊波普猷「をなり神考」を受けてこれを発展せしめた論考であって、「本土で若い又盛装した田植の日の女性」や田の神の祭などの日に飯を炊きこれを携えて「田人に餉って来る女」などの意をもつオナリなる語がボナリなる語とも同じであること、いずれも神事に関与する女（巫女）の意にかかわることを類推し、しかもこのような本土での使われ方の原型が、沖縄におけるヲナリ神信仰に見い出されることを述べたものである。沖縄におけるヲナリ神信仰とは兄弟（エケリ）に対して姉妹（ヲナリ）が霊的守護を果すとするものであって、この兄弟に対する姉妹の霊的優位の関係は、日本古代王権・首長権におけるヒメ・ヒコ制の問題とも深く関わっている。

遠野のボナリ（母也）には、すでに姉妹の霊的守護の観念は見えないが、ボナリに巫女の意がこめられていることはここからも理解されよう。また、神事における人身供犠や、巫女の家筋における母系の観念などがみえることも興味深い。物語中、処々にあらわれる「白い雪」も注目される。

49 **滝壺の中へ馬の骨などを…**＝柳田『山島民譚集』中の「河童駒引」に次のように記されている。「…多クノ洗足池馬洗淵ノ地名ハ、由来不明ナル各地ノ駒繋松ナドト共ニ、年々馬ヲ水ノ神ニ供ヘタル上古ノ儀式ヲ、イツト無ク農民ノ好都合ニ解釈シテ、之ヲ以テ其馬ノ災害ヲ除去スル一手段ト見ルニ至リシモノ、久シキヲ経テ再ビ其理由ヲ忘ルヽニ至リシナルベシ。牛馬ノ首ヲ水ノ神ニ捧グル風ハ、雨乞ノ祈禱トシテハ永ク存シタリキ。朝鮮扶余県ノ白馬江ニハ釣竜台ト云フ大岩アリ。唐ノ蘇定方百済ニ攻入リシ時、此河ヲ渡ラントシテ風雨ニアヒ、仍テ白馬ヲ餌トシテ竜ヲ一匹釣上ゲタリト云フ話ヲ伝ヘタリ〔軍国輿地勝覧十八〕。白キ馬ハ神ノ最モ好ム物ナリシコト、旧日本ニ於テモ多ク例アリ」と。牛馬や猿と水神との比較民族学的考察については、石田英一郎『河童駒引考』を参照。

50 **アラミ**＝柳田「広島へ煙草買ひに」に「アラミは北上川流域の低地部を、山沿ひの村々に住む者が呼んで居た語で、聴耳頭巾の鴉の話などにも見えて居る。意味はまだ明らかでないが、是もアラケだのアラトだのといふ語と共に、打開けた遠くまで見える土地のことでは無かったらうか」とある。アラミの国とは、北上川流域の膽江地方を差し、遠野では大正時代以前は米を膽江地方から移入していた。山間部の人々にとって境の峠からみはるかす豊かな平地の国といった意を含んでいたのであろう。

51 **ベロベロの鉤**＝ベロベロという言葉の由来は、占いの言葉を念ずるときこの鉤を口のはたにつけて廻す作法があったためという。子供の遊びとしてのベロベロの鉤は、古くは子供のものでなく、狩人などが方位を占なうのに用いたものと思われる。この占法がオシラサマを廻して占なう形ともなり、オシラサマをベロベロノカギ、カギボトケなどと称することともなったのであろう（柳田『大白神考』『子ども風土記』参照）。

52 **その当時はまだ遠野郷は一円に広い湖水だった…**＝この段と次の段の宮家と堀家の話は、いわば遠野の始祖神話あるいは創世神話のごときものとして印象深いが、遠野郷が一円広い湖水であったとか、穴居であったとかいうのは、明治以降の知識が混入して、佐々木喜善の解釈がこめられてしまったものか、そうではなく全く古くより伝承されてきたものか判定に苦しむところがある。もし、遠野郷が湖水であった古代よりの口頭伝承とすれば、驚くべきことでもあろう。

53 **白服の兵隊**＝『遠野物語』の全民譚中に流れる白、黒、あるいは赤の対比的意味は、抽出してみるに値しよう。この話も色彩に沈澱した深層的意味が、戦争という極限的事態を契機として、白服黒服という具象的対比のイメージにまで浮上を遂げ、あらわれた俗信と解することが出来る。

54 **小さな白い狐**＝飯綱使いはこのイヅナを使霊として種々の幻術を行なう。イタコも小さな細長い筒の中にイヅナを飼っていることが多いが、その場合のイヅナとは目に見えない動物霊であったり紙を切りきざんだものであったりするという。イヅナを飼っているとたちまち増えるともいい、また一時は富をもたらすが結果は不仕合せを導くことが多いともいう。他からイヅナを憑けられることによって、イヅナ憑きの家筋が生まれることにもなる。家の経済が急に豊かになることとイヅナが憑くこととの間に密接な関係があり、しかもまもなく経済力が衰えてしまうこともイヅナと関わっているように理解されるところに、イヅナ憑きの現実的な階層的関係を指定する傾向を指摘することができる。なお、飯綱の語源は山の名に由来するとされ、仙台飯綱山や信州飯綱山などがよく知られている。また、稲荷の茶吉尼信仰と密接な関係がある（石塚尊俊『日本の憑きもの』吉田禎吾『日本の憑きもの』参照）。

55 **油取り**＝昔話に「纐纈城（こうけつじょう）」とか「脂取り」といわ

れるものがある。人をとらえて肥らせ、脂や血をしぼりとるという話。怠けものがうまい物を食べて遊んでいたいと観音様に祈願する。観音様が野原をどこまでも行けと教える。行くと海のほとりの一軒家に白髪の婆がいて、舟に乗って島に渡れと教える。島の大きな館に迎えられ、もてなしを受けて泊る。夜、隣室で人のうなり声がするので、のぞくと天井から人が吊り下げられ、下には炭火が燃えている。おそろしい形相の男が、吊された男の目鼻口から滴る脂を皿にとっている。そして、隣室の男も脂が乗ったから明晩とろうと話している。男が逃げだすと、男達が追いかけてくる……といった筋であって、最後は夜ごもりした観音堂で夢をみていたのだったという話である。

56 デンデラ野に棄てられた＝柳田は、「親棄山」において、このような昔話や伝説を分類しつつ、結局、年寄の賢こさと老人をうやまうことを強調したものであると理解した。これに対し、和歌森太郎は山間のハセとかオハッセとか呼ばれる葬所に山姥と化した怨霊の如きものがいると信ぜられ、このオハッセの意が忘れられて、オハステ→オバステ→姥棄と解されることとなったと考えている（和歌森太郎『歴史研究と民俗学』）。

57 薄餅の由来＝ここに書かれている五月五日の薄餅の由来話と、それにつづく『拾遺』〈二九九〉の七月七日の筋太の素麺の由来話は異様である。このような由来話の類話はあまりみあたらないが、沖縄の先島では死者があると近親のものが集って豚をつぶして食べる習しがあって、その由来として昔は死者の肉を近親のものが頒ちあって食したのであるとの話が諸々に伝わっている。近親の死者の肉を食べるというのは、死者への愛情の心理としても理解できるものがあり、かつてこのような死者葬送の共食儀礼が存し得たこともあながち否定できない。沖縄と東北の隔った地点にこのような伝承の存することは、興味深いことである。

付記1　『遠野物語』の民譚の世界を理解する上で、強固な名子制度が存したことを見逃がすことは出来ないが、ここでは全くそれに触れなかった。『有賀喜左衛門著作集』や森嘉兵衛の「近世奥羽における名子制度について」等を参照されたい。民譚中にある多くの長者伝説、イヅナなど家筋の民譚等は地主（地頭）と名子の生活の恐るべき懸隔を背景として想像してみる要もあろう。先述した土淵の阿部家はかつて林野のみで二百町歩を有していたというし、また綾織の千葉家の豪壮な曲屋の遺構に大地主・長者の面影をうかがうことが出来る。千葉家の曲屋は村を睥睨する石神山の斜面に巨大な石垣を築き、馬屋の妻側の通路の部分を石の出し梁の上に架構した屋敷構えをなして建坪百四十坪、さながら城郭のごとき壮大さを持ち、最も代表的な南部曲家建築として知られている。

付記2　『遠野物語』中にあらわれる白、黒、赤といった色彩観にどれだけ対比的な意味を探ることが出来るか明らかにし難いが、日本の古代以前の色彩観や沖縄の民俗的色彩観においては、白と黒、赤と青の四色の色彩観しかなかったことが、斎藤正二・服部四郎・仲松弥秀・常見純一などの研究によって明らかにされつつある。問題は白と黒、赤と青の色彩観がどのような世界観的意味を持っていたかであるが、それは今後の課題であろう。谷川健一による青の伝承の追求や、柳田の白山信仰追求を甦えらせんとした宮田登の「ウマレキヨマル思想」（『理想』昭和四十七年七月号）などはこのような点からも注目すべきものがあろう。宮田の論は、愛知県奥三河の花祭の際畑中に構築される白山（しらやま）と呼ぶ籠り小屋を真床覆衾（まどこおふすま）と解した折口信夫の所説（早川孝太郎『花祭』後篇跋文）や、沖縄で稲の蔵置場や人間の産屋をシラと呼ぶことから「生むもの又は育つもの」の意がシラにあるとした柳田の所説（『海上の道』『国語史のために』）等に着目して、シラ＝白山（信仰）の意味を解明する手がかりとしたものである。

付記3　柳田は『遠野物語』刊行後二十数年を経た昭和七年に「広遠野譚」なる一文を『民謡覚書』（定本一七）中に執筆している。『遠野物語』を理解する上で欠かせない文と思われるので、参照されたい。

付記4　本書初版の刊行のために、原注に加えて新たに頭注と補注を筆者の責任において執筆したが、あわただしい日程と浅薄な知識のために、注釈にふさわしからぬ幾つかの誤りを犯してしまった。多くの方から注意を受け、誤ちを恥るばかりです。特に、高橋喜平著『遠野物語考』(創樹社刊)というすぐれた論著からは厳しい批評を受けました。心から感謝しますと共に、本書と合せ同書をぜひとも読まれることを読者に希望します。ただし、同書一二四頁にある、『遠野物語』五三話中の芋の注記「この芋は馬鈴薯のことなり」は誤りという指摘はまことにその通りで、私自身気づかなかったのは不注意という他ないのですが、この注記は私の記したものではなく、柳田国男の原注であることを間違えておりますので、記しておきます。

注釈の厳しさを改めて知らされ、身のほど知らなさに恐れを抱きますが、私が特に補注において試みたのは、『遠野物語』が示してくれる民俗的世界像の構造を出来るだけ明るみに出してみたいということでした。この点、補筆の意味で『民俗の旅―柳田国男の世界』(読売新聞社)中に載せた「民譚と生活」という私文をここに併録しておきたいと思います。

＊　　＊

○民譚と生活―『遠野物語』の背景―

『遠野物語』の世界を直截に肌で知ろうと思うなら、ひとり遠野の山々のふところに入り、森閑とした自然に対峙してみることが一番であるようにみえる。そうして後、村里を歩き、家や祠堂の中に入ってみることである。

「白望《しろみ》の山に行きて泊れば、深夜にあたりの薄《すすき》明るくなることあり。秋の頃茸を採りに行き山中に宿する者、よく此事に逢ふ。又谷のあなたにて大木を伐り倒す音、歌の声など聞ゆることあり。此山の大さは測るべからず。五月に萱を苅りに行くとき、遠く望めば桐の花の咲き満ちたる山あり。恰も紫の雲のたなびけるが如し。されども終に其あたりに近づくこと能はず。……』(『遠野物語』三三)

桐の花は紫色であり、遠く望む山肌に咲き乱れ、紫の雲がたなびいているようであるという。白日夢のように美しい世界である。死助《しすけ》の山にはカッコ花(あつもり草。紫または赤い花のラン科の多年草)が咲き、五月閑《かん》古《こ》鳥《どり》の啼く頃子供らは花をつみに行く。また、山には様々の鳥が住んでいる。最も寂しい声の鳥はオット鳥で、夏の夜中、オットーン、オットーンと啼く。馬追鳥というのもいて、これはアーホー、アーホーと啼くという。郭公《かっこう》と時鳥《ほととぎす》は昔姉妹であった。ある時、芋を掘って焼いて食べるのに、姉は妹に中の軟らかな所を与え、自分は外側の堅い所を食べようとしたのに、妹はそれを見て姉のものの方がうまいと思い、庖丁で殺してしまった。すると死んだ姉はかっこうになり、ガンコ、ガンコと啼いて飛び去ったガンコは方言で堅い所の謂。それを聞いた妹は、さてはよい所のみ自分にくれたのだと分り、悔恨にたえず鳥になり、「庖丁かけた」と啼いた。遠野では時鳥のことを庖丁かけと呼ぶという。これらはいかにも自然との交感に生きることのできた遠野の人たちの姿を語ってくれるもののようである。

けれども、『遠野物語』が語るこれらの話は、いずれも単なる自然との交感といったものではすまされないものを含んでいる。山に行って……という話は、これらの花々、風景や鳥の話についで、伝説があらわれ、さらに山人や山女や天狗や異人、さては猿《さる》の経立《ふったち》(歳経た化け物猿)等に出会うという話に展開する。山人や山女との出会いの話ははっきり見たという話もあるが、それらしい気配や痕跡であることも多い幻覚の世界である。そして、これらの話で重要なことは、第一に、この山に行って出会ったという経験が単独で山に入った一人の経験という位相を帯びていることであり、第二に、この経験が何らかの禁忌・緊縛の感情に支配されてあらわれることであろう。この二つは密接にからんでいる。

なぜ単独者の経験のようにあらわれるのか。これは実際、山で仕事をするものが狩猟にしても木材の伐採、炭焼きにしても山の自然に対峙するものが出会う孤独な精神の位相から来るものとまず考えられる。裸の自然が与える畏怖感はそのように人を孤独にするのだと思えばよい。事実、この物語の経験は一人で出会っているという形が多い。共同で山仕事をしている時でも、どこからか不思議な声や歌が聞えてくるといった体験は孤独な姿で聞かれ、しかも同時に皆がこの声を孤独に共同幻覚しているといった風に読み手には感ぜられる。

だが、この孤独な畏怖感には裸の自然への恐怖と緊張という以上に、もう一つ、身動きならぬ緊縛感、禁忌への畏怖といったものが含まれている。白望《しろみ》山での深夜に薄《すすき》のあたりが明るかったという経験はただの自然現象なのではない。何かを表徴するように経験されているのだ。それと同じように、遠くに望む桐の花が紫の雲にたなびくところはただの処ではない。そこは、紫の花の咲き乱れる夢のように美しい世界であり、誰しもそこまで行ってみたいと思うところである。しかし、無理をすれば行けそうでいて「終に……近づくこと」が出来ないのはなぜだろうか。山が深く、踏み入る手段《てだて》がないからではなく、何物か近づくのをさまたげる障壁《バリア》があって、遠くにしか望めない処なのである。こちらから近づこうとしても近づけない花の咲き乱れる世界とは、他界にほかならない。つまり、山の自然への畏怖はここで他界への畏怖に同致されている。その故に、ここでの孤独感は自然への畏怖と共に他界への畏怖が重ねられたものとなる。この畏怖と孤独は意志によって開かれるもの、あるいは意志によって現前するものではなく、禁忌の緊縛感によってあらわれ幻視されるものである。

他界への通路は意志によってこちらからは開かれない。他界は向こう側からやってくるものであり、特殊な呪術をもってする他は、意志してのぞき見ることは許されない。他界が個にやってくるのは現実に死がやってきたときか、日常の中で個が心的に死に近づいたときである。日常的な生が他界への生にしか和解するものを見い出し難いとき、しかもなお他界への現実の通路としての死を恐怖するとき、他界は幻覚のうちに人々への通路を見い出すのかも知れない。そして、かつて他界は山の自然と同致されたから、遠野人《ひと》は、森閑とした山の他界に人生苦との和解の場を幻覚し、また、その幻覚に畏怖しもしたのだ。

『遠野物語』に多い山人譚や神隠し譚、総じて山の話のうちには、里人《さとびと》とは異なった山人《やまびと》と生活との、山の自然の魔性とも呼ぶべき異常事象への畏怖と空想といったものも入っているが、それらの中に他界の観念がいつも溶解されていることを見失うわけにはいかない。遠野人は、いろりを囲む夕辺の昔語りのうちに、生活と他界を結ぶ共同幻想の通路を日頃から知ってきたのだ。

『遠野物語』を一貫して流れる主調低音とは何かと問うならば、全ての民譚の底に人生の惨苦があり、また、これら全ての惨苦は遠野の美しくも冷酷な自然＝他界に溶けこまされることによって和解する他ないのだという認識である。この認識は私達を恐怖させる。山の話が語られていても、これらの民譚が指し示すものは、村の共同体の貧しさであり、生活の惨苦である。

オシラサマやオクナイサマ、ザシキワラシと蔵ボッコなど、何やらわけのわからぬ家の神や家の霊がいる。これらの家の神や家の霊は古い家には必ずいて、家の盛衰に関係があるらしい。家の盛衰には石臼やらイヅナなども登場する。これらをにぎると家が栄えたり、衰えたりする。というのは、どうも一つの家の繁栄、殊に新しい家のなりあがりの繁栄は村全体の貧しい秩序からははみ出るらしい。なりあがりの理由には、何かの霊が加担していなければならず、加担はまた何かの理由で衰亡への加担に転ずることもある。一つの家の異常なりあがりは村の共同体秩序からはみ出るものであり、やがては村の総体としての貧しさにひきもどされなくてはならないという無意識の意志が、これらの民譚の底を支配している。そして、総体としての貧しさが究極に指示するものが自然としての他界だったのだ。デンデラノの姨捨て伝説もそこにあらわれる。オシラサマやオクナイサマ・ザシキワラシも、あるいはカクラサマ・ゴンゲサマ、雪女やノリコシ・キャシャも、これらすべての神や霊、妖怪は自然としての他界にあやつられ跳りょうする化身たちである。総体としての村の共同体の貧しさの中では、だから、これら化身たちこそ自由に横行するものである。人々はこれらに化身してはじめて自由を獲得したのだといっても良い。民譚の生命は、化身たちの自由さにある。風の騒がしい日に帰って来るという神隠しにあったサムトの婆《ばば》とは、それ故、此の世と他界を自由に横行する使霊者であり、遠野の人々が幻想し得た解放と和解への夢だったのだ。

では、サムトの婆をはじめ、多くの遠野の人々はどんな生活をしていたのか、その具体例として次に『拾遺』から住居の話を引き、民譚の背景をなす生活の一端を明らかにしておこう。

土淵村字恩徳に神憑きの者が現われ、八卦が良く当るという。ある男がこの八卦の家をのぞいて驚き帰って話すには、「あの八卦者の家は常居《じょうい》(日常いる部屋)の向うが一本の木を境にして、三間ばかり続いて藁敷の寝床になっていたが、そこには長い角材を置いて枕にし、人が抜け出したままの汚れた蒲団が幾つも並んでいた。家族は祖父母、トド、ガガ、アネコド夫婦に孫子等十人以上であるが、皆そこに共同に寝るらしかったと語ると、傍でこの話を聞いていた村の者が、何がお前はそんなことを今始めて見たのか。あの辺から下閉伊地方ではどこでもそうしているのだと言った。佐々木君が幼時祖父母から聴いた胆沢郡の掃部《かもん》長者の譚には、三百六十五人の下婢下男を一本の角材を枕に寝かして、朝になるとその木の端を大槌で打叩いて起したという一節があって、よほどこれを珍らしいことの様に感じており、ことさら長木の枕という点に力を入れて話されたものだという」と。(『拾遺』二五七)

話は前段と後段に分かれている。後段の掃部長者の譚は、北上山系に多く残存した地頭(名主)の姿をほうふつとさせるものがある。先進地域では発展的に解消された地頭による名子、分家、下人の中世的支配が南部藩内では色濃く残存していたのであり、遠野ではその典型を豪壮な千葉家の邸宅にみることができる。地頭は村の名子や分家に田畑や家、農機具を貸し与え、一定の貢租や地頭の家の耕作・手伝いをさせた。また、屋敷内に多くの下人をかかえていた。地頭の家の周囲に名子の小さな長屋が連なっている例もあるが、ひどいのは下人達であったろう。掃部長者の譚はこの下人の寝部屋の姿を想わせるものである。

前段の話は、名子や普通の百姓家の姿を想えば良い。寝部屋は常居の奥にあり、板の間が多く、昼でもまっ暗な部屋である。通常、分家する余裕はなかったから、狭い寝部屋に十人以上の家族が共寝することが多かった。寝部屋にはそこに寝る人以外は入らせず、のぞかせもしないのが習わしで万年床であった。この習慣は戦後まであったことが、附馬牛村誌にみえている。だが、江戸時代も末頃までの記録、例えば菅江真澄や高山彦九郎、松浦武四郎などの日記によってみると、南部・津軽では寝具もなく、稲藁や麻の苧殻を敷いた中にもぐりこんで寝る有様であった。ところによっては、床もなく、家中が土間であったともいう。市原輝士氏の津軽の民家についての報告によれば、明治頃まで三坪ほどの土間一間《ひとま》のみの家が相当あったことが知られる。南部と津軽とそれほどの格差はなかったから、そんな遠野の姿を江戸末頃に比定してみても左程のずれはなかろう。

戦国期、阿曽沼時代末の武士の家でも、入り口は垂菰《たれごも》で戸がなく土間の家だったと附馬牛村誌は書いている。また、かつて遠野在住の菊池幹氏に聞いた話では、南部曲り家でも直家《すごや》でも、昔は入り口を除いて窓などというものは南面にもなく塗り壁で、入り口は垂菰であったため、寝部屋ばかりでなく、昼でも家内は暗がりだった、という。南部の伝承には、夜寝る時には裸でいろりに当り、背腹を暖めてそのまま急いで寝床に入る習わしがあったという話もあり、『拾遺』二五八の裸で寝る習慣の話と合わせ考えると、肌を接して藁の中で寝るには裸の方が暖かだったのではないかなども想像される。

以上の話から類推される前代の遠野の民家の姿は、暗がりの土間に寝起きする竪穴住居と大差ないものである。寒さと闇の中で、唯一の光と熱はいろりであり、いろりでの夕べの一時に語りつがれた民譚の生命は、かかる竪穴の感覚から継承されつづけて来たことを思わぬわけにはいかない。いろりと竪穴の歴史は縄文以来であり、数千年来、私達は中央の建築の発展史にかかわりなく、暗い寒い穴ぐらから、この世界をみつめ、営々と働き続けて来たのである。

南部藩は歴代藩政の失敗も加わり、江戸時代二七〇年間の内、不作以上の減作年八五回、うち大凶作・大飢饉一六回に及び、宝暦五年（一七五五）には人口三一万余のうち五万四千余の餓死者、天明三年（一七八三）の飢饉には全人口約三五万八千人のうち約六万五千人の死者（一八％）を出すほどであった。

いま遠野市にある五百羅漢線刻石仏群は、明和二年（一七六五）、遠野の餓死者数千人を供養するため、義山和尚が読経しつつ刻したものと伝えている。南部藩の一揆は近世以後明治二年まで少なくとも一五三回発生したといわれ、この発生件数は江戸諸藩中最高であった。飢饉と一揆。藩の支配と共同体内における地頭―名子制度の厳存。数千年来の暗い家の穴から語り継がれた民譚とサムトの婆の夢。遠野の民譚はこの惨酷な生活から生れ、共同の伝承は実在のように触覚された世界であった。

索引

ア

イ

ウ

（表記はすべて現代かなづかい）

遠野《とおの》物語《ものがたり》

一九七二年一一月三〇日　第一刷発行
二〇二二年　九　月二五日　新装版第一刷発行
二〇二三年　三　月一五日　新装版第二刷発行

著者　柳田國男《やなぎたくにお》
解説　谷川健一《たにがわけんいち》
補注　島《しま》亨《とおる》

発行者　佐藤　靖
発行所　大和《だいわ》書房
東京都文京区関口一−三三−四
郵便番号一一二−〇〇一四
電話〇三（三二〇三）四五一一
装丁　名久井直子
装画　ヒグチユウコ
本文印刷　歩プロセス
カバー印刷　図書印刷株式会社
製本所　小泉製本

ISBN978-4-479-88050-9

http://www.daiwashobo.co.jp